高校入試 ここがポイント！
国語·社会·英語

もくじ

はじめに

英　語

社　会

国　語

基本問題　単元別　攻略表

答え合わせ
がしやすい

別冊　解答例・解説

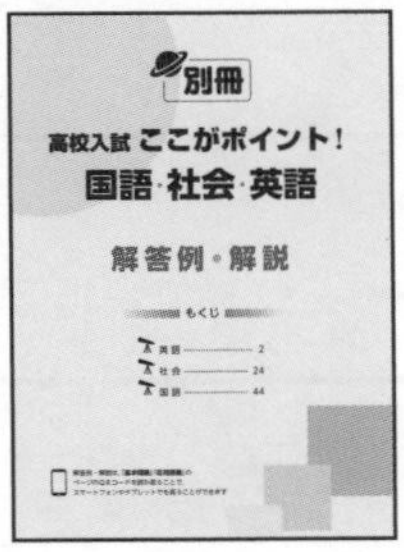

※本体から取り外してお使いください

この問題集の使い方

『高校入試ここがポイント！』は，高校入試合格へとつながる**重要事項ばかりを集め，わかりやすくまとめた問題集**です。「ここがポイント」→「基本問題」→「応用問題」→「まとめのテスト」と進むことで，学校で学んだことを入試レベルまで高め，**志望校合格に必要な力を自然と身につけることができます。**
また，**インターネットを利用する**ことで，紙面の一部をダウンロードして繰り返し使ったり，ＱＲコードを読み取って解答例・解説を見たりすることができる，**ハイブリッドな問題集**となっています。
本格的な受験勉強の**スタートから本番直前の対策まで**幅広く使える問題集です。

ポイントを押さえる

ここがポイント

各単元の**重要事項をまとめてあります。**まずはここにある内容をしっかりと理解し，覚えておきましょう。

繰り返し解こう

基本問題

必ず解けるようにしたい基本的な問題です。**重要事項が理解できているかどうか**を確認するとともに，**基本的な問題の解き方**を学習します。【120】ページの「攻略表」も活用しましょう。

実力アップ

応用問題

「基本問題」よりも高度な，入試レベルの問題です。**実際の入試問題に対応できる実力**を身につけます。

実力確認

まとめのテスト

実際の入試問題に近い，プリント形式のテストです。「基本問題」と「応用問題」をすべてやり終えた後に行い，**理解度と実力**を確認します。

スマホやＰＣを使ったデジタル学習が可能。
紙とデジタルの併用で，**学習効率が大幅ＵＰ**

スマホやタブレット，ＰＣで

教英出版ウェブサイトで，紙面をダウンロードできる

「**ここがポイント**」と「**基本問題**」などは，教英出版ウェブサイトで何度でもダウンロードできます。

- **空き時間にスマートフォンで「ここがポイント」を見る**
- **「基本問題」を印刷して，繰り返し解く**

など，いろいろな使い方が可能です。
詳しくは右のページの「ダウンロード付録の使い方」をご覧ください。

スマホやタブレットで

ＱＲコードを読み取ると，解答例・解説が見られる

「**基本問題**」と「**応用問題**」の解答例・解説は，各ページにあるＱＲコードを読み取ることで，**スマートフォンなどでも見る**ことができます。
（※PDF閲覧用のアプリが必要です。）

ダウンロード付録の使い方

STEP 1

教英出版ウェブサイトの「**ご購入者様のページ**」
https://kyoei-syuppan.net/user/ にアクセスし，
下の書籍ＩＤ番号を入力して，▶を押す！

書籍ＩＤ番号
837691

STEP 2

「**ダウンロード付録**」を押し，
表示されたページの教科名のボタンを押す！

STEP 3

ダウンロードしたい
ファイルを探して
PDFを押す！

表示されたPDFファイルを
そのまま見る，印刷して
使うなど，用途にあわせて
ご活用ください。

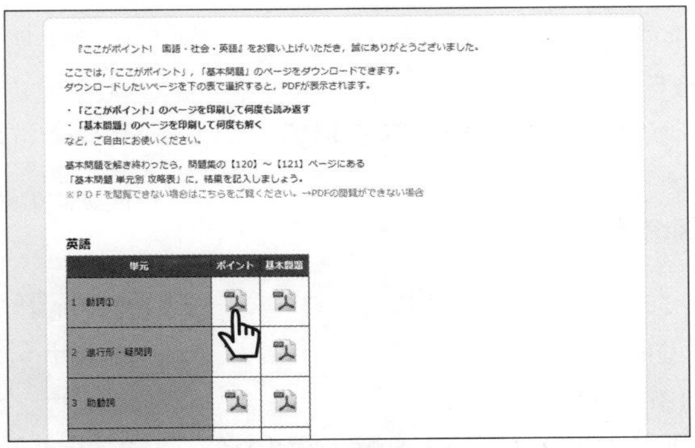

（上の画像は，PCでの操作画面です）

※ご利用にはPDF閲覧用のアプリやソフトなどが必要です。

その他のウェブコンテンツ

この書籍に関する当社からのお知らせ（正誤訂正など）がある場合も，
「**ご購入者様のページ**」でお知らせします。**STEP 1** のあと，
各ボタンを押してご覧ください。

Point!
1 動詞①

ここがポイント

動詞①

動詞は主語と時制によって変化する。

三人称はhe／she／it／theyに置き換えて考えよう

・主語…**I**／**you**／**we**／Tom（＝**he**）／Kate（＝**she**）／the book（＝**it**）／my brothers（＝**they**）

・時制…時制（現在／過去）は**時を表す言葉**がヒントになる。

現在を表す言葉…now「今」

last ○○なら過去だね

過去を表す言葉…yesterday「昨日」／last night「昨夜」／last week「先週」

▶be動詞

昨日なら
He **was** at home **yesterday.** だね

肯定文	〈主語＋**be動詞**＋～.〉	
	He **is** at home.	彼は家にいます。
否定文	〈主語＋**be動詞**＋**not**＋～.〉	
	He **isn't**★ at home.	彼は家にいません。
疑問文	〈**be動詞**＋主語＋～?〉	
	Is he at home?	彼は家にいますか？

★主な短縮形は解答例・解説P7参照

主語	現在	過去
I	**am**	**was**
you／we／they	**are**	**were**

主語	現在	過去
he／she／it	**is**	**was**

▶一般動詞の肯定文

〈主語＋**一般動詞**★＋～.〉

I **play** soccer.　私はサッカーを**します**。

He **plays** soccer.　彼はサッカーを**します**。

You **played** soccer **yesterday.**　あなたは**昨日**サッカーを**しました**。

★一般動詞の活用は解答例・解説P20～21参照

he／she／itなどに置き換えられるものを三人称・単数というよ。主語が三人称・単数で現在の文では，一般動詞にsがつくよ

▶一般動詞の否定文

〈主語＋**do**／**does**／**did**＋**not**＋**一般動詞の原形**＋～.〉

I **don't play** soccer.　私はサッカーを**しません**。

He **doesn't play** soccer.　彼はサッカーを**しません**。

You **didn't play** soccer **yesterday.**　あなたは**昨日**サッカーを**しませんでした**。

▶一般動詞の疑問文

〈**Do**／**Does**／**Did**＋主語＋**一般動詞の原形**＋～?〉

Do you **play** soccer?　あなたはサッカーを**しますか**？

Does he **play** soccer?　彼はサッカーを**しますか**？

Did you **play** soccer **yesterday**?　あなたは**昨日**サッカーを**しましたか**？

過去の形は同じだね

主語	肯定文		否定文		疑問文	
	現在	過去	現在	過去	現在	過去
I／you／we／they	play	play**ed**	**don't** play	**didn't** play	**Do**～play～?	**Did**～play～?
he／she／it	play**s**	play**ed**	**doesn't** play	**didn't** play	**Does**～play～?	**Did**～play～?

基本問題

解答 ⇨ 別冊 P.2　正解数　／27

1 次の（　　）の中から正しいものを選び，書きなさい。

(1) I (am, is, was) sixteen now.

(2) Three pretty cats (am, are, is) on the chair now.

(3) Kate (was, were, is) at home last night.

(4) My brothers (aren't, wasn't, weren't) busy yesterday.

(5) (Was, Were, Is) the book on my desk last week?

(6) Kumi (isn't, wasn't, aren't) at home now.

(7) (Is, Were, Was) Tom in Tokyo yesterday?

2 次の英文の（　　）にあてはまるように，[　　] 内の英語を適切な形に直し，書きなさい。直す必要のないときはそのまま書くこと。

(1) John (　　　　) TV every day. [watch]（現在の習慣の文）

(2) Nancy (　　　　) a nice car now. [have]

(3) John and Meg (　　　　) tennis very much now. [like]

(4) Mike didn't (　　　　) to school. [go]

(5) I (　　　　) a chair last week. [make]

(6) John (　　　　) in front of the bookstore then. [stop]

(7) Did Kenta (　　　　) English last night? [study]

3 次の日本語に合うように，（　　）にあてはまる適切な英語を１語ずつ書きなさい。

(1) 彼はアメリカに住んでいません。
He (　　　) (　　　) in America.

(2) 私は昨日，家にいませんでした。
I (　　　) at home (　　　).

英語

4 次の日本語に合うように，(　　　) 内の英語を正しく並べかえ，英文を完成させなさい。ただし，文頭にくる英語も小文字にしてある。

(1) 私は，ニュージーランドでは英語を話します。(New Zealand/I/speak/English/in).

[　　　　　　　　　　　　　　　　　　　　.]

(2) この城はとても美しいです。(castle/beautiful/this/is/very).

[　　　　　　　　　　　　　　　　　　　　.]

(3) トムは宿題を終わらせました。(finished/Tom/his/homework).

[　　　　　　　　　　　　　　　　　　　　.]

(4) あなたは英語に興味がありますか？ (English/you/interested/in/are)?

[　　　　　　　　　　　　　　　　　　　　?]

(5) 私の父は犬が好きではありません。(like/my/dogs/father/does/not).

[　　　　　　　　　　　　　　　　　　　　.]

(6) あなたのお兄さんは昨日，図書館にいましたか？ (in/was/library/yesterday/brother/your/the)?

[　　　　　　　　　　　　　　　　　　　　?]

5 次の対話が成り立つように，[　　　] に最もあてはまる英文を，ア〜エから 1 つ選び，記号を書きなさい。

(1) *A*: I want to eat Chinese food.
B: [　　　]

ア You are good at running.　イ I know a good restaurant.
ウ I bought a new racket yesterday.　エ I saw you yesterday.

[　　]

(2) *A*: Hi, Bob! You look happy.
B: Well, [　　　] It's really cool.
A: Wow! I want to see it later.

ア I showed you a birthday card.　イ I heard an interesting story.
ウ I got a new bike yesterday.　エ I had a good time last night.

[　　]

(3) *A*: I heard you went to Tokyo last week.
B: That's right. I met my brother living there.
A: [　　　]
B: Yes. I enjoyed shopping with him.

ア Did you stay at his house?　イ How was the weather?
ウ Why did you go there?　エ Was he away from Tokyo?

[　　]

応用問題

解答 ⇨ 別冊 P.3

1 次の英文を読んで，その内容に合うように，（　　）に適切な１語の英語を入れて英文を完成させなさい。

Kenji is a junior high school student. One day in September, a new English teacher from America came to his class. Kenji was very surprised when the new English teacher came into the room. She looked like a Japanese.

"Hello, everyone. My name is Mary Suzuki. I'm very happy to meet you. I came to Japan last month. You see, I look like a Japanese because my grandfather is Japanese. But I'm American and I don't speak Japanese. I like Japanese food very much. I'm going to stay in Japan for a year. Let's study English together. English is a lot of fun."

(1) Kenji (　　) a high school student.

(2) Mary (　　) from America.

(3) Mary (　　) to Japan last month.

(4) Mary (　　) Japanese food very much.

(5) Mary (　　) English at Kenji's school.

(6) Mary (　　) speak Japanese well.

2 次の英文を読んで，（ ① ）～（ ⑦ ）にあてはまるように，study を適切な形に直し，書きなさい。また，（ ⑧ ）にあてはまる適切な英語を書きなさい。

Ken (①) science at home every day.

This week he (②) it for 30 minutes on Monday and for 30 minutes on Tuesday. On Wednesday, he (③) it for 20 minutes and for one hour the next day. He wanted to study it for one hour again on Friday, but he (④) it for only 40 minutes because he had to do his English homework. He usually (⑤) science for one hour every Saturday, but he (⑥) it for two hours last Saturday for the test next Monday. Today is Sunday and he (⑦) it for one hour.

This week he studied science for (⑧) hours from Monday to Sunday.

①

②

③

④

⑤

⑥

⑦

⑧

英語

ここがポイント

Point!

2 進行形・疑問詞

進行形

進行形は be 動詞と一般動詞の ing 形を使って表す。
be 動詞は主語と時制によって変化する。

・**現在進行形**…「～している」

・**過去進行形**…「～していた」 **過去の特定の時を表す言葉**がヒントになる。

現在進行形 **肯定文** 〈主語＋ **be 動詞**（**am** ／ **are** ／ **is**）＋**一般動詞の ing 形**★＋～.〉
She **is playing** the piano. 彼女はピアノを**弾いています**。
否定文 〈主語＋ **be 動詞**＋ **not** ＋**一般動詞の ing 形**＋～.〉
She **isn't playing** the piano. 彼女はピアノを**弾いていません**。
疑問文 〈**be 動詞**＋主語＋**一般動詞の ing 形**＋～?〉
Is she **playing** the piano? 彼女はピアノを**弾いていますか**？

過去進行形 **肯定文** 〈主語＋ **be 動詞**（**was** ／ **were**）＋**一般動詞の ing 形**＋～.〉
She **was playing** the piano **then**. 彼女は**その時**ピアノを**弾いていました**。

★一般動詞のing形は解答例・解説 P 20参照

▶**状態を表す動詞**（**live**「住んでいる」／**have**「持っている」／**know**「知っている」）
状態を表す動詞は**進行形にしない**。
He **lives** near the park. 彼はその公園の近くに**住んでいます**。

疑問詞

「いつ？」，「どこで？」，「だれが？」，「何を？」など，尋ねる内容で疑問詞を使い分ける。

・通常，疑問詞の後は**疑問文の語順**。主語と動詞を使って答える。

・疑問詞が主語のときは**動詞が続く**。〈主語＋ **do** ／ **does** ／ **did.**〉などの形で答える。

〈**疑問詞**＋**疑問文**＋？〉
What is Eita eating? **英太は何を食べていますか**？
答え方 He is eating **chocolate.** 彼は**チョコレート**を食べています。

主語を尋ねる文〈**疑問詞**＋**動詞**＋～?〉
Who plays the piano? **だれが**ピアノを**弾きますか**？
答え方 Mary **does.** メアリー**です**。

▶**主な疑問詞（2語のものも含む）**

疑問詞	意味	疑問詞	意味
What	何	**Who**	だれ
How	どのように	**Where**	どこ
When	いつ	**Which**	どちら
Why	なぜ	**What time**	何時
What ＋名詞	どの（何の）～	**How many＋数えられる名詞**	いくつの～（数を尋ねる）
How much＋数えられない名詞	どのくらいの～（量を尋ねる）	**How long**	どのくらいの（長さ／期間を尋ねる）
How often	どのくらい（頻度を尋ねる）	**Whose ＋名詞**	だれの～

How ～は色々な
意味になるね

基本問題

解答 ⇨ 別冊 P.4　　正解数　／28

1 次の日本語に合うように，(　　　) の中から正しいものを選ぶか，(　　　) にあてはまる適切な 1 語の英語を書きなさい。

(1) 私はピアノを弾いています。　I am (play, plays, playing) the piano.

(2) ケイトは札幌に住んでいます。　Kate (live, is living, lives) in Sapporo.

(3) 彼はその時歌っていました。　He (were, was, is) singing then.

(4) 彼は今，野球をしていません。　He isn't (　　　) baseball now.

(5) 教子は今，夕食を作っていますか?　Is Kyoko (　　　) dinner now?

(6) メアリーはどこの出身ですか?　(Where, When, Which) is Mary from?

(7) あなたは何をしていますか?　(Who, What, Why) are you doing?

(8) なぜ彼はそれを持っているのですか?　(　　　) does he have it?

2 次の英文を［　　　］内の指示にしたがって，全文を書きかえなさい。

(1) I am running in the park now. ［下線部をat three yesterdayにして過去進行形の文に］

(2) He was listening to the music then. ［疑問文に］

(3) I cooked curry and rice at nine. ［下線部をnowにして現在進行形の文に］

(4) Your birthday is July 7. ［下線部を尋ねる疑問文に］

(5) You were late for school today. ［学校に遅れた理由を尋ねる疑問文に］

(6) You usually get up at six. ［下線部を尋ねる疑問文に］

英語

3 次の英文の（　　）にあてはまる適切な疑問詞を書き，対話文を完成させなさい。

(1) （　　　）did he come to Japan? — He came to Japan last winter.

(2) （　　　）does she go to school? — She goes to school by bike.

(3) （　　　）watch is this? — It's my brother's.

(4) （　　　）broke the window? — Tom did.

4 次の日本語に合うように，（　　）内の英語を正しく並べかえ，英文を完成させなさい。ただし，文頭にくる英語も小文字にしてある。

(1) すてきなジャケット（jacket）を着ていますね。 (wearing/a/jacket/you/are/nice).

.

(2) あなたは昨日の３時に何をしていましたか？ (doing/you/at three yesterday/were/what)?

?

(3) ネコがネズミ（a mouse）を追いかけています。 (running/a cat/is/after/a mouse).

.

(4) どの色をお探しですか？ (what/you/are/for/looking/color)?

?

(5) あなたは魚と鶏肉，どちらを食べますか？ (fish or/you/which/have/chicken/do/,)?

?

5 次の日本語を英語にしなさい。ただし，(3)は答えの文も主語と動詞を使って答えること。

(1) 彼らは今，木の下で（under the tree）眠っていますか？

(2) あの男（that man）は何匹のウサギ（rabbit）を飼っていますか？

(3) だれがその家を建てましたか？ — 私の父です。

疑問文	答えの文

(4) 彼の兄は何時に起きますか？

応用問題

解答 ⇨ 別冊 P.5

1 次の英文は，日本に住んでいるブラウン先生（Ms. Brown）の体験談である。あとの問いに答えなさい。

Last week I visited my friend in Osaka and stayed there for three days. On the second day, we were ①(walk) by a river. Then I saw some men on a boat in the river.

I asked my friend, "(②)?" She said, "They are taking care of *freshwater mussels in the river."

She also said, "People used the river for a long time. The river was so *dirty. So, some people started a project. They put freshwater mussels in the river. One freshwater mussel can clean 200 *liters of water a day. The freshwater mussels can make *pearls, too. Last year, they got pearls from their freshwater mussels. Now, many people are interested in cleaning rivers through this project."

The project was interesting to me. We have to clean rivers for our lives and environment.

（注） **freshwater mussel:* イケチョウ貝　**dirty:* 汚い　**liter:* リットル　**pearl:* 真珠

(1) ①の（　　）内の英語を適切な形に直し，書きなさい。

(2) ②の（　　）が「彼らは何をしているの？」という意味になるように，適切な英語を書きなさい。

?

(3) 次の質問に４語以上の英語で答えなさい。

① How long did Ms. Brown stay in Osaka?

② When did the people get pearls from their freshwater mussels?

(4) イケチョウ貝を川に入れることのよい点を日本語で２つ書きなさい。

2 次のような場面であなたならば何と言うか，英語で書きなさい。

(1) 友人に将来についてどう考えているか，と尋ねるとき。

(2) 相手に昨晩９時に何をしていたか，と尋ねられ，自分の部屋でテレビを見ていたと答えるとき。

(3) 仙台（Sendai）には人が何人いるか，と尋ねるとき。

(4) 相手に昨日行った場所を尋ねるとき。

英語

ここがポイント

Point!
3 助動詞

助動詞

助動詞（can, will, must, should, mayなど）は動詞の前に置き，動詞に意味を加える。

・動詞は**原形**を使う。

・加える**意味**によって助動詞を使い分ける。

肯定文 〈主語＋**助動詞**＋**動詞の原形**＋～.〉
She **can sing** very well.　彼女はとても上手に**歌うことができます**。
She **will sing** tomorrow.　彼女は明日**歌うでしょう**。

否定文 〈主語＋**助動詞**＋**not**＋**動詞の原形**＋～.〉
She **can't**★ **sing** very well.　彼女はあまり上手に**歌うことができません**。

can not = can't,
will not = won't だね

疑問文 〈**助動詞**＋主語＋**動詞の原形**＋～?〉
Can she **sing** very well?　彼女はとても上手に**歌うことができますか**？

答え方 Yes, she **can**.　はい，歌う**ことができます**。
No, she **can't**.　いいえ，歌う**ことができません**。

★主な短縮形は解答例・解説P7参照

▶主な助動詞

助動詞	意味	同じ意味の表現
can ～ （過去形：could ～）	～できる　（可能）	be able to ～
	～してもよい　（許可）	may ～
will～ （過去形：would～）	～でしょう　～するつもりだ　（未来）	be going to ～
must ～	～しなければならない　（強制）	have／has to ～
should ～	～すべきだ　（義務）	
may ～	～かもしれない　（推量）	

must not ～「～してはいけない」と don't／doesn't have to～「～する必要はない」は違う意味になるよ

▶助動詞を含む表現とその答え方

Would や Could はより丁寧な表現だね

Will／Can／Would／Could you ～?「～してもらえませんか？」（依頼）
→ Sure.／OK.　もちろん。
Sorry, I can't.　残念ですができません。

Shall we ～?／Let's ～.「（一緒に）～しましょうか？」（勧誘）
→ Yes, let's.　はい，やりましょう。
No, let's not.　いいえ，やめましょう。

Shall I ～?「（私が）～しましょうか？」（申し出）
→ Yes, please.　はい，お願いします。
No, thank you.　いいえ，けっこうです。

Can／May I ～?「～してもいいですか？」（許可）
→ Sure.　いいですよ。
No, you can't.　いいえ，してはいけません。

Shall we play the guitar?
Yes, let's.
Shall I play the guitar?
Yes, please.

基本問題

解答 ⇨ 別冊 P.6　正解数　／27

1 次の日本語に合うように，(　　　) の中から正しいものを選ぶか，(　　　) にあてはまる適切な 1 語の英語を書きなさい。

(1) 私はピアノを弾くことができます。 I (can, must, shall) play the piano.

(2) 彼らは明日，テニスをするつもりです。They (　　　　) play tennis tomorrow.

(3) 英太はそれをしなければなりません。 Eita (must, should, has) to do it.

(4) あなたは家に帰ってもよいです。 You (will, must, may) go home.

(5) 彼女は部屋を掃除するべきです。 She (　　　　) clean her room.

(6) 教子は車を運転できますか? (　　　　) Kyoko drive a car?

(7) 明日は雨が降らないでしょう。 It (　　　　) rain tomorrow.

(8) あなたはここへ来てはいけません。 You (are, must, will) not come here.

2 次の英文を [　　　　] 内の指示にしたがって，全文を書きかえなさい。

(1) Paul sings very well. [助動詞を使って「～できる」という文に]

(2) John will make a chair for you this afternoon. [短縮形を使った否定文に]

(3) I must go to school by bus. [疑問文にして，それに「いいえ，その必要はありません」と答える]

疑問文　　答えの文

(4) You see a movie with Kyoko every month. [助動詞を使って「～すべき」という文に]

3 次の英語を日本語にしなさい。

(1) Shall we make a cake for our mother? — Yes, let's.

(2) May I open the door? — No, you can't.

4 次の(1)～(4)の英文に対する答えとして最も適切なものを，ア～エからそれぞれ選び，記号を書きなさい。ただし，同じ記号を２回使わないこと。

(1) May I have breakfast?

(2) Shall we go fishing tomorrow?

(3) Shall I open the window?

(4) Will you open the door?

ア Sorry, I can't.　イ No, thank you.　ウ Yes, let's.　エ Sure.

5 次の日本語に合うように，(　　　) 内の英語を正しく並べかえ，英文を完成させなさい。ただし，文頭にくる英語も小文字にしてある。

(1) あなたは明日，学校へ行ってはいけません。(school/must/go/tomorrow/you/not/to).

.

(2) ジョージは有名な歌手になるでしょう。(to/George/going/a famous singer/be/is).

.

(3) 私たちは次に何をすべきなのでしょうか？ (do/we/should/what/next)?

?

(4) アンは今すぐ理科を勉強しなければならない。(has/right now/Ann/study/to/science).

.

(5) 明日は晴れるでしょう。(tomorrow/sunny/it/be/will).

.

6 次の日本語を英語にしなさい。

(1) ケイト (Kate) は母親を手伝う必要がありません。

(2) 放課後，一緒にサッカーをしましょうか？

(3) 英太 (Eita) は私たちのことを忘れるかもしれません。

応用問題

解答 ⇨ 別冊 P.7

1 **次の淳（Atsushi）と祖父の茂雄（Shigeo）の対話を読んで，あとの問いに答えなさい。**

Shigeo : I hear you are going to go to Canada tomorrow, Atsushi.
Atsushi : Yes. I'm going to join the English study program.
Shigeo : How long will you stay in Canada?
Atsushi : ①I (　　　　) (　　　　) there for three weeks.
Shigeo : That sounds good. Here's a present for you.
Atsushi : Thank you, grandpa. This will be very useful.
Shigeo : Well, you can write reports, use the Internet, and send e-mails with it.
Atsushi : Thanks. ②I (　　　　) (　　　　) (　　　　) hard in Canada.

(1) 下線部①が「そこに３週間滞在する予定だよ」という意味になるように，(　　　　) に適切な英語を１語ずつ書きなさい。

(2) 淳は祖父からもらったプレゼントで何をすることができるか，日本語で３つ書きなさい。

(3) 下線部②が「カナダで熱心に勉強しなくちゃね」という意味になるように，(　　　　) に適切な英語を１語ずつ書きなさい。

(4) 対話の内容に合うものを，次の**ア**～**エ**からすべて選び，記号を書きなさい。

ア Shigeo knows that Atsushi is going to go to America.
イ Atsushi is going to stay in Canada for three weeks.
ウ Atsushi got a notebook from Shigeo.
エ The present from Shigeo will be very useful.

2 **次のような場面であなたならば何と言うか，英語で書きなさい。**

(1) 相手に明日何をするつもりか，と尋ねるとき。

(2) 相手にこの辞書を使ってもよいか，と尋ねるとき。

(3) 相手にこの部屋の掃除をするように命令するとき。（You から始まる英文を書くこと）

You

(4) 相手にコーヒーを勧めるとき。

Point!

4　形容詞・副詞・比較

ここがポイント

形容詞

形容詞の位置は，修飾するものによって決まる。

・修飾する**名詞**の直前や be 動詞の直後に置くことが多い。
（big bag「大きいかばん」／ She is beautiful.「彼女は美しい」）

・ただし修飾するものが**不定代名詞**（something ／ anything など）の場合は直後に置く。
（something cold「何か冷たいもの」）

〈**形容詞＋名詞**〉
He has a **new car.**　彼は**新しい車**を持っています。

〈**不定代名詞＋形容詞**〉
I want **something hot.**　私は**何かあたたかいもの**が欲しい。

数が入るときは，
a《1つの》 + new + car の順 !!

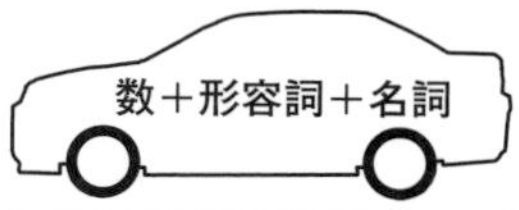

副詞

副詞の位置は，副詞の種類によって決まる。

・**状態**や**程度**を表す副詞（hardなど）は動詞の後ろ（動詞の後ろに名詞がある場合，名詞の後ろ）に置く。

・**頻度**を表す副詞（always／usuallyなど）は**一般動詞の直前，be動詞の直後**に置く。

状態や**程度**を表す副詞の文〈**動詞＋（名詞＋）副詞**〉
He practiced the **piano hard.**　彼は**一生懸命ピアノ**を練習しました。

頻度を表す副詞の文〈**be 動詞＋副詞／副詞＋一般動詞**〉
I **am always** happy.　私は**いつも**幸せ**です**。
I **usually get** up at six.　私は**ふつう**6時に**起きます**。

頻度を表す副詞の位置は **not** と同じ位置と考えるとわかりやすいよ

比較

2つを比べる文は比較級，一番を表す文は最上級，同じくらいを表す文は原級を使う。

2つを比べる文〈**比較級*＋ than ＋○○**〉「**○○よりも～**」
Eita is **taller than** Kyoko.　英太は教子**よりも背が高い**。

一番を表す文〈**the ＋最上級*＋ in ／ of ＋○○**〉「**○○の中で最も～**」
Eita is **the tallest in** his family.　英太は家族**の中で最も背が高い**。

同じくらいを表す文〈**as ＋原級＋ as ＋○○**〉「**○○と同じくらい～**」
Kenji is **as tall as** Eita.　健二は英太**と同じくらい背が高い**。

*比較級・最上級のつくり方は解答例・解説P9参照

〈A is **not as 原級 as** B〉「A は B ほど～ではない」は〈B is **比較級 than** A〉と同じ意味だよ。一番上の文は Kyoko is **not as tall as** Eita. と同じ意味だね

▶**likeを使った表現**

・**like A better than B**　**B より A の方が好き**
I **like** oranges **better than** apples.　私はリンゴ**より**オレンジ**の方が好きです**。

・**like A the best**　**A が一番好き**
I **like** melons **the best.**　私はメロン**が一番好きです**。

基本問題

解答 ⇨ 別冊 P.8　　正解数　／25

1 次の（　　）の中から正しいものを選び，書きなさい。

(1) She is a (well, good, best) player.

(2) I want (cold, something cold, cold something).

2 次の英文に［　　　］内の英語を加えるとすればどこが適切か，(ア)～(エ)から１つ選び，記号を書きなさい。

(1) (ア) This (イ) book is (ウ) my mother's (エ) .　[old]

(2) I (ア) have (イ) something (ウ) in (エ) my bag.　[nice]

(3) He (ア) goes to (イ) school (ウ) by (エ) bus.　[usually]

(4) My (ア) father (イ) is (ウ) very (エ) busy.　[always]

3 次の英文の（　　）にあてはまるように，［　　　］内の英語を適切な形に直し，書きなさい。ただし，１語とは限らない。

(1) Nancy is (　　　) than me.　[happy]

(2) Takeru runs the (　　　) in my class.　[fast]

(3) Emily can be (　　　) than now.　[beautiful]

4 次の英文を［　　］内の指示にしたがって，全文を書きかえなさい。

(1) Taro studies English hard.　[文末にthan his brotherをつけて比較級の文に]

(2) Jane plays the piano well.　[文末にin her classをつけて最上級の文に]

(3) Hayato likes tea.　[文末にthan coffeeをつけて比較級の文に]

(4) Tom is tall.　[文末にhis sisterをつけて「彼の姉と同じくらい～」という文に]

(5) My friend can play baseball better than me.　[asを２つ使って同じ意味の文に]

5 次の表は，健太（Kenta）の家族が釣った魚の数を表している。表を見て，あとの問いに３語以上の英語で答えなさい。

	健太	父	母	兄	妹
釣った魚の数	6	4	9	6	2

(1) Who got the most fish?

(2) Who got as many fish as Kenta?

6 次の日本語に合うように，（　　　）内の英語を正しく並べかえ，英文を完成させなさい。ただし，文頭にくる英語も小文字にしてある。

(1) 浅間山は富士山ほど高くありません。 (Mt. Asama/as/as/Mt. Fuji/high/is/not).

.

(2) 彼はリンゴとトマトではどちらの方が好きですか？ (he/or/apples/tomatoes/like/does/which/better/,)?

?

(3) 亜紀子は少し英語を話すことができます。 (can/speak/Akiko/little/a/English).

.

(4) 彼はよく公園で野球をします。 (often/plays/he/in/the park/baseball).

.

(5) 私は何かおいしいものを食べるつもりです。 (something/eat/will/I/good).

.

7 次の日本語を英語にしなさい。

(1) 私は今日，５羽の青い鳥を見ました。

(2) 英太（Eita）はもっと勉強するべきです。

(3) 教子（Kyoko）はこの町で一番有名ですか。

(4) サッカーは野球と同じくらい人気があります。

応用問題

解答 ⇨ 別冊 P.9

1 **次の英文は，旅行中の英太（Eita）がカナダのバンクーバー（Vancouver）で友人の智彦（Tomohiko）と偶然出会った時のことを日記にしたものです。あとの問いに答えなさい。**

Tomohiko told me about his trip. It was his first trip to Canada. At first, he flew to *Montreal from Osaka. In Canada, people speak French and English. He studied French in his university, so he tried to speak it there. He joined a *tour to visit many places and talked with the tour guide in French. He visited *Toronto after that, and then, came to Vancouver. He said, "Montreal was colder than Toronto, and Vancouver is the ①(warm) of the three." I was surprised. I visited *San Francisco, *Seattle, and Vancouver. I felt Vancouver was the ②(cold) of the three cities. I also felt San Francisco was ③(warm) than Seattle. After talking with me, Tomohiko went to the airport for his flight to Japan.

（注）*Montreal: モントリオール（カナダの都市） *tour: ツアー *Toronto: トロント（カナダの都市）
*San Francisco: サンフランシスコ（アメリカの都市） *Seattle: シアトル（アメリカの都市）

(1) ①～③の（　　）の英語を適切な形に直しなさい。

① 　　② 　　③

(2) 智彦は旅行でどこをどのような順で訪れたか，次の**ア**～**エ**から１つ選び，記号を書きなさい。

ア トロント→モントリオール→バンクーバー　　**イ** バンクーバー→モントリオール→トロント
ウ モントリオール→バンクーバー→トロント　　**エ** モントリオール→トロント→バンクーバー

(3) 本文の内容に合うものを，次の**ア**～**ウ**から１つ選び，記号を書きなさい。

ア Eita usually spoke French in this trip.
イ Tomohiko visited as many cities as Eita in this trip.
ウ Tomohiko often visited Canada.

2 **次のような場面であなたならば何と言うか，英語で書きなさい。**

(1) 私の妹はよくテレビを見る，と言うとき。

(2) それは日本で一番高い建物の１つだ，と言うとき。

(3) 健二（Kenji）はビル（Bill）と同じくらいお金持ちだ，と言うとき。

(4) 相手の国で一番人気のあるスポーツは何か，と尋ねるとき。

Point!

5 to不定詞・動名詞

ここがポイント

to 不定詞

to 不定詞の形は〈to ＋動詞の原形〉である。名詞的用法／副詞的用法／形容詞的用法がある。

名詞的用法「～すること」
I like **to play** the guitar.　私はギターを**弾くこと**が好きです。

副詞的用法「～するために／～して」
I went to the library **to meet** my friend.　私は友達に**会うために**図書館へ行きました。
I was surprised **to hear** that.　私はそれを**聞いて**驚きました。

これは感情の理由を表す副詞的用法。他に・be happy to ～「～してうれしい」などもあるよ

形容詞的用法「～するための／～するべき」
I want something **to drink**.　私は何か**飲み物**（**飲むための物**）が欲しい。

▶ **to 不定詞を含む表現**

・〈**how**／**what**／**when**／**where** ＋ **to** ＋**動詞の原形**〉「**どのように**／**何を**／**いつ**／**どこで～すべきか**」
I don't know **what to do**.　私は**何をすべきか**わかりません。

・〈**tell**／**ask**／**want** ＋人＋ **to** ＋**動詞の原形**〉「（人）に**～するよう言う**／**するよう頼む**／**してほしい**」
He **told** his sister **to clean** her room.　彼は妹に部屋を**掃除するように言い**ました。

・〈**It** is …（for ＋人）＋ **to** ＋**動詞の原形**〉「（人にとって）**～することは**…だ」
It is important for us **to study** English.　私たちにとって英語を**勉強することは**重要です。

It は **to** 以下を指す形式主語。for ＋人が入らないときもあるよ

動名詞

to 不定詞の名詞的用法「～すること」は動名詞（一般動詞の ing 形）を使っても表せる。

・**enjoy** ／ **finish** の後は**動名詞**しか使えない。
・**want** ／ **hope** ／ **decide** の後は **to 不定詞**しか使えない。
・**前置詞**の後は**動名詞**しか使えない。

〈**動詞**＋**動名詞**（to 不定詞も可）〉
I **like playing**（**to play**）the guitar.　私はギターを**弾くこと**が**好きです**。

〈**動詞**＋**動名詞**（to 不定詞は不可）〉
I **enjoyed playing** the guitar.　私はギターを**弾くこと**を**楽しみました**。

〈**動詞**＋ **to 不定詞**（動名詞は不可）〉
I **want to play** the guitar.　私はギターを**弾きたい**（**弾くことをしたい**）。

このtoは**前置詞**だから，後ろは**動名詞**になるよ。**動詞の原形**にしないようにね

▶**前置詞の直後に動名詞を使う表現**

・**look forward to** ～ **ing**「～することを**楽しみに待つ**」
She is **looking forward to seeing** her grandmother.　彼女は祖母と**会うのを楽しみにしています**。

・**be good at** ～ **ing** ～「～することが**得意だ**」
He **is good at playing** tennis.　彼は**テニスをすることが得意です**。

・**How about** ～ **ing**?「～するの**はどうですか**？」
How about playing tennis in the park?　公園で**テニスをするのはどうですか**？

基本問題

解答 ⇨ 別冊 P.10

正解数 ／28

1 次の①～④の英文中の to と同じ用法を含む文を，ア～エからそれぞれ選び，記号を書きなさい。

① How long will it take from here to the station?

② Tom visited Kanazawa to see his friends.

③ Keiko has enough time to clean the room.

④ Eita likes to play basketball.

ア I have nothing to eat.
イ Ann wants to be a singer.
ウ Emi used it to play baseball.
エ Jim came to Japan last week.

①　②　③　④

2 次の（　　）の中から正しいものを選び，書きなさい。

(1) Kumi likes to (listen, listens) to music.

(2) Eita went to the station (to see, seeing) his friend.

(3) I enjoyed (to swim, swimming) in the sea.

(4) I want you (to watch, watching) the movie.

(5) Thank you for (to invite, inviting) me to the party.

(6) (Beginning, Begin) a new life is hard.

(7) Taking pictures (are, is) my hobby.

3 次の英文の（　　）にあてはまるように，[　　] 内の英語を適切な形に直し，書きなさい。ただし，1語とは限らない。

(1) He finished (　　) the book. [read]

(2) My mother is good at (　　). [cook]

(3) It is easy for Kate (　　) English. [speak]

(4) Do you know where (　　)? [go]

(5) How about (　　) a movie tonight? [watch]

(6) It's time (　　) *medicine. [take]　　*medicine:薬*

4 次の日本語に合うように，(　　　) 内の英語を正しく並べかえ，英文を完成させなさい。ただし，文頭にくる英語も小文字にしてある。

(1) 彼はゆっくりと歩き始めた。　(slowly/began/he/walking).

.

(2) あなたはどのスポーツをやりたいですか？　(you/sport/play/what/to/do/want)?

?

(3) あなたは何か食べ物を持っていますか？　(eat/have/you/anything/to/do)?

?

(4) 子どもたちにとってマンガを読むことは悪いことではありません。(bad/read/children/isn't/for/it/to/manga).

.

(5) 私は彼女に会って驚きました。　(to/I/see/surprised/her/was).

.

(6) 彼は，1時間でもどって来るように，私に言いました。　(one/me/back/told/he/hour/to/in/come).

.

5 次のような場面であなたならば何と言うか，英語で書きなさい。

(1) 相手にテニスをするのが得意か，と尋ねるとき。

(2) 偉人(great people)について話すことは興味深い，と言うとき。(Itから始まる英文を書くこと)

It

(3) 私はトムに会えてうれしい，と言うとき。

6 次の日本語を英語にしなさい。

(1) 私は夏休みに読書を楽しむつもりです。

(2) 私は駅への行き方を知りません。

応用問題

解答 ⇨ 別冊 P.11

1 次の英文を読んで，あとの問いに答えなさい。

Everyone has to do *exercise to stay healthy. Exercise isn't only for young healthy people. Old people and sick people should do exercise, too. You can find a good exercise for you. What exercise do you do?

It is good to do some exercise every day, but you don't have to go to the sports center. You can play sports in the park and help your parents.

Your body gets hotter when you do exercise. You *sweat to cool down. Your *muscles need *oxygen to work well for a long time. When you do exercise, ① you *breathe faster to give the oxygen to your muscles. This exercise makes you healthier.

Before you start your exercise, it's good to warm up your muscles. When you warm up your muscles, they move more easily. You should do some *stretches. ② They are helpful to move your body easily.

Think about how to breathe when you do exercise. When you don't breathe well, your muscles don't get all the oxygen. You should breathe slowly and deeply.

After you finish your exercise, it's good to cool down your muscles. Run slowly and walk for a few minutes. Then do more stretches. You also need to put back the *water lost in your sweat, so it's important to drink water after you do exercise.

（注）*exercise: 運動（する）　*sweat: 汗（をかく）　*muscle: 筋肉　*oxygen: 酸素
*breathe: 呼吸する　*stretch: ストレッチ　*water lost in sweat: 汗で失った水分

(1) 筆者は気軽な運動としてどのようなことを挙《あ》げているか，日本語で２つ書きなさい。

(2) 下線部①の目的を，次の**ア**～**ウ**から１つ選び，記号を書きなさい。

ア 体を冷やすため。　**イ** 筋肉に酸素を送るため。　**ウ** 筋肉を温めるため。

(3) 下線部②の表す内容を，日本語で書きなさい。

(4) 運動後に水分をとることが大切な理由は何か，日本語で書きなさい。

(5) 次の質問に３語以上の英語で答えなさい。

① Why do your muscles need oxygen?

② Is it good to warm up your muscles after exercising ?

Point!

6 There・接続詞・間接疑問文

ここがポイント

There

不特定のものに使う。the ／ my ／ your などのついた名詞には使えない。

〈There ＋ be 動詞＋もの＋場所.〉「(場所)に(もの)があります」

ものが単数　**There is** a book on the desk.
机の上に１冊の本**があります**。

ものが複数　**There are** some books on the desk.
机の上に数冊の本**があります**。

過去形は〈There was／were～.〉になるよ

○ There is a book.

だれの本かわからないと使えるよ

× There is my book.

「私の本」のように my がつくと使えないよ

▶ **have ／ has を使った書きかえ**

There are four seasons in Japan.
日本には四季**があります**。＝ Japan **has** four seasons.

接続詞

when「～する時…」／ **if**「もし～ならば…」／ **after**「～した後で…」／ **before**「～する前に…」／ **because**「～だから…」は，２つの文をつなぐ。

〈接続詞＋主語＋動詞～，主語＋動詞～.〉
When I was young, **I lived** in New York.
私は若い時，ニューヨークに**住んでいました**。

接続詞が前にあるときは，文の間にコンマ「,」が入るよ

〈主語＋動詞＋接続詞＋主語＋動詞 .〉
We will play tennis **if** it is sunny tomorrow.
もし明日晴れたら，私たちはテニスをするでしょう。

if の直後の文（下線部）では，時制が**未来**でも**現在形**を使うよ

▶ **接続詞の文の書きかえ**

前後の文を入れかえても同じ意味になる。

When I was young, I lived in New York. ＝ I lived in New York **when** I was young.

▶ **接続詞 that「～ということ」**

〈**know ／ hope ／ learn ／ find ／ say ／ think** ＋(**that** ＋)主語＋動詞〉

that は省略できるよ

「**～ということを知っている／望む／学ぶ／見つける／言う／思う**」

I **know** (**that**) he likes English.　私は彼が英語を好きだ**ということを知っています**。

間接疑問文

間接疑問文では，疑問詞*の後ろは肯定文の語順。

〈疑問詞（２語のものも含む）＋**主語＋動詞**＋～.〉
I don't know **what he wants** to do.　私は**彼が何をしたいのか**知りません。
Do you know **how old she is**?　あなたは**彼女が何歳か**知っていますか？

*疑問詞は２章のポイント参照

基本問題

解答 ⇨ 別冊 P.12　正解数　／30

1 次の（　　）の中から正しいものを選び，書きなさい。

(1) There (are, is) three apples on the table.

(2) There (wasn't, weren't) any students there.

(3) (When, If) I came home, he was cooking.

(4) Let's go back home (during, before) it rains.

(5) I don't know how much (is it, it is).

2 次の英文の意味を考え，下の□の中から（　　）にあてはまる適切な英語を１つ選び，書きなさい。ただし，同じ英語を２度使ってはいけない。また文頭にくる英語も小文字にしてある。

(1) (　　　) you eat dinner, you should brush your teeth.

(2) (　　　) you get up early tomorrow, you will catch the train.

(3) It was raining so hard (　　　) we went home.

(4) My sister was in her bed (　　　) she caught a bad cold.

when ／ because ／ before ／ after ／ if

3 次の日本語に合うように，（　　）内の英語を正しく並べかえ，英文を完成させなさい。ただし，文頭にくる英語も小文字にしてある。

(1) 机の上に３本のペンがあります。(three/there/are/the desk/pens/on).

(2) 庭には２羽ニワトリがいました。(were/chickens/the garden/there/in/two).

(3) もし彼が来れば，僕たちは野球ができます。(if/baseball/comes/play/he/can/we/,).

(4) 私たちは帰る前に公園へ行きました。(we/to/the/home/went/we/went/park/before).

(5) 彼は私がどこに住んでいるか知りません。(live/where/he/doesn't/know/I).

4 次の英文を［　　　　］内の指示にしたがって，全文を書きかえなさい。

(1) There is a house on the hill. ［下線部を a lot of に］

(2) There were some watches on the table. ［疑問文に］

(3) Are there any books in your room? ［質問に対し Yes で答える文に］

(4) John was watching TV. His mother came home. ［～した時…していたの文に］

(5) There are four schools in my city. ［下線部を主語にして同じ意味の文に］

5 次の日本語に合うように，(　　　) にあてはまる適切な英語を 1 語ずつ書きなさい。

(1) 私がトムを訪ねた時，彼は部屋で眠っていました。
(　　　) I visited Tom, he was (　　　) in his room.

(2) ジュディは疲れていたから早く帰りました。
Judy (　　　) home early (　　　) she was tired.

(3) あなたの市にはいくつの図書館がありますか？
How many libraries (　　　) (　　　) in your city?

(4) ロンドン（London）には多くの店があります。
(　　　) (　　　) a lot of shops.

6 次の日本語を英語にしなさい。

(1) 私は，彼がケーキを食べたと思います。

(2) 私はなぜ彼が来たのか知っています。

(3) 私はそれが美しかったのでとても驚きました。

応用問題

解答 ⇨ 別冊 P.13

1　次の英文は，中学生の藍子（Aiko）が行ったスピーチの原稿です。あとの問いに答えなさい。

Hello, everyone. I would like to talk about my favorite music group, *the Beatles, from England. In ①(members/were/group/there/this/four), John, Paul, George, and Ringo. Do you know them? Do you know their songs? If you don't know about them, please ask your parents. ②(I/they/their songs/know/the Beatles/think/and/that). My parents are big fans of them, and I often listen to their songs in the car. Soon I became a fan of them, too.

They have many hit songs. They are very popular among people (　③　). The Beatles made popular songs such as *Yesterday*, *Help*, and so on, and I like *Let It Be* the best. Its *melody is very beautiful. I can sing some of their songs. To remember English songs is good for practicing English.

In 1966 they visited Japan to give a concert. Most young people were very excited about their music. The Beatles *broke up in 1970. But people around the world love the Beatles' songs even now. I hope you'll listen to them. Thank you for listening.

（注）　**the Beatles:* ザ・ビートルズ　　**melody:* メロディー　　**break up:* 解散する

(1)　①，②の（　　　）内の英語を意味が通るように並べかえなさい。

① In　　　　　　　　　　　　　　　　　　　　　　　　　　　　　,

②　　　　　　　　　　　　　　　　　　　　　　　　　　　　　　.

(2)　下線部の them が指す内容を，本文中から２語で抜き出しなさい。

(3)　③の（　　　）に「世界中」という表現を４語で書きなさい。

(4)　次の質問に３語以上の英語で答えなさい。

①　Does Aiko's father like the Beatles?

②　When did the Beatles visit Japan to give a concert?

③　What does Aiko want other students to do?

(5)　本文の内容に合うものを，次の**ア**～**ウ**から１つ選び，記号を書きなさい。

ア　Aiko listens to the Beatles' songs in the train on her way home.

イ　Aiko thinks that remembering English songs is a good way to practice English.

ウ　Aiko doesn't know when the Beatles gave a concert in Japan.

英語

Point!

7 受動態・動詞②

英語

ここがポイント

受動態

受動態「～される」は be 動詞と過去分詞で作る。

否定文，疑問文のつくり方は2章の進行形と同じだね

肯定文 〈主語＋ **be** 動詞＋過去分詞★＋(**by** ○○).〉「(○○によって) ～される」
A soccer game **was watched by** Ann.　サッカーの試合はアン**によって見られました**。

否定文 〈主語＋ **be** 動詞＋ **not** ＋過去分詞＋(**by** ○○).〉
A soccer game **wasn' t watched by** Ann.　サッカーの試合はアン**によって見られませんでした**。

疑問文 〈**be** 動詞＋主語＋過去分詞＋(**by** ○○)?〉
Was a soccer game **watched by** Ann?　サッカーの試合はアン**によって見られましたか**？

★過去分詞は解答例・解説 P 20～21 参照

▶受動態⇆能動態の書きかえ

能動態

アンはサッカーの試合を見た

Ann watched a soccer game.

受動態

サッカーの試合はアンに見られた

A soccer game **was watched by Ann.**

能動態では **by** ○○の部分が主語になるね

▶覚えたい表現

・be made of ～　(材料)から作られている
・be made from ～　(原料)から作られている
・be covered with ～　～で覆われている
・be surprised at ～　～に驚く
・be known to ～　～に知られている
・be interested in ～　～に興味がある

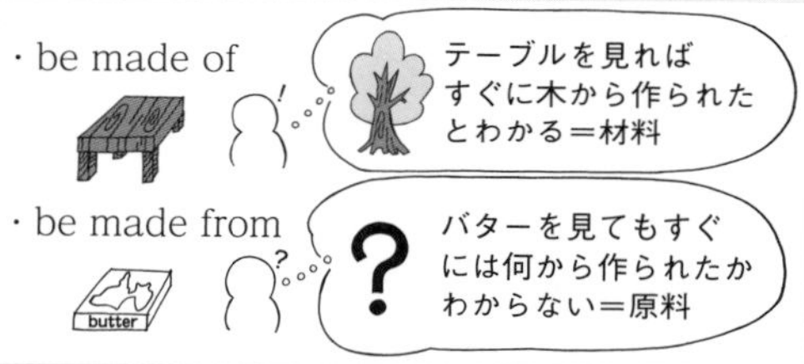
・be made of
テーブルを見ればすぐに木から作られたとわかる＝材料
・be made from
butter
バターを見てもすぐには何から作られたかわからない＝原料

動詞②

give ／ **buy** ／ **show** ／ **tell** ／ **teach** ／ **ask** などは後ろに「人」，「もの」が続く形をつくる。

〈主語＋ **give** ／ **buy** ／ **show** ／ **tell** ／ **teach** ／ **ask** ＋人＋もの.〉
「(人) に (もの) を与える／買う／示す／言う／教える／尋ねる」
My mother **gave me an English book.**　母は私に英語の本を与えました。
She **teaches us English.**　彼女は私たちに英語を教えます。

▶その他の動詞

〈make ＋人／もの＋状態〉「人／ものを状態にする」
His advice **made me happy.**　彼のアドバイスは私を喜ばせました。
〈call ＋人／もの＋呼び名〉「人／ものを呼び名で呼ぶ」
We **call him Tom.**　私たちは彼をトムと呼びます。
〈make ＋人＋動詞の原形〉「人に～させる」
My brother always **makes us laugh.**　兄はいつも私たちを笑わせます。

この動詞の原形のことを**原形不定詞**というよ

基本問題

解答 ⇨ 別冊 P.14

正解数 ／26

1 次の英文の（　　）にあてはまるように，［　　］内の英語を適切な形に直し，書きなさい。

(1) English is (　　) in Singapore.　[speak]

(2) Was the key (　　) in my room?　[find]

(3) When was this miso soup (　　)?　[cook]

(4) He isn't (　　) an orange.　[eat]

(5) When were these pictures (　　)?　[take]

(6) Is this bird (　　) every day?　[see]

2 次の英文を，ほぼ同じ意味になるように受動態(「～される／～された」という文)に書きかえなさい。

(1) Yusuke eats a pizza every day.

(2) Everyone loves the dog.

(3) Did your mother help you with your homework?

(4) She didn't use her dictionary.

(5) He read this book many years ago.

3 次の英文を，ほぼ同じ意味になるように能動態(「～する／～した」という文)に書きかえなさい。

(1) The windows were broken by Tom.

(2) Was the letter written by Jane?

(3) This fish wasn't cooked by my mother.

4 **次の日本語に合うように，(　　　) 内の英語を正しく並べかえ，英文を完成させなさい。ただし，文頭にくる英語も小文字にしてある。**

(1) 彼の帽子はいつ発見されましたか？　(found/cap/when/his/was)?

?

(2) 私は昨日弟にペンを買いました。　(bought/I/yesterday/a pen/my brother).

.

(3) 彼は10年前，彼女をエリと呼んでいました。　(Eri/called/he/her/years/ten/ago).

.

(4) 彼らは私が宿題をするのを手伝ってくれました。　(homework/helped/me/my/they/do).

.

(5) あなたのノートを見せてくれませんか？　(me/show/will/notebook/you/your)?

?

5 **次の英文中の it とは何か，日本語で書きなさい。**

(1) It is a traditional Japanese food. It is eaten on New Year's Day. Some people say, "It is *round." But others say, "It is *square." （注）*round : 丸い　*square : 四角の

(2) It shows us the time. It is *worn by many people. Some are very expensive, and some are very *cheap. （注）*worn : wear の過去分詞　*cheap : 安価な

6 **次の日本語を英語にしなさい。**

(1) そのケーキは母によって作られました。

(2) その音楽は私をわくわくさせました。

(3) その机は木（wood）から作られました。

(4) 富士山は雪で覆われています。

(5) 彼女の母は彼女を家にいさせました。

応用問題

解答 ⇨ 別冊 P.15

1 **次の英文を読んで，あとの問いに答えなさい。**

Many people think that pizza comes from Italy. But actually, it was first made in *Greece. Around the first or second century, people in Greece *baked large, *flat pieces of bread and put *herbs, onions and other vegetables on top. In the early 16th century travelers brought tomatoes to *Europe from South America. Many people thought that tomatoes were *dangerous to eat, but poor people in *Naples tried them because they were hungry. They baked tomatoes and herbs on flat pieces of bread. In the 17th century people visit the poor areas of Naples to try this new food.

The *modern kind ①(1889/of/in/was/pizza/made). The queen of Italy, *Margherita was visiting *Bologna. ②(asked/famous/a/*chef/was) to make dinner for her. He decided to make a special pizza. Its colors were the same as Italian flag, red, white and green. The chef called the new dish *Pizza Margherita. It became one of the queen's favorite foods, and people in Italy began to enjoy it. People in other parts of Italy also made other kinds of pizza. Some had fish or meat, cheese and other vegetables on them.

（注）*Greece: ギリシャ　*bake: 焼く　*flat: 平らな　*herb: ハーブ　*Europe: ヨーロッパ
*dangerous: 危険な　*Naples: ナポリ（イタリアの都市）　*modern: 現代の
*Margherita: マルゲリータ（人の名前）　*Bologna: ボローニャ（イタリアの都市）　*chef: シェフ
*Pizza Margherita: ピザ・マルゲリータ

(1) ①，②の（　　）内の英語を意味が通るように並べかえなさい。ただし，文頭にくる英語も小文字にしてある。

① The modern kind ＿＿＿＿＿＿＿＿＿＿.

② ＿＿＿＿＿＿＿＿＿＿ to make dinner for her.

(2) 人々がナポリの貧しい地域を訪れたのはなぜか，日本語で書きなさい。

(3) シェフがマルゲリータ女王のために作ったピザはどのようなものだったか，具体的に日本語で書きなさい。

(4) 次の質問に３語以上の英語で答えなさい。

① Where did tomatoes come from to Europe?

② Were there many kinds of pizza in Italy after 1889?

Point!
8 現在完了

ここがポイント

現在完了

現在完了には「完了」，「経験」，「継続」の３つの用法がある。３つの用法とも語順は同じである。

肯定文〈主語＋ have ／ has ＋過去分詞＋～ .〉
否定文〈主語＋ haven't ／ hasn't ＋過去分詞＋～ .〉
疑問文〈Have ／ Has ＋主語＋過去分詞＋～ ?〉

▶完了「～したところだ」

※完了でよく使われる表現
・just　ちょうど
・already　すでに
・yet　まだ／もう

I have **just eaten** a cake.　私は**ちょうど**ケーキを食べたところです。
I **haven't eaten** a cake **yet**.　私は**まだ**ケーキを食べていません。
Have you **eaten** a cake **yet**?　あなたは**もう**ケーキを食べましたか?

▶経験「～したことがある」

※経験でよく使われる表現
・once　一度　・twice　二度
・～ times　～回　・before　以前
・ever　今までに　・never　一度も～ない

I **have seen** a UFO **once**.　私は**一度**UFOを見たことがあります。
I **have never seen** a UFO.　私は**一度も**UFOを見たことがありません。
Have you **ever seen** a UFO?　あなたは**今までに**UFOを見たことがありますか?

▶状態の継続「ずっと～している」

※継続でよく使われる表現
・for ＋期間　(期間)の間
・since ＋過去の語句や文　(過去の語句や文）以来
・How long　どのくらいの間

Eita **has lived** in Tokyo **for three years**.　英太は**３年間**ずっと東京に**住んでいます**。
How long has Eita **lived** in Tokyo?　**どのくらいの間**，英太は東京に**住んでいますか**?

状態の継続と似ているけれど，**動作の継続**ではこっちを使うよ

★現在完了進行形「ずっと～し続けている」

〈主語＋ have ／ has ＋ been ＋一般動詞の ing 形＋～ .〉
She **has been playing** the piano for two hours.　彼女は２時間ずっとピアノを**弾いています**。

基本問題

解答 ⇨ 別冊 P.16 正解数 ／35

1 次の（　　）の中から正しいものを選び，書きなさい。

(1) I have (am, been) at home for two days.

(2) I (knew, have known) him since last year.

(3) She (has, have) just had lunch.

(4) Kate has lived in Tokyo (since, for) five years.

(5) Have you ever (readed, read) a book about China?

2 次の英文の（　　）にあてはまるように，［　　］内の英語を適切な形に直し，書きなさい。

(1) He has just (　　　) reading the book.　[finish]

(2) We have (　　　) good friends for a long time.　[be]

(3) Have you ever (　　　) about a country, Bhutan?　[hear]

(4) Tokugawa Ieyasu (　　　) been dead for about 400 years.　[have]

(5) How often has he (　　　) as a volunteer?　[work]

3 次の各組の文がほぼ同じ意味になるように，(　　　)にあてはまる適切な英語を 1 語ずつ書きなさい。

(1) I first knew him ten years ago, and I still know him.
I (　　　) (　　　) him for ten years.

(2) Ken had no chance to write a letter in Japanese.
Ken (　　　) (　　　) written a letter in Japanese.

(3) I started eating dinner a few minutes ago. I finished eating just now.
I (　　　) (　　　) eaten dinner.

(4) Mary lives in China now. When did she start living there?
How (　　　) has Mary (　　　) in China?

(5) Yoko had no chance to go to Disneyland.
Yoko has (　　　) (　　　) to Disneyland.

4 **次の日本語に合うように，（　　　）内の英語を正しく並べかえ，英文を完成させなさい。ただし，文頭にくる英語も小文字にしてある。**

(1) 彼らはちょうど学校に着いたところです。(at/have/they/school/just/arrived).

(2) 私は３時間ずっと英語を勉強しています。(hours/have/I/studying/English/been/three/for).

(3) 彼は３日間ずっと家にいません。(been/days/has/for/he/at home/not/three).

(4) 彼らはアフリカについて聞いたことがありません。(Africa/they/heard/never/about/have).

(5) 私は一度ハワイへ行ったことがあります。(been/Hawaii/once/to/I/have).

(6) あなたはどのくらいの間，テニスをしていますか？ (playing/long/tennis/you/how/been/have)?

5 **次の日本語に合うように，（　　　）にあてはまる適切な英語を１語ずつ書きなさい。**

(1) 勇太は去年からずっとその車を欲しがっている。

Yuta (　　　) (　　　) the car (　　　) last year.

(2) もうその仕事を終えましたか？

(　　　) (　　　) finished the work (　　　) ?

6 **次の日本語を英語にしなさい。**

(1) 私は二度東京タワー（Tokyo Tower）へ行ったことがあります。

(2) 私は長い間伊豆（Izu）に住んでいます。

(3) あなたは今までに富士山を見たことがありますか？

応用問題

解答 ⇨ 別冊 P.17

1　次の英文は，教子（Kyoko）とヒル先生（Ms. Hill）の対話の一部です。２人は扇子《せんす》（a folding fan）について話をしています。あとの問いに答えなさい。

Ms. Hill : It's so hot in this room. I really don't like this hot weather.
Kyoko : I know. I don't like ① it, either. So I always carry this.
Ms. Hill : What's that? ②(seen/have/before/I/never/it).
Kyoko : It's a folding fan. We call it *sensu* in Japanese.
Ms. Hill : (③)
Kyoko : Yes, I'll show you. We use it like this. You see? Here, try it.
Ms. Hill : Wow! It's nice.
Kyoko : When I don't use it, I can close it and carry it in my bag. So, it's useful.
Ms. Hill : I see. (④) Is it Mt. Fuji?
Kyoko : Yes, you can find *various *sensu* in Japan. There are *sensu* with pictures, words, or even *fragrance.
Ms. Hill : Really? Then, I would like to get a *sensu* with a picture. I also want to buy some for my friends in America before I leave Japan.
Kyoko : I think they will like your gifts.
Ms. Hill : (⑤)
Kyoko : Why don't you write some words on each *sensu*?
Ms. Hill : That sounds great! Then they will become "fan letters."

（注）*various：様々な　　*fragrance：香り

(1) 下線部①の指すものを３語の英語で書きなさい。

(2) ②の（　　）内の英語を意味が通るように並べかえなさい。

(3) ③～⑤の（　　）にあてはまる文を，次のア～カから１つずつ選び，記号を書きなさい。

ア　I hope so.
イ　Can you show me how to use it?
ウ　I'm afraid not.
エ　Do you like the fan?
オ　They have never been there.
カ　I also like the nice picture on it.

③　④　⑤

(4) 扇子はどのような点で便利か，日本語で書きなさい。

(5) 本文の内容に合うものを，次のア～ウから１つ選び，記号を書きなさい。

ア　It is very cool in the room.
イ　Kyoko didn't teach Ms. Hill how to use *sensu*.
ウ　Ms. Hill will buy some *sensu* for her friends in America.

ここがポイント

Point!
9 分詞・関係代名詞・仮定法

分詞

現在分詞「〜している」・過去分詞「〜される」は〈分詞と語句〉で名詞を修飾するときに使う。

〈名詞＋現在分詞＋語句〉
「〜している名詞」
a dog [eating meat] 肉を食べている犬
（eating meat が dog を修飾）

進行形で使ったing形のことだね

〈名詞＋過去分詞＋語句〉
「〜される名詞」
meat [eaten by a dog] 犬に食べられる肉
（eaten by a dog が meat を修飾）

現在完了や受動態で使ったね

関係代名詞

関係代名詞は，名詞を文で修飾するときに使う。

直前の名詞(人・もの)と直後の語句(動詞・名詞)で，関係代名詞を決める。

直後が動詞のときは，直前の名詞を主語に見たてて動詞を活用させるよ

直前の名詞が人，直後が動詞 〈直前の名詞＋who／that＋動詞＋〜.〉
I know the boy [who／that studies English every day]. 私は毎日英語を勉強する少年を知っています。

直前の名詞がもの，直後が動詞 〈直前の名詞＋which／that＋動詞＋〜.〉
I went to the station [which／that is near our school]. 私は学校の近くにある駅へ行きました。

直前の名詞が人，直後が名詞 〈直前の名詞＋(that)＋名詞＋〜.〉
I met the girl [(that) you like]. 私はあなたが好きな少女に会いました。

直前の名詞がもの，直後が名詞 〈直前の名詞＋(which／that)＋名詞＋〜.〉
The country [(which／that) I visited last year] is France. 私が昨年訪れた国はフランスです。

直後が名詞のとき，(that)や(which／that)は省略できるよ

▶直前の名詞，直後の語句と関係代名詞

直前の名詞	直後の単語	関係代名詞	省略
人	動詞	who／that	×
もの	動詞	which／that	×
人	名詞(主語)	that	○
もの	名詞(主語)	which／that	○

仮定法

現在の事実に反することや実現しないような願望を仮定するときに使う。

〈If＋主語＋動詞の過去形＋〜，主語＋would／could＋動詞の原形＋〜.〉「もし〜なら，…だろうに」
If I were you, I would study hard. もし僕が君(である)なら，一生懸命勉強するだろうに。
If I had much money, I could buy a car. もしお金をたくさん持っているなら，車を買えるだろうに。
〈I wish+主語+動詞の過去形+〜.〉〈I wish+主語+would／could+動詞の原形+〜.〉「〜だったらなあ」
I wish I were a bird. 僕が鳥だったらなあ。
I wish you would like me. 君が僕のことを好きだったらなあ。

仮定法では，be動詞はwereを使うよ

▶6章のifとの関係

6章の文 We will play tennis if it is sunny tomorrow.「もし明日晴れたら，私たちはテニスをするでしょう」は，実際に起こる可能性があるときに使う。if の直後の文の動詞は現在形にする。

基本問題

解答 ⇨ 別冊 P.18　　正解数 ／36

1 次の英文の（　　）にあてはまるように，［　　］内の英語を適切な形に直し，書きなさい。

(1) Look at the picture (　　) by Emily. [draw]

(2) There are many languages (　　) in Europe. [speak]

(3) Do you know the man (　　) a difficult book? [read]

(4) My brother bought a car (　　) by his friend. [use]

(5) Can you see the cat (　　) at the bed? [sleep]

(6) The girl (　　) the guitar is my sister. [play]

(7) That is the bus which (　　) three doors. [have]

(8) There are three boys who (　　) studying in the library. [be]

2 次の（　　）にあてはまる関係代名詞を書きなさい。ただし，that 以外を使うこと。

(1) Tom is a boy (　　) is running over there.

(2) I forgot a book (　　) shows me how to cook.

(3) This is a picture (　　) my brother took in Kyoto.

3 次の日本語に合うように，（　　）内の英語を正しく並べかえ，英文を完成させなさい。ただし，文頭にくる英語も小文字にしてある。

(1) これは東京行きの電車です。 (train/goes/this/Tokyo/which/is/the/to).

(2) お祭りで働く少年がいました。 (was/worked/there/at the festival/a boy/who).

(3) 今日が晴れだったらなぁ。 (sunny/I/today/it/wish/were).

(4) 木の上で鳴いている青い鳥を見て。 (bird/at/on/blue/look/singing/the tree/the).

4 次の各組の文がほぼ同じ意味になるように，(　　　)にあてはまる適切な英語を1語ずつ書きなさい。ただし，関係代名詞は that 以外を使うこと。

(1) I know the man. He wrote this book.
I know the man (　　　) (　　　) this book.

(2) This is a CD. I bought it at the shop.
This is a CD (　　　) (　　　) me at the shop.

(3) Who is the girl who is running in the park?
Who is the girl (　　　) (　　　) the park?

(4) Mary is a girl. She likes books very much.
Mary is a girl (　　　) (　　　) books very much.

(5) This is the watch which was given to me by my father.
This is the watch my (　　　) (　　　) me.

5 次の日本語に合うように，(　　　)にあてはまる適切な英語を1語ずつ書きなさい。

(1) 雪で覆われた山は美しいです。
Mountains (　　　) with snow (　　　) beautiful.

(2) バス停で待っていた女性が私に話しかけてきました。
A (　　　) (　　　) at the bus stop spoke to me.

(3) 散歩している少年と犬がいました。
There were a boy and a dog (　　　) (　　　) walking.

6 次の日本語を英語にしなさい。

(1) もし彼女が私の先生なら，私は一生懸命勉強するでしょう。(仮定法を使って)

(2) 君が僕にくれたクッキー(the cookies)はおいしかった(delicious)よ。

(3) 私はこの犬を見つけた人と話をしたいです。

(4) ラン(Ran)はトム(Tom)が飼っている犬です。

(5) もし翼（wings）があったら，飛ぶことができるのに。(仮定法を使って)

応用問題

解答 ⇨ 別冊 P.19

1 次の傘《かさ》についての英文を読んで，あとの問いに答えなさい。

We often use umbrellas while it is raining. But a long time ago, umbrellas were not used for rain. In *ancient Egypt, only *powerful people used umbrellas to *block the strong light of the sun. ①(from/we/today/different/the umbrellas/use/they/were). At that time umbrellas were always open. In the 13th century, people in Europe made ②a new kind of umbrella. It was the umbrella which people could open and close.

In the 18th century, women in *Europe started to use umbrellas in the rain, but men didn't. Men used caps or hats on a rainy day. Later, a man in London began to use an umbrella in the rain. At that time only women were using umbrellas while it was raining, so people thought that ③ the man was strange. About 30 years later, other men began to use umbrellas in the rain like him.

Today there are many kinds of umbrellas, and many people buy *plastic umbrellas in Japan. They *sell well because they are cheap. People buy about 130 million umbrellas in Japan every year. But there are many umbrellas left on buses, on trains and in some other places. That is a problem. For example, a lot of ④(were/in/umbrellas/left) Tokyo in a year, but only a few people came to get them. I hope there will be no umbrellas left on buses, on trains and in some other places.

(注) *ancient Egypt：古代エジプト　*powerful：権力のある　*block：防ぐ　*Europe：ヨーロッパ
*plastic：ビニールの　*sell well：よく売れる

(1) ①，④の（　　）内の英語を意味が通るように並べかえなさい。ただし，文頭にくる英語も小文字にしてある。

① ＿＿＿＿＿＿＿＿＿＿.

④ For example, a lot of ＿＿＿＿＿＿＿＿ Tokyo in a year,

(2) 下線部②はどのような特徴を持った傘か，日本語で書きなさい。

(3) 人々が下線部③のように思ったのはなぜか，日本語で書きなさい。

(4) 次の質問に３語以上の英語で答えなさい。

① Were umbrellas used by many people in ancient Egypt?

② Why are plastic umbrellas so popular in Japan?

③ Are there many umbrellas left in Tokyo?

コラム

英語は文法ばかりじゃない。世界中で使われている，生きた“ことば”だよね。
君はこの“ことば”のセンスをどのくらい持っているかな。
問題にチャレンジして，自分の英語のセンスを試してみよう！！

レベルⅠ 英語の鳴き声クイズ

日本語では，イヌは「ワンワン」。それが英語になると，どう聞こえるんだろう？ 動物と鳴き声を線で結ぼう。

① ニワトリ •	• ㋐ moo（ムー）
② カッコウ •	• ㋑ bow-wow（バウワウ）
③ ウシ •	• ㋒ cock-a-doodle-doo（クックドゥードゥルドゥー）
④ イヌ •	• ㋓ gribbit（グリッビットゥ）
⑤ ブタ •	• ㋔ cuckoo-cuckoo（クックー・クックー）
⑥ カエル •	• ㋕ oink-oink（オインク・オインク）

レベルⅡ 英語の愛称クイズ

教科書や問題集でよく見る Dick（ディック）や Beth（ベス）は，実は愛称なんだ。正式には Dick は Richard（リチャード），Beth は Elizabeth（エリザベス）だよ。愛称と正式名を線で結ぼう。

① Bob（ボブ） •	• ㋐ Benjamin（ベンジャミン）
② Pat（パット） •	• ㋑ Robert（ロバート）
③ Mike（マイク） •	• ㋒ Michael（マイケル）
④ Ben（ベン） •	• ㋓ William（ウィリアム）
⑤ Kate（ケイト） •	• ㋔ Catherine（キャサリン）
⑥ Bill（ビル） •	• ㋕ Patricia（パトリシア）

レベルⅢ 英語のニュアンスクイズ

英語の勉強をしていると，ときどき「同意語」や似た表現がでてくる。でもそれらの中には微妙にニュアンスが違っているものや，状況によって使いわける必要があるものも多いんだ。さて次の場面では，アとイのどちらを使う？

① Lucy（ルーシー）は大の犬好き。今日は，犬が通りを渡り始めてから向こう側につくまでずっと見ていました。そんな様子を表現するなら，ア・イのどちらの言い方がいい？

ア. Lucy saw a dog cross the street.
イ. Lucy saw a dog crossing the street.

② 大切なお客様がいらっしゃいました。昼食を食べていただくことになり，お客様に何を食べたいのか聞きたいと思います。その場合，ア・イのどちらの言い方がいい？

ア. What would you like to have for lunch?
イ. What would you like to eat for lunch?

〈コラムの解答〉
レベルⅠ ①㋒ ②㋔ ③㋐ ④㋑ ⑤㋕ ⑥㋓ レベルⅡ ①㋑ ②㋕ ③㋒ ④㋐ ⑤㋔ ⑥㋓ レベルⅢ ①ア ②ア
レベルⅢ①の解説：「渡る」という動作の一部始終を見ているときは原形，一部だけを見ているときは ing 形を使うよ。
②の解説：eat と have には「食べる」という意味があるけど，だれかを食事に誘うような丁寧なニュアンスを加えたいときは have を使うよ。

Memo

社会

Point! 1

地理① アジア・アフリカ・ヨーロッパ

ここがポイント

アジア

▶**中国**…人口世界一位(90%以上が**漢族**，残りは55の少数民族)→「**一人っ子政策**」→少子高齢化で廃止。
経済特区＝外国企業の受け入れ→**沿海部の工業が発展し，内陸部との経済格差が拡大**。
世界の工場＝世界で生産された部品を集めて最終組み立てを行い，世界に製品を出荷。

▶**インド**…人口世界二位(約80%は**ヒンドゥー教徒**)。
発達した**ICT**産業…高水準の英語・数学教育。時差が約12時間あるアメリカとの仕事で発展。

重要ワード　アジアNIES(**新興工業経済地域**)…**韓国・台湾・香港・シンガポール**。
プランテーション…昔からのゴム・コーヒー農園の他，アブラヤシ農園が広がる。
ASEAN(**東南アジア諸国連合**)…東南アジア10か国による地域統合。**アメリカ・日本の企業による工業化**。
OPEC(**石油輸出国機構**)…原油価格の設定や供給量を制限して，世界経済に大きな影響力。

関連語句チェック…ヒマラヤ山脈・タクラマカン砂漠・長江・黄河・メコン川・チャオプラヤ川・ガンジス川・インダス川・デカン高原・インドシナ半島・マレー半島・モンスーン・華人・華僑

アフリカ

▶**直線的な国境線**…ヨーロッパの**植民地支配を受けたときに地図上で設定**された。
問題点…国内の**民族・宗教などが複数存在することで紛争が起きやすい**。

重要ワード　**モノカルチャー経済**…特定の鉱産資源や農作物の輸出に頼った経済。
問題点…**国際価格の低下や不作により，国の収入が不安定になる**。
豊富な資源…南アフリカ共和国(金)・ボツワナ(ダイヤモンド)・ナイジェリア(原油)・コートジボワール(カカオ豆)。
アパルトヘイト…南アフリカ共和国で行われていた人種隔離政策。→ネルソン・マンデラ

関連語句チェック…サハラ砂漠・サヘル・ナイル川・外来河川・スラム・オアシス・レアメタル・ギニア湾

ヨーロッパ

▶**高緯度なのに冬の寒さが厳しくない**…暖流である**北大西洋海流と偏西風**の影響。

重要ワード　**西岸海洋性気候**…西ヨーロッパに広がる，**比較的温暖で安定した降水**がある気候。
地中海性気候…地中海沿岸に広がる，**夏に乾燥し冬にまとまった降水**がある気候。
地中海式農業…夏に乾燥に強いオリーブやかんきつ類を，冬に小麦を栽培する農業。
EU(ヨーロッパ連合)…ヨーロッパの27か国が加盟する地域統合。2020年にイギリスが離脱。
統合理由…**アメリカなどの経済大国との競争・ヨーロッパで二度と戦争を起こさない**。
ヒトやモノの自由な移動・共通通貨**ユーロ**の使用。
問題点…加盟国の経済格差。(**加盟時期が早い国と遅い国の格差**)
フランス…ヨーロッパ最大の農業国。→**EUの穀倉**
全発電量の**70%程度を原子力発電**でまかなう。
混合農業…畑作と家畜の飼育を組み合わせた農業。
ドイツ…ヨーロッパ最大の工業国。内陸のルール工業地帯。
ライン川沿いに重化学工業が発展。外国人労働者の受け入れ。

関連語句チェック…バカンス・ユーロスター・ユーロポート・パイプライン・国際分業・酸性雨・ポルダー・白夜・フィヨルド・アルプス山脈・本初子午線・北海油田

基本問題	解答 ⇨ 別冊 P.24	正解数 ／40

1 **右の地図をみて，次の問いに答えなさい。**

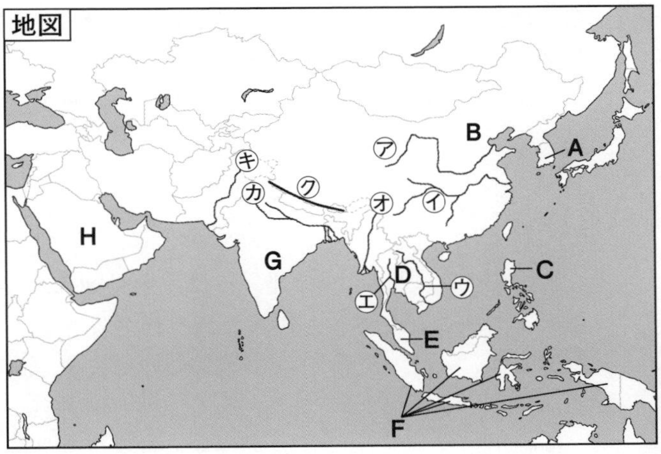

(1)　**A〜H**国の国名を書きなさい。

A　　B　　C　　D　　E　　F　　G　　H

(2)　㋐〜㋖の河川と㋗の山脈の名称を書きなさい。

㋐　　㋑　　㋒　　㋓　　㋔　　㋕　　㋖　　㋗

(3)　**B**国について，各問いに答えなさい。

①　沿岸部のアモイ・ シェンチェンなどは，外国企業の誘致をはかるために税制面などで優遇措置がとられている。これらの地域を何というか。書きなさい。

②　1970年代から実施され，2016年に廃止された人口抑制政策を何というか。書きなさい。

(4)　**G**国について，国民のおよそ80%が信仰する宗教の名称を書きなさい。

2 **右の地図をみて，次の問いに答えなさい。**

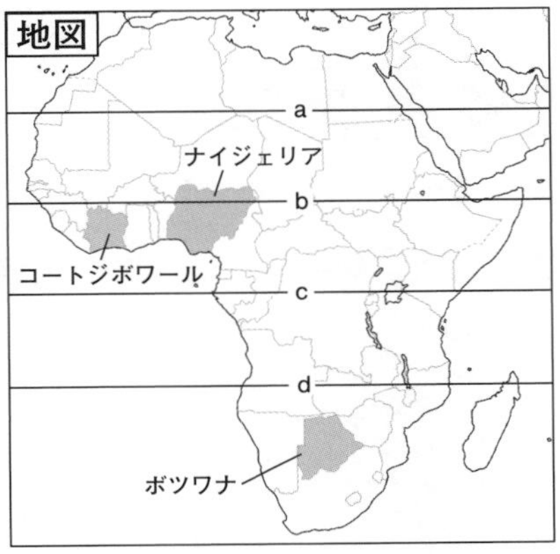

(1)　赤道を表す線を**地図**中の**a**〜**d**から１つ選び，記号を書きなさい。

(2)　アフリカ大陸北部に広がる世界最大の砂漠の名称を書きなさい。

(3)　**資料**は，**地図**中のコートジボワール，ナイジェリア，ボツワナのいずれかの輸出額の品目別の割合を示したものである。それぞれの国にあてはまるものを，**資料**中の**ア**〜**ウ**からそれぞれ選び，記号を書きなさい。

コートジボワール　　ナイジェリア　　ボツワナ

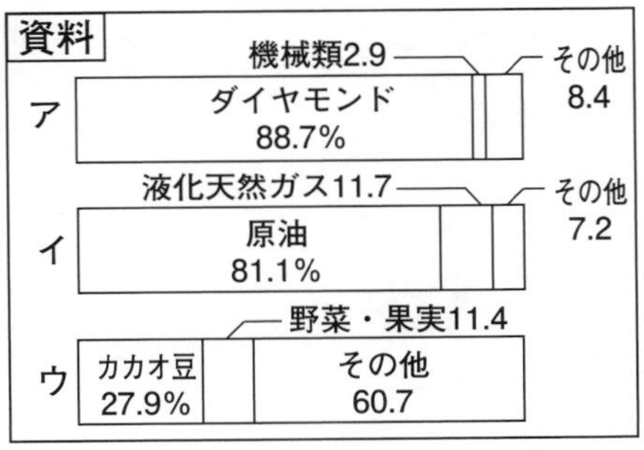

(4)　**資料**をみると，**地図**中の３国は，特定の鉱産資源や農作物に頼っていることがわかる。このように特定の鉱産資源や農作物に頼った経済を何というか。書きなさい。

社会

3 右の地図をみて，次の問いに答えなさい。

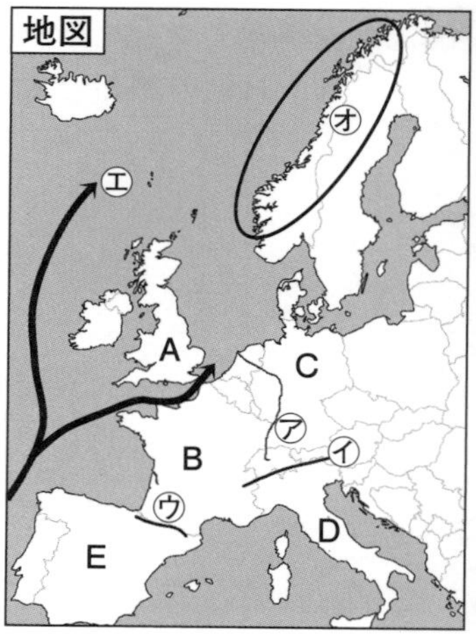

(1) **地図**中の㋐の河川，㋑・㋒の山脈，㋓の海流の名称を書きなさい。

㋐　　㋑

㋒　　㋓

(2) **地図**中の㋔で示された部分には，入り組んだ海岸線が見られる。㋔のような氷河で削られてできた複雑な地形の名称を書きなさい。

(3) **地図**中の**A**～**E**の国についての説明を，次の**ア**～**オ**からそれぞれ選び，記号を書きなさい。また，それぞれの国名を書きなさい。

ア　ヨーロッパ最大の農業国で小麦の生産が盛んである。自国の発電量の約70％を原子力発電が占めている。

イ　世界遺産が多く観光業が盛んである。南部は農業，北部は工業が発達している。

ウ　ヨーロッパ最大の工業国で，以前は内陸部で重工業が発達していた。鉄鉱石と石油を海外から輸入するために，近年は沿岸部に工業地域が広がっている。多くの移民を受け入れていることでも知られている。

エ　本初子午線が通り，世界で最初に産業革命が起きた国である。開国後の日本との関係も深く，不平等条約の改正にいち早く成功した国である。また，2020年にＥＵを離脱したことでも知られる。

オ　16世紀，ブラジルを除く南アメリカ大陸のほとんどの国々を支配した。そのため，この国の言語が，今でもブラジルを除く南アメリカの国々の公用語となっている。

A　記号　　国名

B　記号　　国名

C　記号　　国名

D　記号　　国名

E　記号　　国名

応用問題

解答 ⇨ 別冊 P.25

次の地図と資料をみて，あとの各問いに答えなさい。

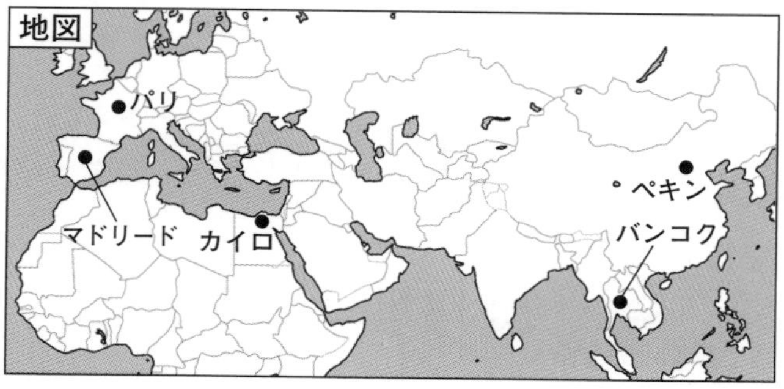

資料１　中国とインドの人口の推移

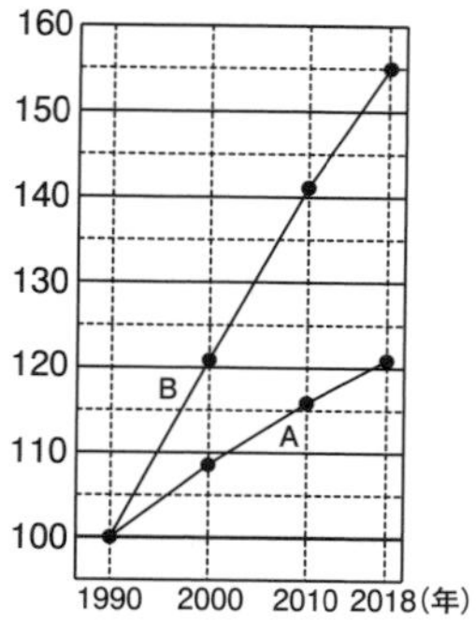

資料２

(1) ペキンは中国の首都である。中国について，問いに答えなさい。

① 1980年代以降，沿海部のシェンチェン・アモイなど５地区に経済特区を設けた目的を書きなさい。

② **資料１**は，中国とインドの1990年のそれぞれの人口を100として，その推移を示したものである。中国のグラフを選び，記号を書きなさい。また，選んだ理由を中国の人口抑制政策に関連付けて書きなさい。

記号	選んだ理由

(2) バンコクはタイの首都である。タイについて，問いに答えなさい。

① **資料２**は，タイなどで古くからみられる高床の家屋である。高床になっている理由を書きなさい。

② **資料３**は，タイ，インド，インドネシア，フィリピンの総人口における宗教人口割合を示したものである。タイの宗教人口割合を示したものを，**ア**～**エ**の中から１つ選び，記号を書きなさい。

資料３

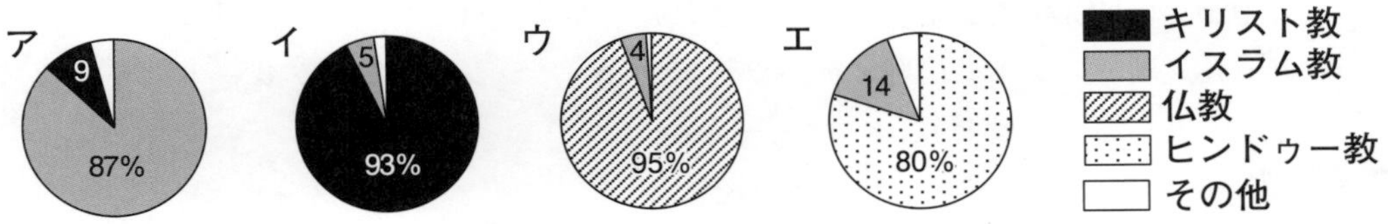

(3) カイロはエジプトの首都である。エジプトのあるアフリカについて，問いに答えなさい。

① アフリカには，エジプトのように国境線が直線になっている国が多くある。これらの国境線はどのようにして決められたか。歴史的な背景をもとに書きなさい。

② **資料４**は，コートジボワールの輸出品とその割合を示したグラフである。コートジボワールの経済の問題点を，**資料５**を参考にして，簡潔に説明しなさい。

資料４ コートジボワールの輸出品とその割合

カカオ豆	野菜・果実	その他
27.9%	11.4	60.7

資料５ カカオ豆の国際価格の推移

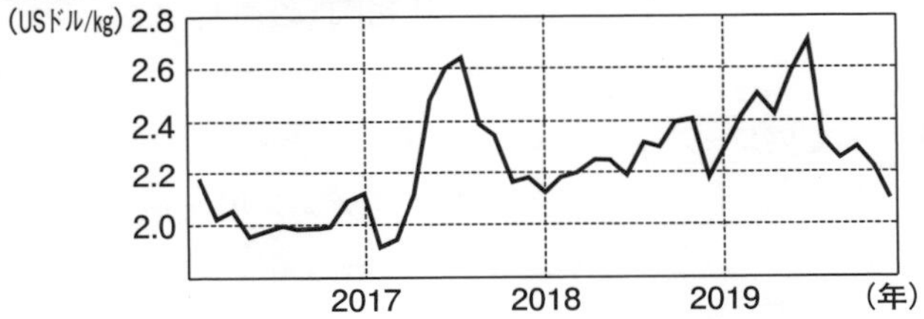

(4) **資料６**は，マドリード，パリ，カイロ，バンコク，ペキンのいずれかの気温と降水量のグラフである。マドリードとパリの気温と降水量のグラフとして適当なものを，**資料６**の**ア**～**オ**からそれぞれ選び，記号を書きなさい。

資料６

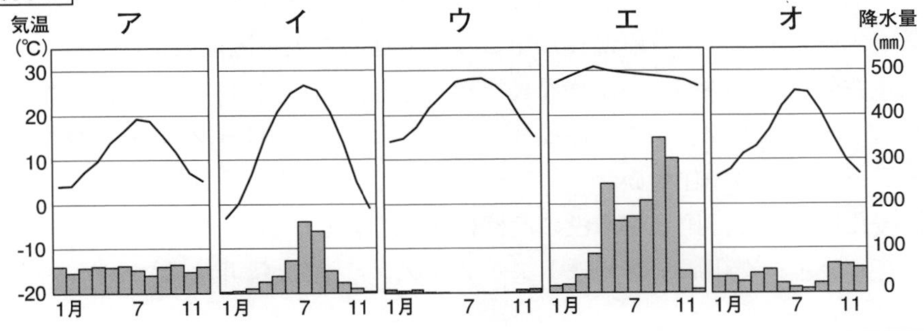

マドリード

パリ

Point!

2　地理②　南北アメリカ・オセアニア

ここがポイント

北アメリカ

▶**アメリカ合衆国**…世界の経済の中心。**大型機械を使い少ない労働力で広い耕地を経営する**企業的農業。

多国籍企業…工場・支社・販売店などを世界に展開し，国境をこえた活動をする企業。

適地適作…地域の環境に適した農産物を生産。小麦地帯・酪農地帯・コーンベルト・コットンベルト

サンベルト…**北緯37度以南の温暖な地域**。情報技術産業・宇宙航空産業・石油化学産業が発達。

シリコンバレー…アメリカ西海岸にあるICT産業の中心地。

ヒスパニック…**スペイン語を話す**移民とその子孫。

重要ワード　**NAFTA**（北米自由貿易協定）…アメリカ合衆国・カナダ・メキシコによるFTA（自由貿易協定）。2020年に**USMCA**に発展し，解消された。世界全体のGDPの約３割。

関連語句チェック…五大湖・ロッキー山脈・アパラチア山脈・ミシシッピ川・グレートプレーンズ・プレーリー・中央平原・メサビ鉄山・ウォール街

南アメリカ

▶**赤道直下なのに，年平均気温が低い。**…キト（エクアドル）のように**標高が高い**都市では，低緯度でも年平均気温は20℃以下になる。

▶**スペイン語を公用語とする。**…南アメリカ大陸では，**ブラジル以外のほとんどの国はスペイン語が公用語**。

▶**ブラジル**…南米最大の人口をもつ国。南アメリカ大陸で唯一オリンピックが開催された。

南米で唯一ポルトガル語が公用語の国。**BRICS**の１つ。

BRICS…2000年以降に急激に経済成長した国（**ブラジル・ロシア・インド・中国・南アフリカ共和国**）の総称。

バイオエタノール…ブラジル政府が主導して，サトウキビ由来のバイオ燃料をつくる。

重要ワード　メスチソ（メスティーソ）…先住民とヨーロッパ系の混血。

焼畑農業…アマゾン川流域の森林で行われる原始的な農業。二酸化炭素排出に問題が残る。

パンパ…ラプラタ川（アルゼンチン）の流域に広がる平原。

関連語句チェック…アンデス山脈・セルバ・ポンチョ・マチュピチュ・MERCOSUR（メルコスール・南米南部共同市場）・日系人

オセアニア

▶**オーストラリア**…６大陸の中で面積が最小の大陸。**豊富な資源**を産出する。６大陸の中で**最も乾燥帯の割合が高い**。イギリス連邦に所属しているためにイギリスとの貿易が中心であったが，白豪主義を廃止したことで，**アジアからの移民が増え，中国・アメリカ・日本との貿易が増えた**。

露天掘り…坑道を掘らずに，地表を削るだけで資源を得る採掘方法。

白豪主義…オーストラリア政府が1970年ごろまで進めた人種隔離政策。

多文化共生主義（**多文化社会**）…多様な民族が共存し，それぞれの文化を尊重する考え方。

アボリジニ…オーストラリアの先住民族。**ウルル**（エアーズロック）の所有権をもつ。

重要ワード　マオリ…ニュージーランドの先住民族。

ツバル…地球温暖化によって，国土が水没の危機に面している。

関連語句チェック…グレートディバイディング山脈・グレートアーテジアン盆地（大鑽井盆地）

基本問題

解答 ⇨ 別冊 P.26　　正解数　／24

1 次の各問いに答えなさい。

(1) **地図**中の㋐，㋑の山脈と㋒の河川の名称を書きなさい。

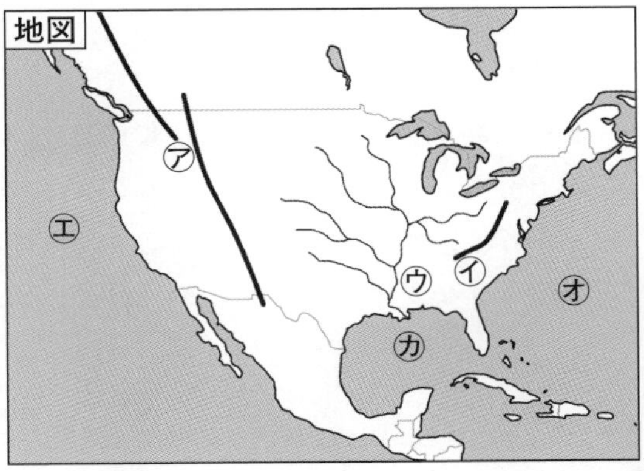

(2) **地図**中の㋓，㋔の海洋と㋕の湾の名称を書きなさい。

(3) **資料**の**A**～**E**の地域で主に栽培されている作物，または主に行われている農業を，次の**ア**～**オ**からそれぞれ選び，記号を書きなさい。

ア　酪農　　　**イ**　放牧
ウ　小麦　　　**エ**　綿花
オ　とうもろこし・大豆

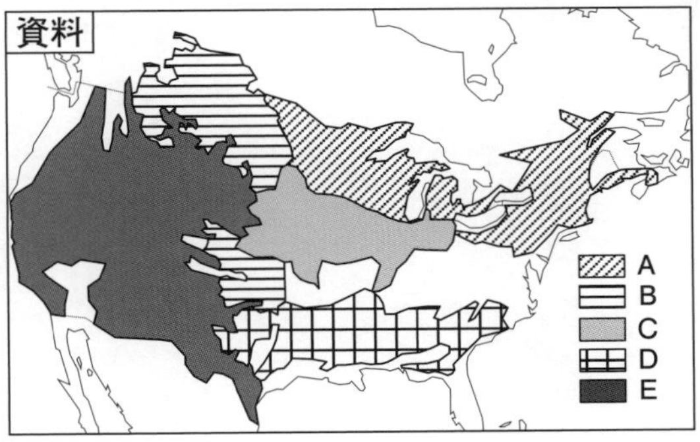

(4) アメリカについての各問いに答えなさい。

① アメリカで広く行われている，その土地の条件に適した農作物を生産することを何というか。漢字4字で書きなさい。

② アメリカの北緯37度以南の温暖な地域を何というか。書きなさい。

③ ②の地域の中で，アメリカ西海岸のカリフォルニア州にある情報通信技術産業が発達した地域を何というか。書きなさい。

2 右の地図をみて，次の問いに答えなさい。

(1) **地図**中の㋐の山脈，㋑の河川の名称を書きなさい。

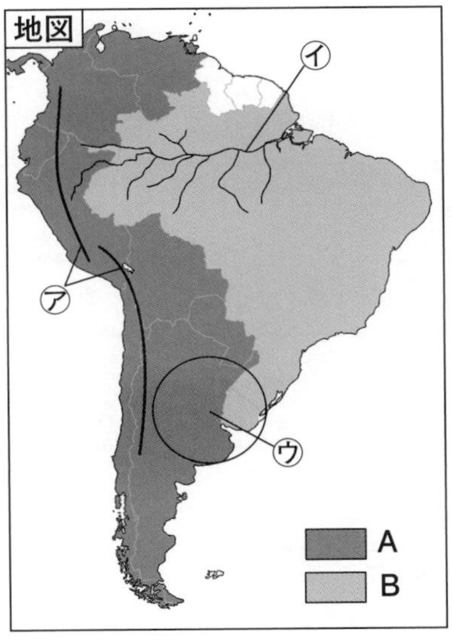

(2) **地図**中の㋒の地域に広がる広大な草地を何というか。書きなさい。

(3) **A**と**B**は，南アメリカの国々で話される言語の分布を示したものである。**A**と**B**にあてはまる言語をそれぞれ書きなさい。

(4) 南アメリカに住む先住民とヨーロッパ系の混血を何というか。書きなさい。

社会

3 **次の問いに答えなさい。**

(1) オーストラリアとニュージーランドの先住民の名称を，それぞれ書きなさい。

オーストラリア

ニュージーランド

(2) **資料１**は，1960年と2017年のオーストラリアの輸出品とその割合を示したものである。1960年から2017年にかけて，オーストラリアの輸出品には，どのような変化が見られるか。説明しなさい。

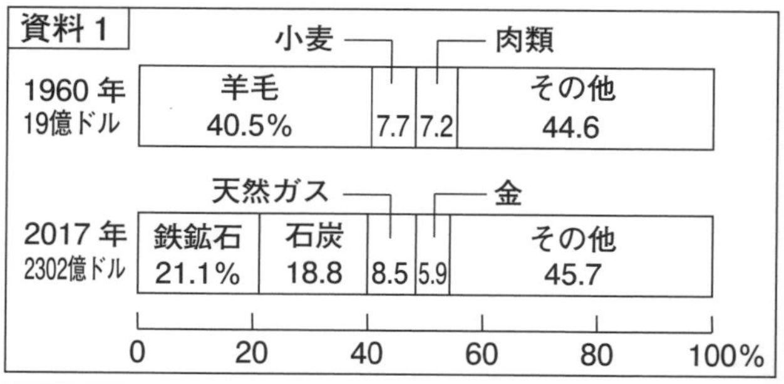

(3) **資料２**は，1965年と2015年のオーストラリアの貿易相手国とその割合を示したものである。オーストラリアの貿易相手国はどのように変わったか。説明しなさい。

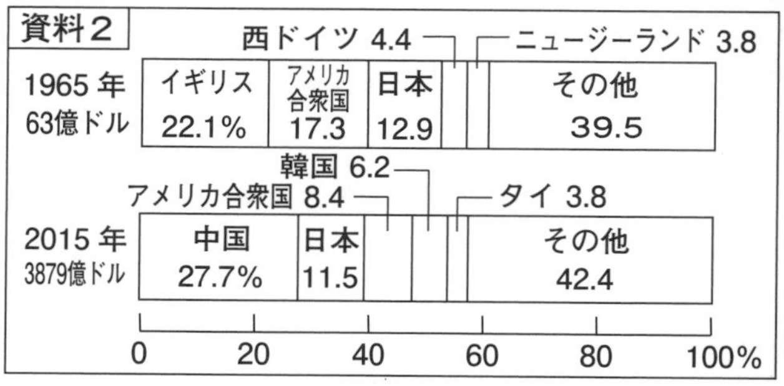

応用問題

解答 ⇨ 別冊 P.27

1 **アメリカについて，次の各問いに答えなさい。**

(1) 次の**ア**～**オ**のうち，誤っているものを２つ選び，記号を書きなさい。

ア デトロイトでは，豊富な資源と五大湖の水運を利用して，古くから自動車工業が発達した。

イ アメリカ東部には，環太平洋造山帯に属するアパラチア山脈がある。

ウ 日本の秋田県付近を通る北緯40度線は，アメリカのニューヨーク付近を通る。

エ アメリカのほぼ中央部を流れるミシシッピ川は，メキシコ湾に注いでいる。

オ アメリカの首都ニューヨークには，国際連合の本部がある。

(2) **地図１**の**Ａ**～**Ｅ**の州のうち，次の文が説明している州を１つ選び，記号を書きなさい。

この州は他の州と比べてアジア系の移民の割合が高い。また，シリコンバレーと呼ばれる地域には，情報通信技術に関連するグローバル企業の本社や研究室が数多くある。

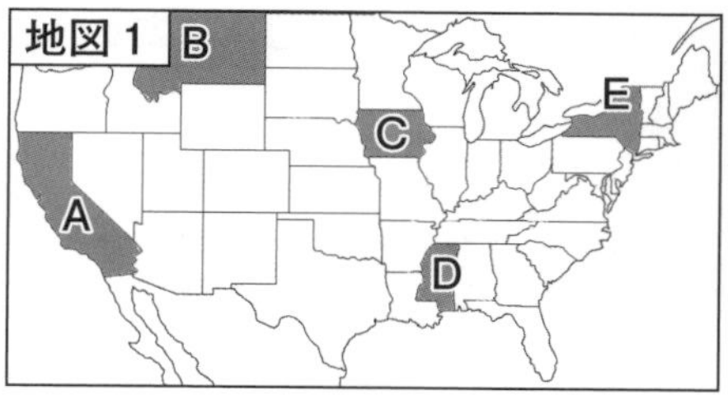

(3) **地図２**のＡ～Ｃは，アメリカにおける歴史的な人口移動の事例を表している。また，下のⅠ～Ⅲは，Ａ～Ｃのいずれかを説明したものである。**地図２**と説明を見て，あとの問いに答えなさい。

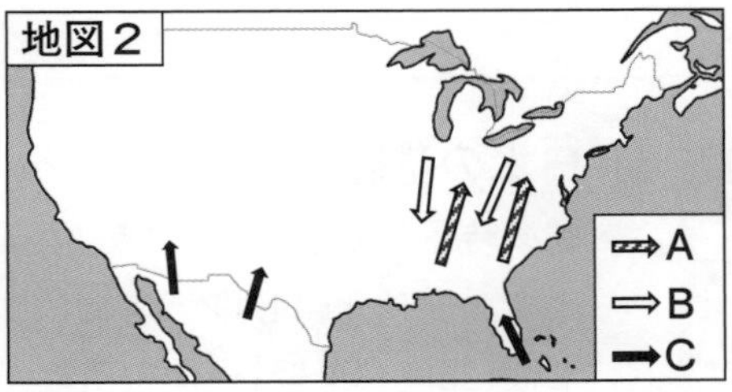

Ⅰ　㋐スペイン語を日常的に使う人々が仕事を求めて移動したもの
Ⅱ　㋑大農園の労働力としてアフリカから連れてこられた人々の子孫が，新しく仕事を求めて移動したもの
Ⅲ　㋒北緯37度以南の地域へ新しい産業地域の形成を求めて移動したもの

① 下線部㋐，㋑をそれぞれ何というか。書きなさい。　㋐　㋑

② 下線部㋒の地域を何というか。書きなさい。

③ ＡとＢの移動の説明の正しい組み合わせを，次の**ア**～**カ**の中から１つ選び，記号を書きなさい。

ア　Ａ：Ⅰ　Ｂ：Ⅱ　　**イ**　Ａ：Ⅰ　Ｂ：Ⅲ　　**ウ**　Ａ：Ⅱ　Ｂ：Ⅰ
エ　Ａ：Ⅱ　Ｂ：Ⅲ　　**オ**　Ａ：Ⅲ　Ｂ：Ⅰ　　**カ**　Ａ：Ⅲ　Ｂ：Ⅱ

2 次の各問いに答えなさい。

(1) **資料１**は，ブラジル，チリ，メキシコの輸出品目の上位３品目と輸出相手国の上位３か国を示したものである。ブラジルにあてはまるものを，**資料１**の**ア**～**ウ**から選び，記号を書きなさい。

資料１		ア	イ	ウ
輸出品目	第１位	銅鉱	大豆	機械類
	第２位	銅	原油	自動車
	第３位	野菜・果実	鉄鉱石	原油
輸出相手国	第１位	中国	中国	アメリカ
	第２位	アメリカ	アメリカ	カナダ
	第３位	日本	アルゼンチン	中国

(2) 次の文章は，南アメリカ州，またはオセアニア州のある国について述べたものである。また，**資料２**は，この国を含む，南アメリカ州とオセアニア州の３国の輸出品目と輸出割合を示したものである。この国の輸出品目とその割合を示したグラフを，**資料２**の**ア**～**ウ**から選び，記号を書きなさい。

この国は，環太平洋造山帯に位置する。主な産業としては，羊を中心とした牧畜があげられる。イギリスなどヨーロッパからの移住者の子孫が人口の多数を占めるが，先住民のマオリの文化と，移住してきた人々の子孫の文化の，両方を尊重する政策がとられている。

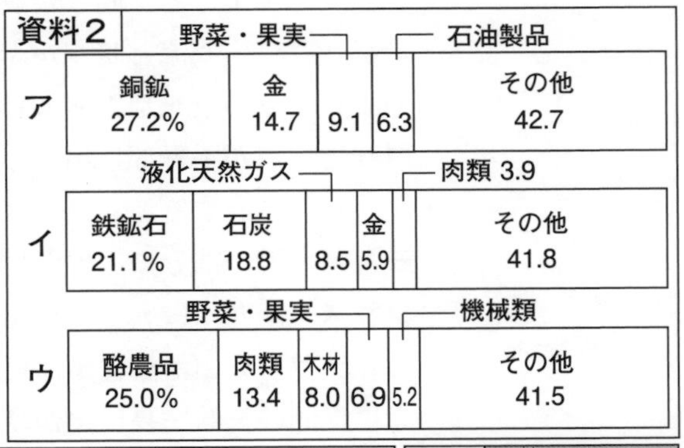

(3) **資料３**は，**地図**中の３都市の気温と降水量のグラフである。キトの気温と降水量のグラフを**資料３**の**ア**～**ウ**から選び，記号を書きなさい。

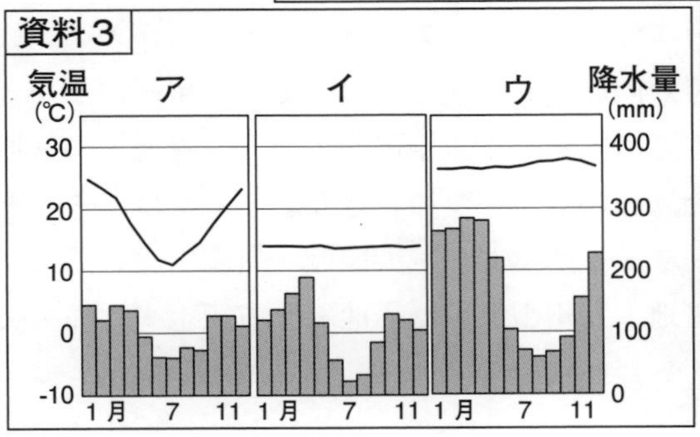

Point!
3　地理③　日本地理(国土・人口)

ここがポイント

日本の基礎データ

▶**標準時子午線**…**東経135度**(兵庫県明石市を通る経線)

北緯20度～北緯46度…南端: **沖ノ鳥島**(東京都)　北端: **択捉島**(北海道)

東経122度～東経154度…西端: **与那国島**(沖縄県)　東端: **南鳥島**(東京都)

人口…**1億2650万人**(2018年)　面積…**38万km²**

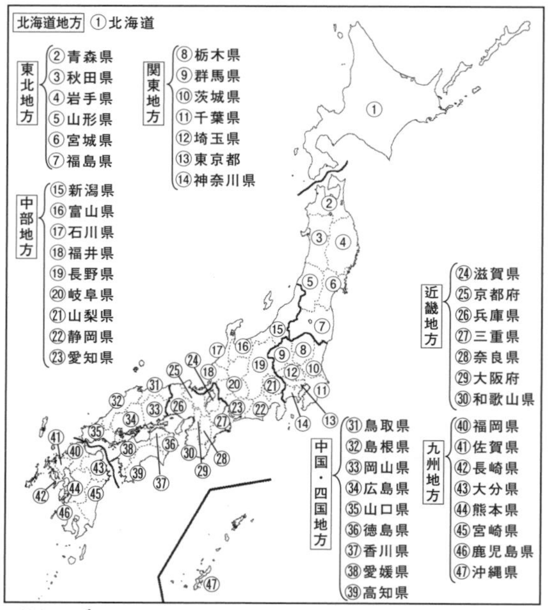

道県名と道県庁所在地名が異なる道県

●札幌市(北海道)　●盛岡市(岩手県)
●仙台市(宮城県)　●宇都宮市(栃木県)
●前橋市(群馬県)　●水戸市(茨城県)
●さいたま市(埼玉県)●横浜市(神奈川県)
●金沢市(石川県)　●甲府市(山梨県)
●名古屋市(愛知県)　●大津市(滋賀県)
●神戸市(兵庫県)　●津市(三重県)
●松江市(島根県)　●高松市(香川県)
●松山市(愛媛県)　●那覇市(沖縄県)

ランキング

河川(長さ)…1位: **信濃川**　2位: 利根川　3位: 石狩川
　(流域面積)…1位: **利根川**　2位: 石狩川　3位: 信濃川
山　(標高)…1位: **富士山**　2位: 北　岳　3位: 奥穂高岳・間ノ岳
湖　(面積)…1位: **琵琶湖**　2位: 霞ヶ浦　3位: サロマ湖
　(水深)…1位: **田沢湖**　2位: 支笏湖　3位: 十和田湖

重要ワード

排他的経済水域…沿岸から**200海里**以内の**領海**を除いた海域。**資源を管理**できる。

リアス海岸…山地の谷の部分に海水が入り込んでできた複雑な海岸地形→養殖に活用。

季節風…半年ごとに向きが変わる風。**夏は海洋から大陸に，冬は大陸から海洋に向けて吹く。**

潮目(潮境)…寒流と暖流がぶつかる場所で，豊かな漁場となる。

やませ…夏の東北地方の太平洋側に吹く，冷たく湿った風。**冷害**の原因となる。

扇状地…川が平野部に出たところに土砂が堆積してできた地形。水はけがよいので，果樹栽培に適する。

三角州…河口部分に土砂が堆積してできた地形。水持ちがよいので稲作に適する。

シラス…南九州に広がる火山灰が積み重なってできた土地。

カルデラ…火山活動によってできたくぼ地。**→阿蘇山**

太平洋側の気候…夏に雨が多く冬に乾燥する気候。**→夏の南東季節風**の影響で雨が多い。

日本海側の気候…夏に乾燥し冬に雪が多い気候。**→冬の北西季節風**の影響で雪が多い。

瀬戸内の気候…比較的温暖で1年中雨が少ない気候。

内陸の気候…1年中雨が少なく，夏と冬の気温差が大きい気候。

北海道の気候…冬の寒さが厳しく，はっきりとした梅雨がない冷帯気候。

関連語句チェック…フォッサマグナ・大陸棚・奥羽山脈・関東ローム・関東平野・紀伊山地・中国山地・四国山地・九州山地・ため池・北方領土・竹島・尖閣諸島

基本問題

解答 ⇨ 別冊 P.28　　正解数　　／31

1 **右図を見て，次の各問いに答えなさい。**

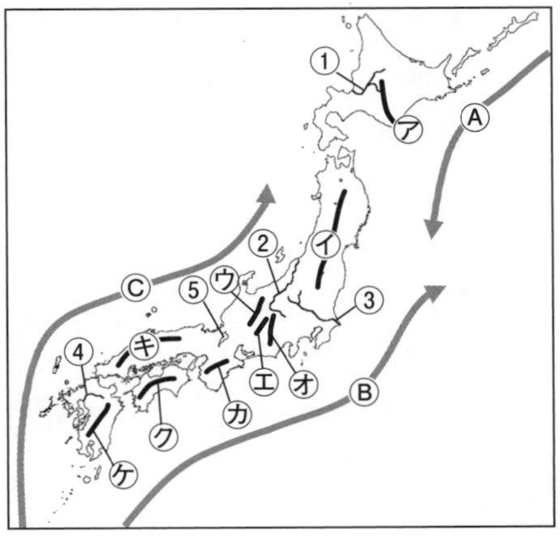

(1)　Ⓐ～Ⓒの海流の名称を書きなさい。

Ⓐ　Ⓑ　Ⓒ

(2)　①～④の河川と⑤の湖の名称を書きなさい。

①　②　③　④　⑤

(3)　㋐～㋘の山地・山脈の名称を書きなさい。

㋐　㋑　㋒　㋓　㋔　㋕　㋖　㋗　㋘

2 **次の各問いに答えなさい。**

(1)　東京とロンドンでは，どちらが何時間だけ時刻が進んでいるか。ただし，サマータイムは考えないものとする。

が　　時間進んでいる

(2)　東京を１月30日の午前10時に離陸した飛行機が，10時間の飛行時間でロサンゼルスに到着した。到着したときのロサンゼルスの現地時間を求めなさい。なお，ロサンゼルスの標準時子午線は西経120度の経線とする。

月　　日　　時

(3)　東北地方の太平洋側で，夏に吹く冷たく湿った風を何というか。書きなさい。

(4)　**資料１**は，日本の南端の島である。島の名称を書きなさい。また，日本政府は，この島を水没させないために約750億円をかけて護岸工事を行っている。この島を守る理由を簡潔に書きなさい。

資料１

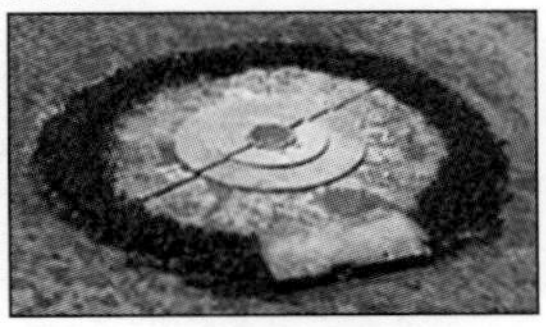

島の名称　　守る理由

(5)　次の①～③は，日本と近隣諸国の間で問題をかかえている島についての説明文である。それぞれの島の名称，または島の総称を書きなさい。

①　不法占拠している韓国に対して，国際司法裁判所への提訴を再三提案している。

②　四島を不法占拠しているロシアに対して，返還を要求している。

③　日本政府が国有化した島の近海で，中国船が再三領海侵犯を繰り返している。

①　②　③

(6)　次の**資料２**は，那覇市，鹿児島市，高松市，新潟市，松本市，札幌市の気温と降水量を示したグラフである。各都市の気温と降水量を示したグラフを**資料２**の**ア～カ**からそれぞれ選び，記号を書きなさい。

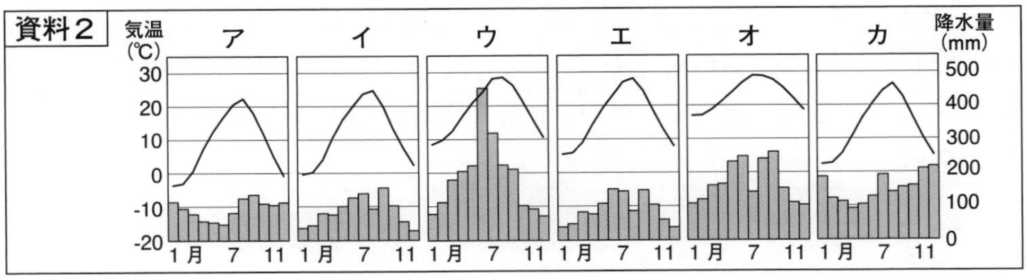

那覇市　鹿児島市　高松市　新潟市　松本市　札幌市

応用問題

解答 ⇨ 別冊 P.29

1 **北海道地方について，次の各問いに答えなさい。**

(1) **地図**中の**A**～**D**の説明について，誤っているものを次の**ア**～**エ**から１つ選び，記号を書きなさい。

ア　**A**は北方領土の１つである国後島である。

イ　**B**の飛驒山脈の東側には広大な畑作地帯が広がっている。

ウ　**C**の石狩川の下流域では稲作が盛んである。

エ　**D**の函館は，戊辰戦争の最後の戦場となった。

地図

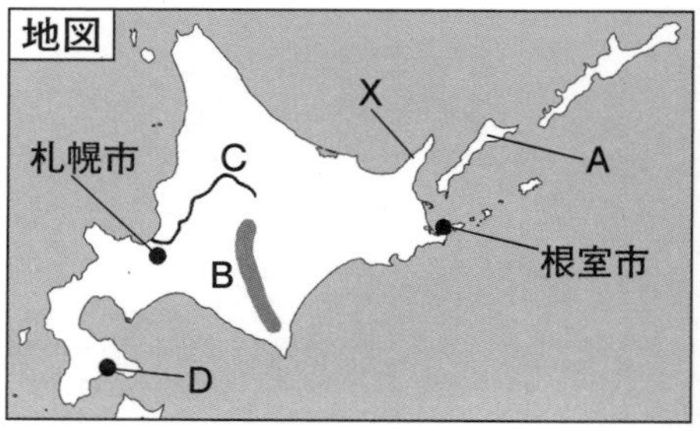

(2) **地図**中の**X**について，次の各問いに答えなさい。

① **X**は世界自然遺産に登録されている。**X**半島の名称を書きなさい。

② 次の文章は，**資料１**についての説明文である。説明文中の（　　　　　）に当てはまる適切な内容を書きなさい。

> **資料１**には，多くの観光客が訪れる場所に設置された高さ約２mの歩道が見えます。この歩道の設置は，エコツーリズムの取組の一つで（　　　　　　）の両立をめざしたものといえると思います。

資料１

資料２

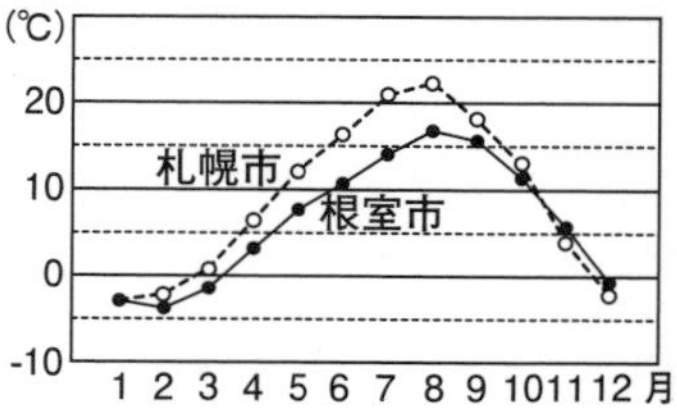

(3) **資料２**は，札幌市と根室市の気温のグラフである。ほぼ同じ緯度に位置する２つの市だが，夏の平均気温には明らかに違いがある。この違いを，理由を含めて説明しなさい。

2 **東北地方について，次の各問いに答えなさい。**

地図

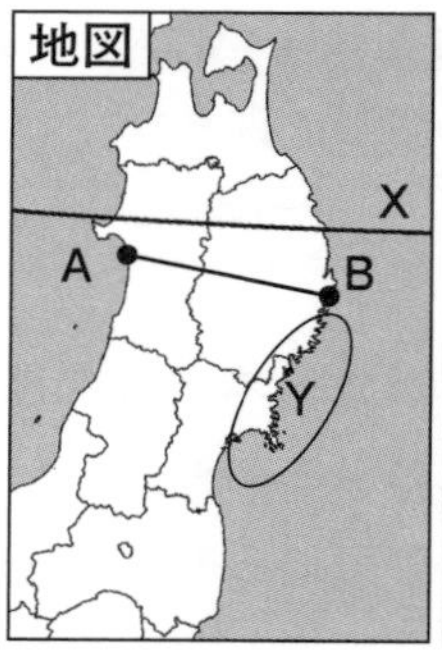

資料

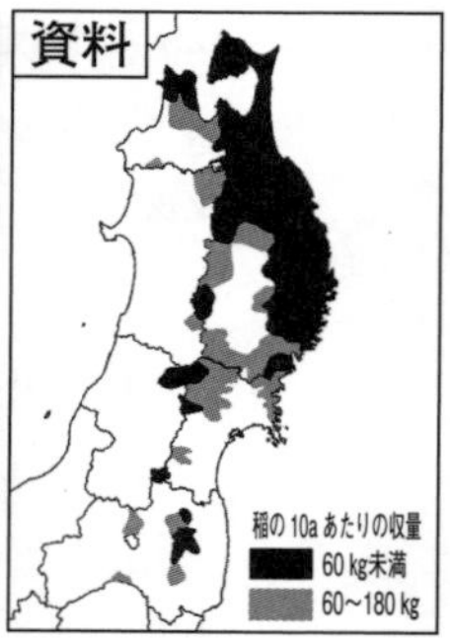

(1) **地図**中の緯線**X**を，次の**ア**～**エ**から１つ選び，記号を書きなさい。

ア　北緯 50 度　　**イ**　北緯 45 度

ウ　北緯 40 度　　**エ**　北緯 35 度

(2) **地図**中の**Y**の地域に見られる，入り組んだ海岸地形を何というか。書きなさい。

(3) **地図**中の**A**－**B**間の断面の略図として，最も適切なものを，次の**ア**～**エ**から１つ選び，記号を書きなさい。

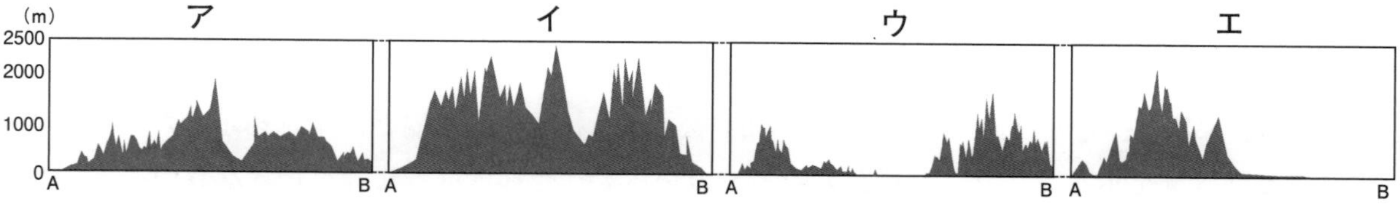

(4) **資料**は，ある年の東北地方における稲の 10 a あたりの収量について，「60 kg未満」「60 kg以上～ 180 kg未満」の地域を示したものであり，それ以外の地域は 10 a あたり 180 kg以上の収量であった。この年の東北地方ではどのようなことが起きたと考えられるか。**資料**からわかることとあわせて書きなさい。ただし，この年の稲の収穫には，自然条件以外の収量への影響はなかったとする。

3 **関東地方・中部地方について，次の各問いに答えなさい。**

(1) **資料１**は，群馬県の平野部で見られる「樫ぐね」と呼ばれる垣根であり，**図**は**資料１**を真上から見たものを模式的に表したものとする。からっ風を防ぐために設けられた「樫ぐね」が設けられている位置として適当な場所を，**図**の**ア〜エ**から２つ選び，記号を書きなさい。

資料１

図

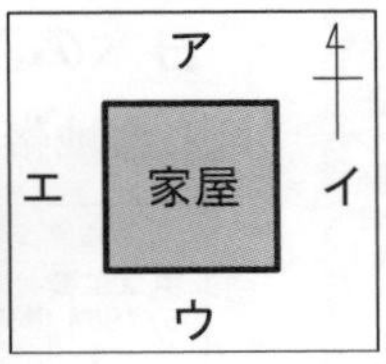

(2) **資料２**は，東京都の中心部の地下に設けられた施設である。この施設は都市部での洪水対策として設けられた。都市部で洪水が起きる理由を，「都市の地表は，」という書き出しに続けて書きなさい。

都市の地表は，

資料２

(3) **資料３**は，新潟県で見られる信号機である。この信号機が縦型になっている理由を，新潟県の気候と関連付けて説明しなさい。

資料３

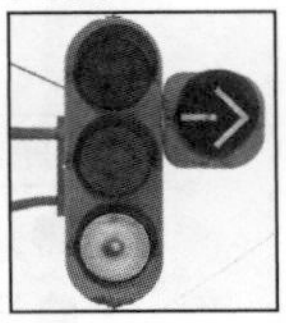

4 **西日本について，次の各問いに答えなさい。**

(1) **地図**中の㋐〜㋒は本州四国連絡橋を示している。本州四国連絡橋のうち，列車での移動が可能なものを，㋐〜㋒から選び，記号を書きなさい。また，その連絡橋の名称を書きなさい。

記号 | 連絡橋の名称

地図

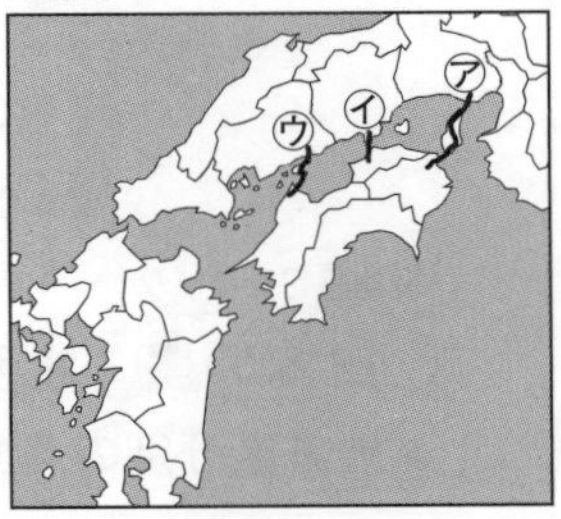

(2) 次の文章は，中国・四国地方のいずれかの県についての説明である。説明している県の県庁所在地名を書きなさい。

県内に世界文化遺産に登録されている場所があり，県名と県庁所在地名が異なる。

(3) **資料１**は，中国・四国地方の県別のため池の数を示したものである。ため池が多い県の地理的な特徴と，その理由を書きなさい。

資料１	鳥取県	島根県	山口県	岡山県	広島県	徳島県	香川県	愛媛県	高知県
数	5011	992	9760	18938	8638	548	14614	3147	391
全国順位	7	37	4	2	5	38	3	15	42

(4) **資料２**は，福岡県，広島県，京都府，東京都における外国人宿泊者数と国別の外国人延べ宿泊者を示したものである。福岡県の外国人宿泊者数を示したものを**資料２**の**ア〜エ**から１つ選び，記号を書きなさい。

資料２	外国人宿泊者数	中国	韓国	アメリカ合衆国	オーストラリア
ア	23195	5500	1678	2593	851
イ	6268	1288	286	610	273
ウ	1237	85	45	118	74
エ	3367	379	1564	63	15

(千人)

Point! 4

地理④　日本地理(産業)

ここがポイント

日本の工業データ

▶工業地帯・工業地域の製造品出荷額等の構成(2017年)

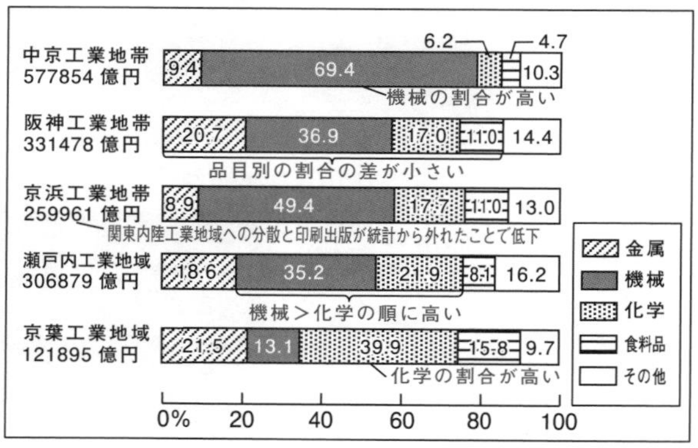

▶事業所規模別構成比(2017年)

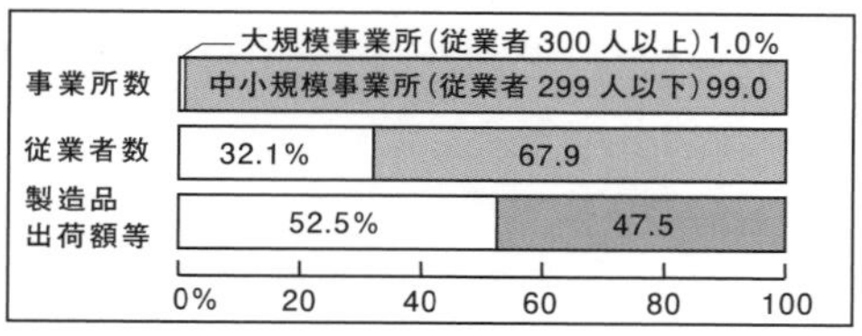

▶発電電力量の推移

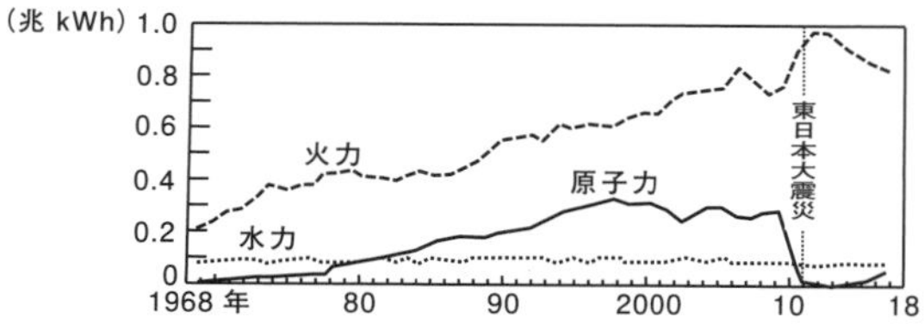

▶よく出る地場産業

福井県鯖江市＝眼鏡フレーム
愛媛県今治市＝タオル

原因・理由を記述しよう

●北九州工業地帯が衰退した原因…エネルギーが石炭から石油に変わったこと。

●原子力発電の割合が減った原因…東日本大震災による福島原子力発電所の事故の影響。

重要ワード　**太平洋ベルト**…京葉工業地域・京浜工業地帯・東海工業地域・中京工業地帯・阪神工業地帯・瀬戸内工業地域・北九州工業地域と，帯状に広がる臨海型の工業地域。

産業の空洞化…国内の製造業が安い労働力を求めて海外に進出し，国内産業が減退する現象。

加工貿易…原料を輸入して，工業製品を輸出する貿易。→臨海部に工業地帯を形成。

関連語句チェック…工業団地・シリコンアイランド・シリコンロード・エネルギー革命・コンビナート

日本の農・水産業データ

▶地方区分別の農業産出額の内訳(2015年)

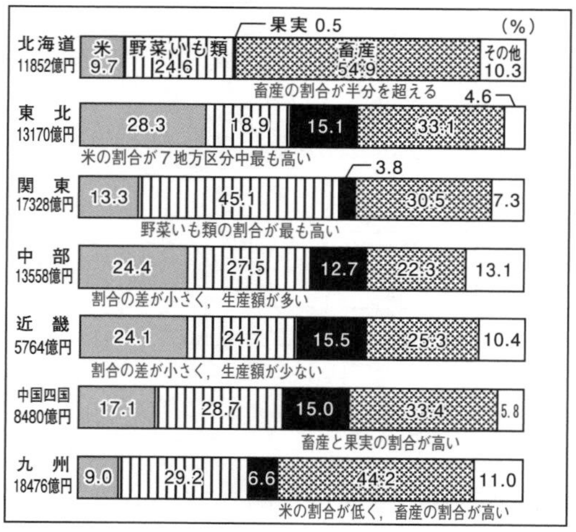

▶漁業別生産量の推移

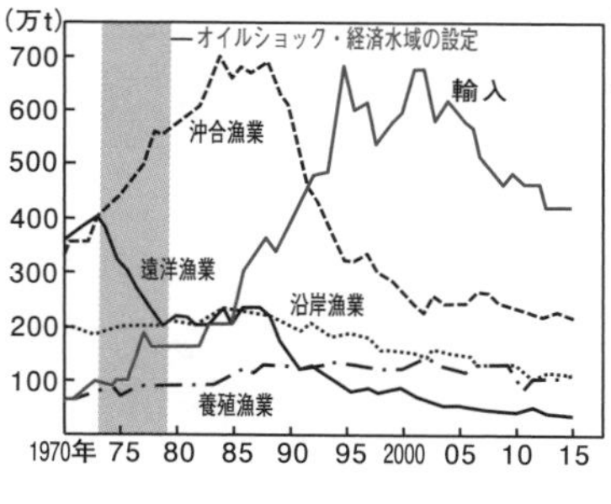

▶自給率の推移(重量ベース)

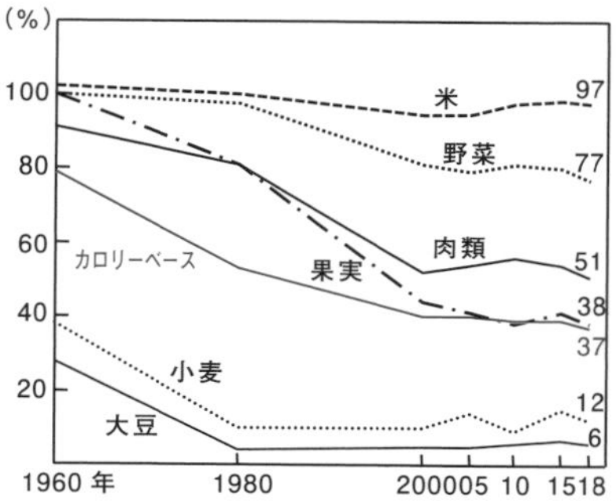

原因・理由を記述しよう

●遠洋漁業が衰退した理由

オイルショックと各国が排他的経済水域を設定したため。

重要ワード　**近郊農業**…野菜や果物を大都市近郊で栽培する農業。

促成栽培…暖かい気候やビニルハウスなどを利用して，生長を早める栽培方法。

栽培漁業…卵からふ化させた稚魚・稚貝をある程度まで育ててから，海や川に放流する漁業。

関連語句チェック…抑制栽培・養殖漁業・再生可能エネルギー・３Ｒ

基本問題

解答 ⇨ 別冊 P.30　　正解数　／8

次の各問いに答えなさい。

(1)　**資料1**は，2017年の京浜工業地帯，京葉工業地域，中京工業地帯，阪神工業地帯のいずれかの産業別製造品出荷額等の割合と製造品出荷額等を示したものである。中京工業地帯を示したものとして最も適当なものを，**資料1のア～エ**から1つ選び，記号を書きなさい。

資料1

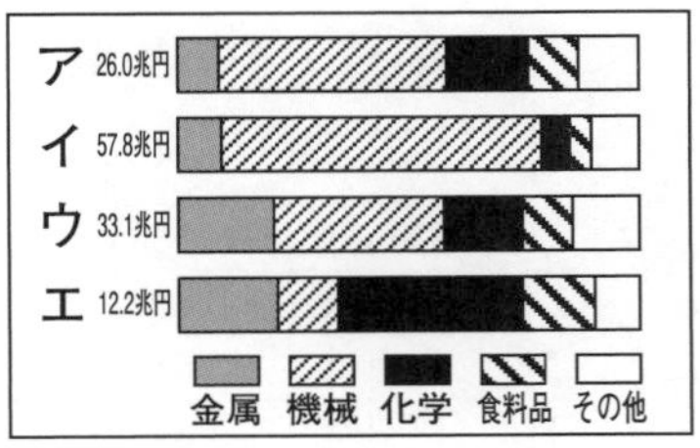

(2)　**資料2**は，2017年の事業所数，従業者数，製造品出荷額等のいずれかについて，大規模事業所と中小規模事業所の割合を示したものである。それぞれが示すものの正しい組み合わせを，次の**ア～カ**から1つ選び，記号を書きなさい。

ア　A：事業所数　　B：従業者数　　C：製造品出荷額等
イ　A：従業者数　　B：事業所数　　C：製造品出荷額等
ウ　A：事業所数　　B：製造品出荷額等　C：従業者数
エ　A：従業者数　　B：製造品出荷額等　C：事業所数
オ　A：製造品出荷額等　B：事業所数　　C：従業者数
カ　A：製造品出荷額等　B：従業者数　　C：事業所数

資料2

	大規模事業所	中小規模事業所
A	52.5%	47.5%
B	1.0%	99.0%
C	32.1%	67.9%

(3)　**資料3**は，2017年の東京都中央卸売市場におけるキャベツの出荷量上位3県の，月別出荷量を示したものである。**資料3**から読み取ることができる，群馬県のキャベツの出荷の特徴を，他の2県と比較し，「**気候**」という語句を使って，書きなさい。

資料3

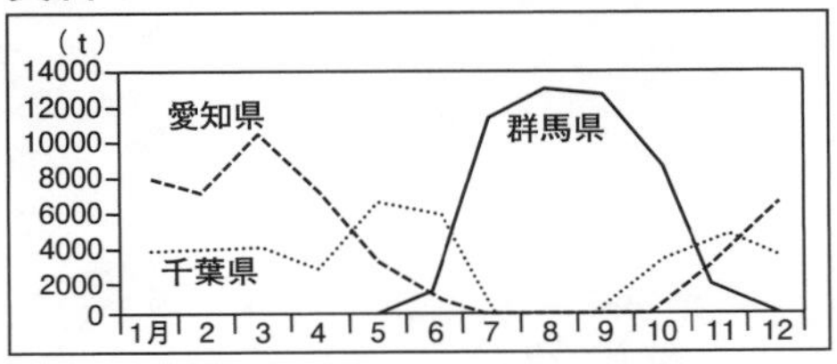

(4)　**資料4**は，北海道，青森県，茨城県，新潟県のいずれかの農業産出額の内訳を示したものである。青森県と新潟県にあたるものを，**資料4のア～エ**からそれぞれ選び，記号を書きなさい。

青森県　新潟県

資料4

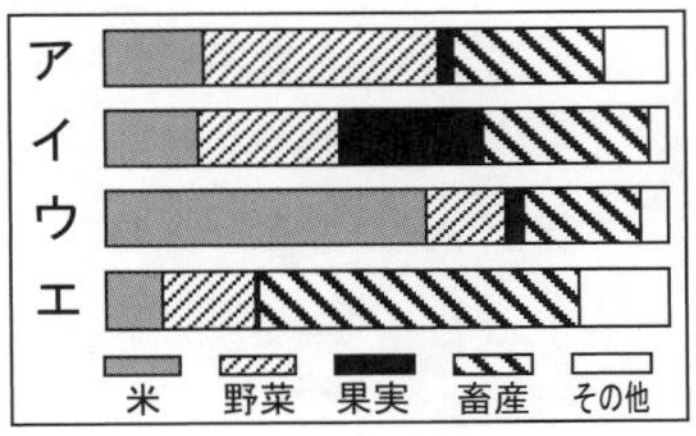

(5)　**資料5**は，1990年，2000年，2017年のわが国の火力，水力，原子力，太陽光による発電量を示したものである。原子力と太陽光の発電量を示したものを，**資料5のア～エ**からそれぞれ選び，記号を書きなさい。

原子力発電　太陽光発電

資料5　（百万 kWh）

	1990 年	2000 年	2017 年
ア	95835	96817	90128
イ	557423	669177	861435
ウ	1	－	15939
エ	202272	322050	31278

(6)　**資料6**は，わが国の漁業別生産量の推移を示したものである。遠洋漁業，沖合漁業，養殖漁業の正しい組み合わせを，次の**ア～カ**から1つ選び，記号を書きなさい。

ア　A：遠洋漁業　B：沖合漁業　C：養殖漁業
イ　A：遠洋漁業　B：養殖漁業　C：沖合漁業
ウ　A：沖合漁業　B：遠洋漁業　C：養殖漁業
エ　A：沖合漁業　B：養殖漁業　C：遠洋漁業
オ　A：養殖漁業　B：遠洋漁業　C：沖合漁業
カ　A：養殖漁業　B：沖合漁業　C：遠洋漁業

資料6

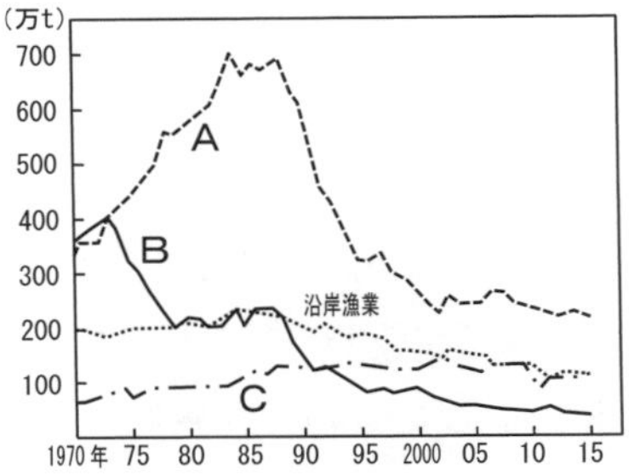

応用問題

解答 ⇨ 別冊 P.30

次の各問いに答えなさい。

(1) 次の①～⑩の表は，2018年における農畜産物の生産量の上位３都道府県とその割合を示したものである。それぞれの農畜産物を，下の**ア～コ**からそれぞれ選び，記号を書きなさい。

①	都道府県	割合(%)
1位	新潟県	8.1
2位	北海道	6.6
3位	秋田県	6.3

②	都道府県	割合(%)
1位	和歌山県	20.1
2位	静岡県	14.8
3位	愛媛県	14.7

③	都道府県	割合(%)
1位	青森県	58.9
2位	長野県	18.8
3位	岩手県	6.3

④	都道府県	割合(%)
1位	山梨県	23.9
2位	長野県	17.8
3位	山形県	9.2

⑤	都道府県	割合(%)
1位	北海道	77.1
2位	鹿児島県	4.3
3位	長崎県	4.1

⑥	都道府県	割合(%)
1位	群馬県	18.8
2位	愛知県	16.7
3位	千葉県	8.5

⑦	都道府県	割合(%)
1位	栃木県	15.4
2位	福岡県	10.1
3位	熊本県	6.9

⑧	都道府県	割合(%)
1位	静岡県	38.7
2位	鹿児島県	32.6
3位	三重県	7.2

⑨	都道府県	割合(%)
1位	北海道	60.1
2位	栃木県	3.9
3位	熊本県	3.3

⑩	都道府県	割合(%)
1位	北海道	20.5
2位	鹿児島県	13.5
3位	宮崎県	10.0

ア 茶　**イ** いちご　**ウ** 乳用牛　**エ** みかん
オ りんご　**カ** 米　**キ** キャベツ　**ク** じゃがいも
ケ 肉用牛　**コ** ぶどう

① ② ③ ④ ⑤ ⑥ ⑦ ⑧ ⑨ ⑩

(2) **資料１**は，わが国の発電電力量の推移を示したものである。2011年以降，火力の割合が急激に増加した理由を書きなさい。

資料１

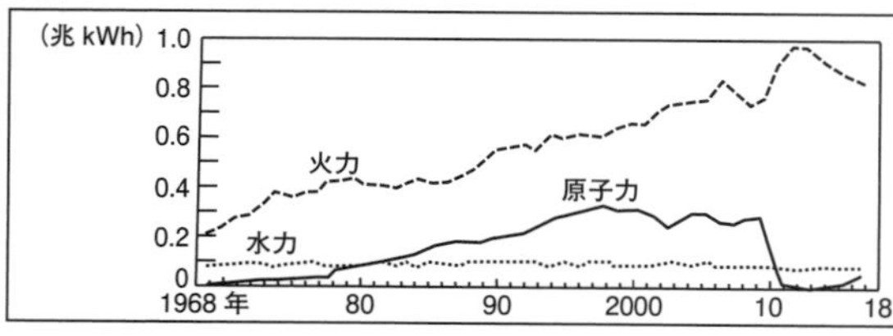

(3) **資料２**は，2017年の中京工業地帯，阪神工業地帯，京葉工業地域の製造品出荷額等の品目別の割合を示したものである。**資料２**中の**A**～**C**の正しい品目の組み合わせを，次の**ア～エ**から選び，記号を書きなさい。

ア　**A**：機械　**B**：金属　**C**：化学
イ　**A**：金属　**B**：化学　**C**：機械
ウ　**A**：機械　**B**：化学　**C**：金属
エ　**A**：化学　**B**：機械　**C**：金属

資料２

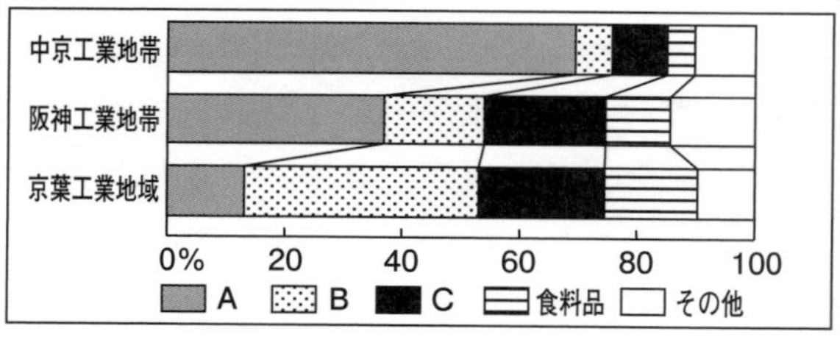

(4) **資料３**は，わが国の漁業別生産量の推移を示したものである。1970年代に遠洋漁業の生産量が急激に減少している理由を，1970年代に起きた出来事に関連付けて書きなさい。

資料３

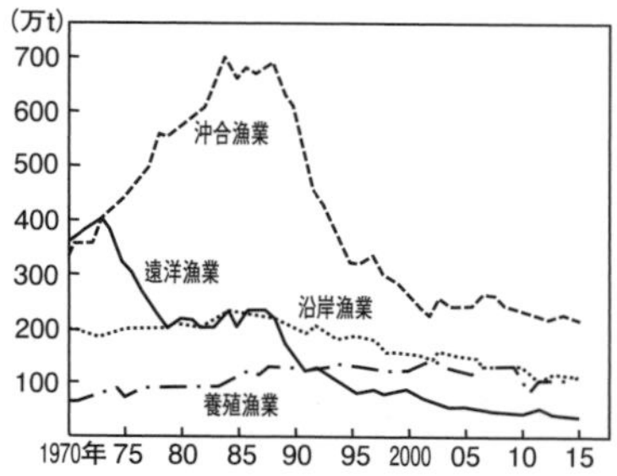

(5) **資料４**は，2017年の青森県，東京都，愛知県，沖縄県のいずれかの産業別有業者割合を示した表である。愛知県の産業別有業者割合を示したものを，**資料４**の**ア～エ**から１つ選び，記号を書きなさい。

資料４

(%)

	第１次産業	第２次産業	第３次産業
ア	0.5	15.8	83.7
イ	12.0	20.8	67.2
ウ	2.1	32.7	65.3
エ	4.0	15.4	80.7

(6) **資料5**は，米，小麦，野菜，肉類の食料自給率（重量ベース）の推移を示した表である。米と肉類が示すものを**資料5のア～エ**からそれぞれ選び，記号を答えなさい。

資料5

(%)

年	1960	1980	2000	2010	2018
ア	39	10	11	9	12
イ	100	97	81	81	77
ウ	91	81	52	56	51
エ	102	100	95	97	97

米　　肉類

(7) **資料6**は，九州地方の半導体工場の分布を示したものである。九州地方の半導体工場の立地について，**資料6**からわかることを書きなさい。

資料6

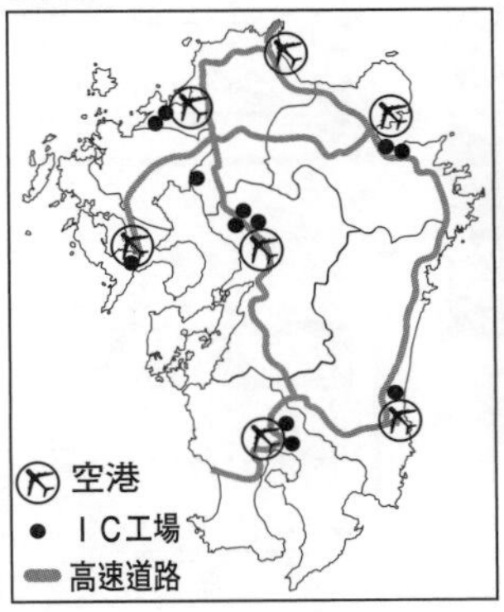

(8) **資料7**は，2019年における東京港，名古屋港，横浜港，成田国際空港のいずれかの貿易の上位３品目を示したものである。名古屋港と成田国際空港の貿易品目を示したものを，**資料7のア～エ**からそれぞれ選び，記号を答えなさい。

資料7

ア

輸出品目	割合
半導体等製造装置	8.1%
科学光学機器	6.2%
金(非貨幣用)	5.7%
輸出総額(億円)	105256

輸入品目	割合
通信機	13.7%
医薬品	12.3%
コンピュータ	8.8%
輸入総額(億円)	129560

イ

輸出品目	割合
自動車	26.3%
自動車部品	16.7%
内燃機関	4.3%
輸出総額(億円)	123068

輸入品目	割合
液化ガス	8.4%
石油	7.8%
衣類	7.1%
輸入総額(億円)	50849

ウ

輸出品目	割合
半導体等製造装置	6.7%
自動車部品	6.5%
コンピュータ部品	5.4%
輸出総額(億円)	58237

輸入品目	割合
衣類	8.9%
コンピュータ	5.3%
肉類	4.6%
輸入総額(億円)	114913

エ

輸出品目	割合
自動車	19.6%
自動車部品	4.5%
内燃機関	4.5%
輸出総額(億円)	69461

輸入品目	割合
石油	12.0%
液化ガス	4.5%
アルミニウム	3.5%
輸入総額(億円)	48920

名古屋港　　成田国際空港

(9) **資料8**は，東京都中央卸売市場へのなすの月別出荷量と月別平均価格を示したものである。高知県でなすを生産している農家は，どのような工夫をしているか。**資料8**からわかることを書きなさい。

資料8

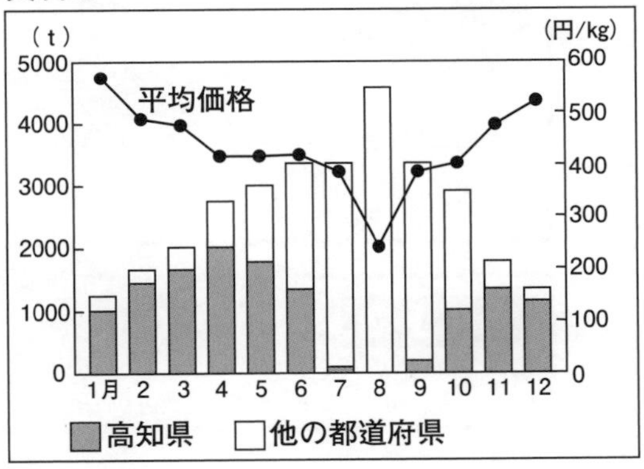

(10) **資料9**の**グラフ1**は，各国の国内自動車生産台数の推移を示したものであり，**グラフ2**は，2015年における自動車会社の国籍別自動車生産台数の割合を示したものである。**資料9**を参考にして，日本の自動車会社の生産における変化を書きなさい。

資料9

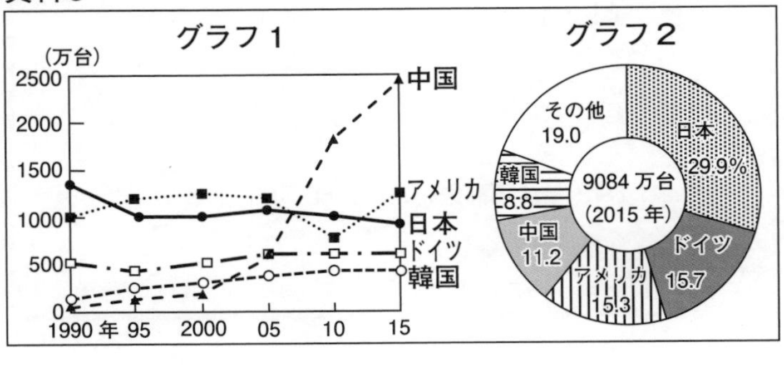

Point!

5 歴史① 歴史上の重要人物 1

ここがポイント

社会

弥生時代～鎌倉時代の重要人物

卑弥呼（弥生時代）

○邪馬台国の女王。

○魏に使いを送る。
- 周りの国より優位に立つため
- → 親魏倭王の称号・金印・銅鏡を得る
  - 「魏志」倭人伝に記述

ワカタケル（古墳時代）

○ヤマト王権の大王。倭の五王の一人「武」と同一人物。

○中国の南朝に使いを送る。
- 朝鮮半島諸国に対して優位に立つため
  - 鉄の産地（日本では貴重）

○豪族に鉄剣・鉄刀を与える。
- → 江田船山古墳(熊本県)・稲荷山古墳(埼玉県)　ワカタケルの文字 → ヤマト王権の勢力範囲がわかる

聖徳太子（飛鳥時代）

○推古天皇の摂政。
- 天皇が女性や幼少の時に政治を代行する

○小野妹子を遣隋使として送る。
- 進んだ政治のしくみや文化を取り入れるため

○冠位十二階を制定する。
- 家柄にとらわれず能力に応じて役人に取り立てる

○十七条の憲法を制定する。
- 仏教や儒教の考えを取り入れ，役人の心構えを示す

○法隆寺を建立する。
- 世界最古の木造建築寺院として世界文化遺産に登録

中大兄皇子(天智天皇)（飛鳥時代）

○中臣鎌足とともに蘇我氏を倒し，大化の改新を進める。
- 中臣鎌足 — のちの藤原鎌足
- 蘇我氏 — 蝦夷・入鹿親子
- 大化の改新 — 天皇中心の国づくり
  - 公地公民(土地と人民を朝廷が支配)

○白村江の戦いで唐・新羅に大敗する。
- 攻撃に備えて水城・山城を整備し，防人をおく

○戸籍をつくる。
- 班田収授を徹底するため

○大津宮に遷都し，天智天皇として即位する。
- 死後に壬申の乱が起きる

大海人皇子(天武天皇)（飛鳥時代）

○壬申の乱に勝利して，天武天皇として即位する。
- 大友皇子との争い

○飛鳥に都を遷都する。
- 飛鳥浄御原宮 → 藤原京(死後に完成)

○律令・歴史書の編さんを命じる。
- 『古事記』『日本書紀』(死後，奈良時代に完成)
- 飛鳥浄御原令 → 大宝律令(死後に完成)

聖武天皇（奈良時代）

○国分寺・国分尼寺を全国に建立する。
- 光明皇后とともに仏教の力で国家を守ろうとする

○奈良の都に東大寺を建て，大仏をつくる。
- 行基の協力
- 正倉院に聖武天皇の愛用品

○墾田永年私財法を制定する。
- 新たに開墾した田の永久私有を認める
  - 荘園の発生 → 公地公民の崩壊

桓武天皇（平安時代）

○都を平城京から長岡京，平安京へと遷都する。
- 仏教勢力を政治から切りはなすため

○坂上田村麻呂を征夷大将軍に任ずる。
- アテルイに勝利

○国司に対する監視を強化する。
- 不正が多かったため

藤原道長（平安時代）

○藤原氏による摂関政治の全盛期を築く。
- 摂政・関白の地位を独占した藤原氏による政治
  - 関白 — 成人した天皇の政治を補佐する役

○４人の娘を天皇に嫁がせ，息子の頼通を摂政につける。
- この世をば わが世とぞ思ふ 望月の 欠けたることも なしと思へば

白河上皇（平安時代）

○院政を始める。
- 退位して上皇となって政治を行う。

平清盛（平安時代）

○保元の乱·平治の乱に連勝する。
- 源義朝に勝利
- 崇徳上皇(敗)と後白河天皇(勝)の争い

○武士として初めて太政大臣に任ぜられる。
- 朝廷の最高職

○兵庫の港を修築し，日宋貿易で富を得る。
- 大輪田泊
- 瀬戸内海の航路を整備する

源頼朝（鎌倉時代）

○壇ノ浦で平氏を滅ぼす。
- 源義経の活躍

○朝廷に守護·地頭の設置を認めさせる。
- 守護 — 国内の軍事・警察
- 地頭 — 荘園公領の管理・年貢の取り立て
- 設置 — 義経をとらえるという口実

○1192年，征夷大将軍に任ぜられる。

○鎌倉幕府を開く。
- 三方を山に囲まれ，前方に海を臨む守りやすい地形

後鳥羽上皇（鎌倉時代）

○承久の乱を起こす。
- 幕府側が勝利し，鎌倉幕府の支配が西国まで広がる
  - 六波羅探題の設置
    - 朝廷の監視と西国武士の統制

基本問題

解答 ⇨ 別冊 P.31　正解数 ／20

次の各問いに答えなさい。

(1) 弥生時代に30余りの国を従えた邪馬台国の女王は誰か。

(2) 熊本県の江田船山古墳と埼玉県の稲荷山古墳から出土した鉄刀・鉄剣に刻まれた大王の名前を，カタカナで書きなさい。

(3) 聖徳太子を摂政に任じた天皇は誰か。

(4) 607年に遣隋使として中国に渡り，国書を隋の煬帝《ようだい》に渡した人物は誰か。

(5) 蘇我氏を倒し政治改革を始めた中大兄皇子は，後に何という天皇として即位したか。

(6) 中大兄皇子とともに政治改革を進めた藤原氏の始祖は誰か。

(7) 壬申の乱に勝利した大海人皇子は，何という天皇として即位したか。

(8) (7)の天皇の死後，日本で初めての本格的な都である藤原京をつくった天皇は誰か。

(9) 仏教の力で国家を守ろうと，国ごとに国分寺を，都には東大寺を建て，東大寺に金銅の大仏をつくらせた天皇は誰か。

(10) 奈良時代，人々の間で布教活動をするとともに，各地に橋や用水路をつくり，大仏造立にも活躍した僧は誰か。

(11) 政治に影響力をもつ仏教勢力を遠ざけるために，都を長岡京，平安京と移した天皇は誰か。

(12) (11)の天皇が征夷大将軍に任じた人物は誰か。

(13) 藤原氏による摂関政治の全盛期を築き，4人の娘を天皇に嫁がせ，息子を摂政につけた人物は誰か。

(14) (13)の人物の息子で，平等院鳳凰堂を建てた人物は誰か。

(15) 11世紀に院政を始めた上皇は誰か。

(16) 武士として初めて太政大臣に就いた人物は誰か。

(17) 次の源平の戦いを年代の古い順に並べ替え，記号を書きなさい。

ア　壇ノ浦の戦い　　**イ**　一ノ谷の戦い　　**ウ**　屋島の戦い

→　→

(18) 1192年に征夷大将軍に就き，鎌倉幕府を開いた人物は誰か。

(19) 義経を探索するという名目で，(18)の人物が朝廷に認めさせた，荘園や公領の管理・年貢の取り立てを担当する役職を何というか。

(20) 源氏の将軍が三代で途絶えたことを契機に，当時の執権北条義時追討をかかげ，承久の乱を起こした上皇は誰か。

応用問題

解答 ⇨ 別冊 P.31

社会

次の年表をみて，各問いに答えなさい。

年表

年	で き ご と
57	奴国の王が中国に使いを送る…………A
239	卑弥呼が中国に使いを送る……………B
607	小野妹子が遣隋使として中国に渡る…C
645	大化の改新が始まる……………………D
672	壬申の乱が起きる………………………E
794	平安京に都を移す………………………F
894	遣唐使が停止される……………………G
1016	藤原道長が摂政に就く…………………H
	㋐
1185	平氏が滅びる……………………………I
1192	（　㋑　）が征夷大将軍に任ぜられる…J
1221	承久の乱が起きる………………………K
1232	御成敗式目が制定される………………L

(1)　**年表**中**A**について，奴国の王が使いを送った中国の王朝を次の**ア**～**エ**から１つ選び，記号を書きなさい。

ア　殷　　**イ**　周　　**ウ**　秦　　**エ**　漢

(2)　**年表**中**B**について，次の問いに答えなさい。

①　卑弥呼が治めた国の名前を書きなさい。

②　卑弥呼が中国に使いを送った目的を書きなさい。

(3)　**年表**中**C**について，次の問いに答えなさい。

①　**資料１**は，小野妹子が隋の皇帝に渡した国書の内容の一部である。**資料１**を書いた人物は誰か。書きなさい。

資料１

日出づる処の天子，書を日没する処の天子に致す。つつがなきや…

②　この頃の朝廷は，どのような外交をめざしていたか。**資料１**からわかることを書きなさい。

(4)　**年表**中**D**について，次の問いに答えなさい。

①　大化の改新は，当時勢力を伸ばしていた豪族を滅ぼすことから始まった。滅ぼされた豪族を書きなさい。

②　大化の改新は，中大兄皇子が中心となって行った政治改革である。次の中大兄皇子に関する**ア**～**ウ**のできごとを年代の古い順に並べ替え，記号を書きなさい。

ア　九州北部に水城や大野城を建設し，防人を配置する。

イ　百済を支援するために朝鮮半島に大軍を送る。

ウ　都を大津宮に移し，天智天皇として即位する。

　→　→

③　大化の改新で示された公地公民とはどのような方針か。「**土地**」「**人民**」という語句を使って説明しなさい。

(5)　**年表**中**E**について，争った人物の正しい組み合わせを，次の**ア**～**ウ**から１つ選び，記号を書きなさい。

ア　大津皇子・大海人皇子　　**イ**　大津皇子・大友皇子　　**ウ**　大友皇子・大海人皇子

(6)　**資料２**は，平城京と平安京の寺院の配置図である。**年表**中**F**について，**資料２**からわかる平安京に都を移した目的を，都を移した天皇の名を明らかにして，書きなさい。

資料２

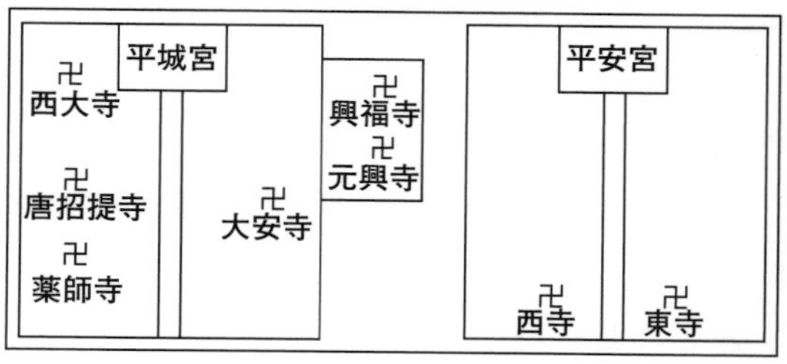

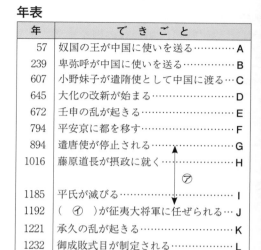

(7)　**年表**中**G**について，派遣の停止の理由を，派遣の停止を天皇に進言した人物を明らかにして，書きなさい。

(8)　**年表**中**H**について，藤原氏はどのようにして政治の実権をにぎったか。**資料３**を参考にして書きなさい。

資料３　**藤原氏の系図**

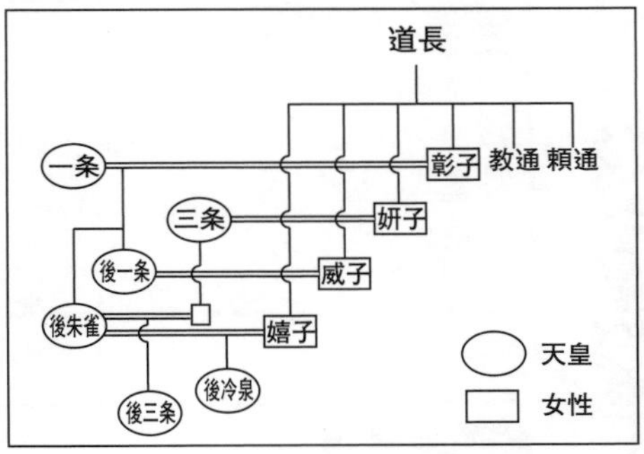

(9)　次の文は，**年表**中㋐の期間のできごとである。**ア**～**エ**を年代の古い順に並び替え，記号を書きなさい。

ア　平清盛が武士として初めて太政大臣に就く。
イ　白河上皇が院政を始める。
ウ　平将門が関東で乱を起こす。
エ　保元の乱で後白河天皇が勝利する。

→　→　→

地図

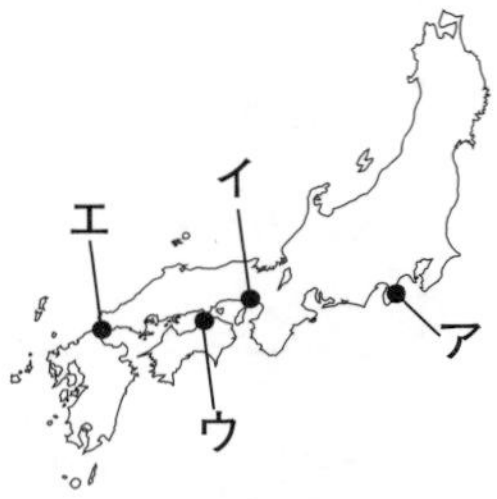

(10)　**年表**中**Ｉ**について，平氏が滅ぼされた戦いの名称を書きなさい。また，その場所を**地図**中の**ア**～**エ**から１つ選び，記号を書きなさい。

戦いの名称

記号

(11)　**年表**中**J**について，次の問いに答えなさい。

①　（　㋑　）にあてはまる人物の名前を書きなさい。

②　（　㋑　）の人物が鎌倉に幕府を開いた理由を，地形に着目して書きなさい。

(12)　**年表**中**K**について，次の問いに答えなさい。

①　承久の乱を起こした上皇と，その時の鎌倉幕府の執権を書きなさい。

上皇

執権

②　承久の乱に勝利した鎌倉幕府は，西国の武士と朝廷の監視のために**資料４**の**X**という役職を置いた。**X**の名称を書きなさい。

資料４　**鎌倉幕府組織図**

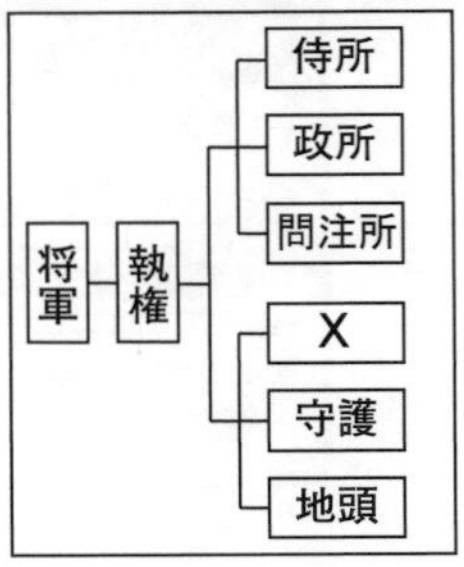

(13)　**年表**中**L**について，次の問いに答えなさい。

①　御成敗式目を制定した人物の名前を書きなさい。

②　**資料５**は，御成敗式目の内容の一部である。**資料５**中の**Y**にあてはまる役職を答えなさい。

資料５

一．頼朝公の時代に定められた諸国の（　**Y**　）の職務は，国内の御家人を京都の警備にあたらせること，謀反や殺人などの犯罪人を取り締まることである。

Point!

6　歴史②　歴史上の重要人物２

室町時代～江戸時代の重要人物

後醍醐天皇（建武年間）

- ○**鎌倉幕府**を滅ぼす。
  - 足利尊氏・新田義貞・楠木正成らの活躍
    - 足利尊氏 → 室町幕府を開く
    - 楠木正成 → 悪党
- ○**建武の新政**を始める。
  - 天皇に権力を集中させる
- ○**南朝**を立てる。
  - 吉野(奈良県)

足利義満（室町時代）

- ○**南北朝**を統一する。
- ○**日明貿易**を始める。
  - 勘合の使用・朝貢形式
    - 勘合 → 倭寇と正式な貿易船を区別するため
- ○**金閣**を建立する。
- ○**観阿弥・世阿弥**を保護する。
  - 能を大成させる

足利義政（室町時代）

- ○**応仁の乱**が起きる。
  - 戦国の世が始まる
    - 下剋上の風潮
- ○**銀閣**を建立する。
  - 書院造

織田信長（安土桃山時代）

- ○**桶狭間の戦い**で今川義元に勝利する。
- ○**室町幕府**を滅ぼす。
  - 足利義昭を追放
- ○**長篠の戦い**で武田軍に勝利する。
  - 鉄砲の有効利用
- ○**仏教勢力**を弾圧する。
  - 比叡山延暦寺・石山本願寺
- ○**楽市・楽座**を行う。
  - 座を廃止し，市場の税を免除
- ○関所を廃止する。
- ○**本能寺の変**で自害する。
  - 明智光秀の反乱

豊臣秀吉（安土桃山時代）

- ○**全国統一**をする。
  - 北条氏を滅ぼし，伊達氏を従える
- ○**刀狩令**を出す。
  - 一揆を防ぎ，農民を農業に専念させるため
- ○**太閤検地**を行う。
  - ものさしやますの統一・土地の広さや収穫高の調査
    - 収穫高 → 石高に統一
  - （刀狩令・太閤検地）→ 兵農分離
- ○**朝鮮出兵**を行う。
  - 朝鮮人陶工が日本に連れてこられる
    - 有田焼・萩焼などがつくられる

徳川家康（江戸時代）

- ○**関ヶ原の戦い**に勝利し，**江戸幕府**を開く。
  - 岐阜県・石田三成との天下分け目の戦い
- ○**朱印船貿易**を行う。
  - 東南アジアに日本町
- ○朝鮮との国交を回復させる。
  - 対馬の宗氏の努力で，朝鮮通信使が来日
- ○**大阪の陣**で豊臣氏を滅ぼす。
  - 将軍就任の表敬
- ○**武家諸法度**の制定を指示する。
  - 同時に禁中並公家諸法度も制定

徳川家光（江戸時代）

- ○**参勤交代**を武家諸法度に追加する。
  - 大名を１年おきに江戸と領地に住まわせる
- ○**鎖国体制**を完成させる。
  - キリスト教の禁止と貿易の統制のため
    - キリスト教 → カトリック国(スペイン･ポルトガル)の入国を禁止
      - カトリック → 貿易と同時に布教活動を行う
    - 貿易の統制 → オランダ･中国との貿易
      - オランダ → 長崎の出島
      - オランダ → プロテスタント国
      - オランダ → 風説書の提出

徳川吉宗（江戸時代）

- ○**享保の改革**を進める。
  - ・**公事方御定書**を制定する。
    - 裁判や刑の基準
  - ・**上げ米の制**を制定する。
    - 米を献上させる代わりに参勤交代の期間を減らす
  - ・**目安箱**を設置する。
    - 庶民の意見を取り入れるため
  - ・洋書の輸入を緩和する。
    - キリスト教に関係がない，漢文に翻訳されたもの

松平定信（江戸時代）

- ○**寛政の改革**を進める。
  - ・**旧里帰農令**を発布する。
    - 江戸に出稼ぎに来ていた農民を村に帰す
  - ・**寛政異学の禁**を発布する。
    - 昌平坂学問所での朱子学以外の学問の禁止
  - ・**棄捐令**を発布する。
    - 旗本・御家人の借金を帳消しにする

水野忠邦（江戸時代）

- ○**天保の改革**を進める。
  - ・**株仲間の解散**を命じる。
    - 同業者の組合・営業権を独占
  - ・**人返し令**を発布する。
    - 江戸に出稼ぎに来ていた農民を強制的に村に返す
  - ・上知令（上地令）を発布する。
    - 江戸・大坂周辺の農村を幕府の直轄地にする

井伊直弼（江戸時代）

- ○**日米修好通商条約**に調印する。
  - 不平等な内容
    - 領事裁判権を認める
    - 関税自主権がない
  - 安政の五か国条約
    - オランダ・ロシア・イギリス・フランスとも同様の条約を結ぶ
- ○**安政の大獄**を断行する。
  - 吉田松陰・橋本左内らを処刑
- ○**桜田門外の変**で暗殺される。

基本問題

解答 ⇨ 別冊 P.32　正解数　／20

次の人物名を答えなさい。

(1)　鎌倉幕府を滅ぼし，天皇中心の新しい政治を行った。

(2)　(1)の天皇に味方し，その後征夷大将軍に任ぜられ，京都に幕府を開いた。

(3)　南北朝を統一し，勘合貿易を始めた。

(4)　この将軍の後継者問題で守護大名が対立し，応仁の乱が起きた。

(5)　尾張の戦国大名で，桶狭間の戦い・長篠の戦いに連勝し，安土城下で，楽市令を出し，商工業の発展をめざした。

(6)　北条氏を滅ぼし，伊達氏を従わせ，全国統一を成し遂げた。

(7)　関ヶ原の戦いに勝利し，征夷大将軍に任ぜられ，江戸に幕府を開いた。

(8)　参勤交代を武家諸法度に追加し，鎖国体制を完成させた。

(9)　わずか15歳で島原・天草一揆の大将に担ぎ出された。

(10)　生類憐みの令を出し，湯島の聖堂を建立した。

(11)　長崎貿易を活発にし，銅の専売制を実施するとともに，商工業者が株仲間をつくることを奨励し，これに特権を与える代わりに営業税を取った。

(12)　公事方御定書の制定・上げ米の制の制定・新田開発など，享保の改革を進めた。

(13)　寛政異学の禁・旧里帰農令・棄捐令の発布など，寛政の改革を進めた。

(14)　根室に漂流民の大黒屋光太夫を送り届け，ロシアとの通商を求めた。

(15)　大阪で，救民を掲げて大商人を襲い，米や金をききんで苦しむ人々に分け与えようとした。

(16)　株仲間の解散・人返し令・上知令など，天保の改革を進めた。

(17)　アメリカの全権大使として，日米和親条約を結んだ。

(18)　アメリカの全権大使として，日米修好通商条約を結んだ。

(19)　大老として，日米修好通商条約を結んだ。

(20)　長州藩出身で，幕府の対外政策を批判したことによって，安政の大獄で処刑された。

応用問題

解答 ⇨ 別冊 P.32

次の年表をみて，各問いに答えなさい。

年表

年	できごと	
1333	建武の新政が始まる	A
1404	足利義満が日明貿易を始める	B
1467	応仁の乱が起きる	C
1575	長篠の戦いが起きる	D
1590	豊臣秀吉が全国を統一する	E
1603	徳川家康が江戸幕府を開く	F
1635	参勤交代が武家諸法度に追加される	G
1716	享保の改革が始まる	H
1787	寛政の改革が始まる	H
1841	天保の改革が始まる	H
1854	日米和親条約が結ばれる	I
1858	日米修好通商条約が結ばれる	J

(1) **年表**中**A**が2年余りで終わった理由を，**A**を行った人物の名前を明らかにして説明しなさい。

(2) **年表**中**B**について，問いに答えなさい

① 次の日明貿易についての文章中の(㋐)，(㋑)にあてはまることばを書きなさい。

> **資料1**は，(㋐)ために，明から与えられた(㋑)という証明書である。足利義満は，正式な貿易船にはこの証明書を持たせ，朝貢の形式の(㋑)貿易を始めた。

㋐　　　　㋑

資料1

② 足利義満は，日明貿易以外に南北朝の統一も行っている。南北朝の統一と同じ年に起きたできごとを，次の**ア**～**エ**から1つ選び，記号を書きなさい。

ア　イギリスで清教徒革命が起きる。　　**イ**　十字軍の遠征が始まる。
ウ　李成桂が朝鮮を建国する。　　**エ**　ルターによる宗教改革が始まる。

(3) **年表**中**C**の頃に広まった下剋上の風潮とはどのようなことか。「**実力**」という語句を使って説明しなさい。

(4) **年表**中**D**は，織田信長・徳川家康連合軍と武田軍の戦いであり，**資料2**はその様子を表した絵画である。**資料2**について書いた次の文章の(㋐)にあてはまることばを書きなさい。

資料2　長篠の戦い

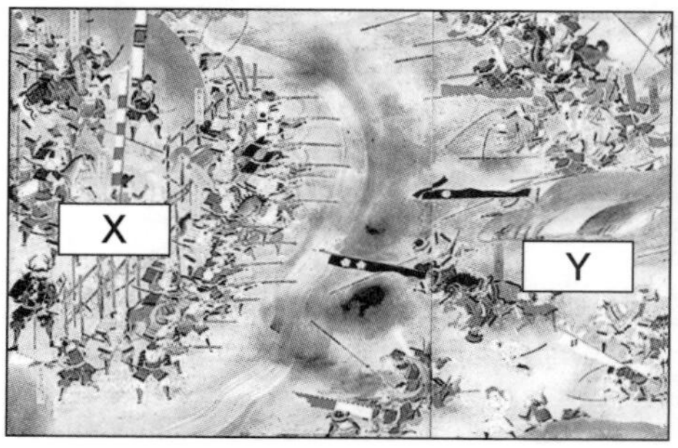

> **資料2**で，(㋐)から，X の方が織田信長・徳川家康連合軍と判断できる。

(5) **年表**中**E**に関連して，**資料3**は豊臣秀吉が行った検地の様子である。これについて述べた次の文章の(㋐)，(㋑)にあてはまることばをそれぞれ書きなさい。

資料3　太閤検地の様子と検地帳

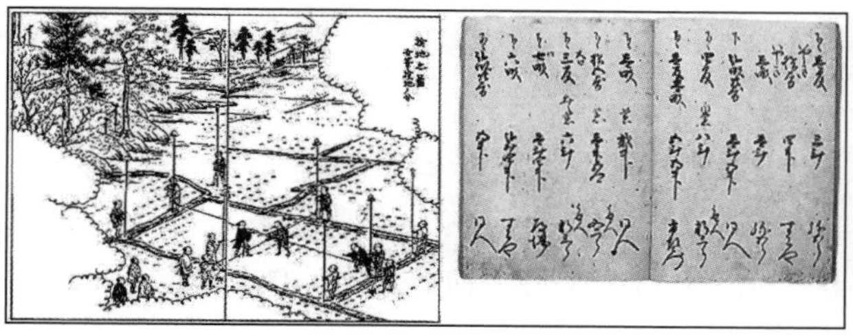

> 検地帳には，検地の結果と(㋐)が記されたために，農民は確実に年貢を納めなければならず，貴族や寺社はそれまでもっていた土地の権利を失い，中世から続いた(㋑)の制度は完全に崩壊した。

㋐　　　　㋑

(6) **年表中F**について，**資料４**は，江戸幕府が定めた大名の配置の模式図である。**資料４**中の**X**，**Y**，**Z**にあてはまる語句をそれぞれ書きなさい。

X

Y

Z

資料４　17世紀中頃の大名の配置

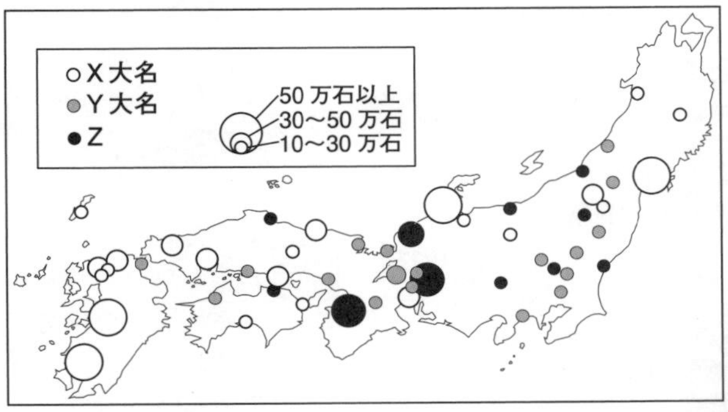

(7) **年表中G**について，各問いに答えなさい。

① 参勤交代を武家諸法度に初めて追加した将軍の名前を書きなさい

② ①の将軍は，鎖国体制を完成させた。次の**ア**～**エ**を，年代の古い順に並べ替え，記号を書きなさい。

ア ポルトガル船の来航禁止　　**イ** 日本人の帰国・海外渡航禁止

ウ スペイン船の来航禁止　　**エ** 島原・天草一揆

→　→　→

(8) **年表中H**について，各問いに答えなさい。

① 享保の改革・寛政の改革・天保の改革を実施した人物をそれぞれ書きなさい。

享保の改革

寛政の改革

天保の改革

② 次の**ア**～**ケ**を享保の改革・寛政の改革・天保の改革のそれぞれに分け，記号を書きなさい。

ア 株仲間を解散させた　　**イ** 旗本・御家人の町人からの借金を帳消しにした

ウ 公事方御定書を制定した　　**エ** 江戸や大坂周辺の大名領・旗本領を幕府の幕領にしようとした

オ 目安箱を設置した　　**カ** 漢文に翻訳された洋書の輸入規制を緩和した

キ 人返しの令を出した　　**ク** 幕府の学校での朱子学以外の学問を禁止した

ケ 甘藷の関東での栽培を青木昆陽に指示した

享保の改革

寛政の改革

天保の改革

(9) **年表中Ｉ**について，各問いに答えなさい。

① アメリカ大統領の国書をもって，日本を訪れた東インド艦隊司令長官の名前を書きなさい。また，この人物が黒船に乗って到着した浦賀は現在の何県にあるか，書きなさい。

東インド艦隊司令官の名前

県名

② **年表中Ｉ**によって，開かれた港を**地図**中の**ア**～**ケ**から２つ選び，記号を書きなさい。

地図

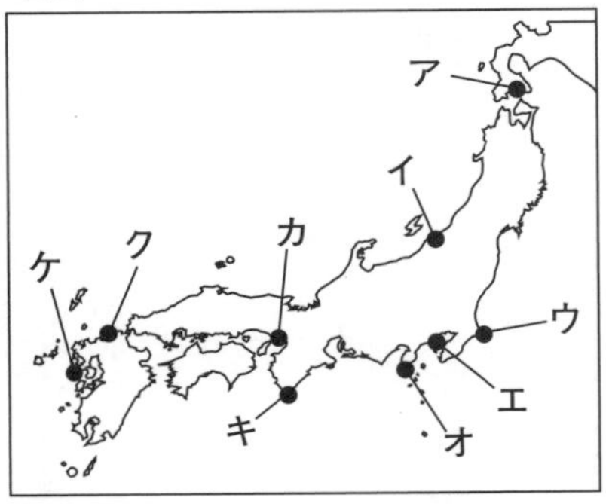

(10) **年表中J**について，各問いに答えなさい。

① 条約を結んだ時の幕府の大老の名前を書きなさい。

② **年表中J**によって，開かれた港を**地図**中の**ア**～**ケ**から５つ選び，記号を書きなさい。

社会

Point!
7　歴史③　戦争・内乱

社会

ここがポイント

時代	戦争・内乱	内 容	
飛鳥	白村江の戦い	経緯	**唐・新羅**と戦う**百済**を支援して，**中大兄皇子**が兵を送る。
		結果	大敗し，唐・新羅軍の攻撃に備えて，**水城・山城**を築城し，**防人**を整備する。
	壬申の乱	経緯	**天智天皇**の死後，**大海人皇子**と大友皇子が皇位継承をめぐって争う。
		結果	大海人皇子が勝利し，**天武天皇**として即位する。
平安	源平の争乱	経緯	平家打倒を掲げて，源頼朝を中心に挙兵する。
		結果	**壇ノ浦の戦い**で平氏が滅亡し，同年に源頼朝が**守護**と**地頭**を設置する。
鎌倉	承久の乱	経緯	北条義時追討を掲げて，**後鳥羽上皇**が挙兵する。
		結果	鎌倉幕府側が勝利し，**六波羅探題**を設置。→西国にも幕府の支配が広まる。
	元寇	経緯	**フビライ**の服属要求を**北条時宗**が拒否し，**文永の役・弘安の役**が起きる。
		結果	火器や集団戦法に苦戦するも元軍が退却。→**御家人の不満が増大**
室町	応仁の乱	経緯	**足利義政**の後継者争いから，京都を主戦場として 11 年間争いが続く。
		結果	**下剋上**の風潮が広がり，戦国の世の中に突入。→戦国大名の台頭
安土桃山	長篠の戦い	経緯	**織田信長・徳川家康連合軍**と武田軍が，現在の愛知県で合戦。
		結果	馬防柵と大量の**鉄砲**を使った織田・徳川軍が勝利。→戦術の変化
	関ヶ原の戦い	経緯	**徳川家康**率いる東軍と**石田三成**を中心とした西軍が現在の岐阜県で合戦。
		結果	東軍が勝利し，征夷大将軍に任じられた徳川家康が**江戸幕府**を開く。
江戸	島原・天草一揆	経緯	長崎でキリシタンへの弾圧に抵抗して，**天草四郎**を大将として蜂起する。
		結果	一揆を鎮めた幕府は，**ポルトガル船の来航を禁止**し，**鎖国体制**を強化する。
	アヘン戦争	経緯	三角貿易において，イギリスがインド産のアヘンを清に密輸する。
		結果	清が敗れると，江戸幕府は**異国船打払令**を**薪水給与令**に改める。
明治	戊辰戦争	経緯	旧幕府軍が，薩長を中心とする政府軍と鳥羽伏見で争う。
		結果	函館五稜郭で政府軍が勝利し，国内が統一される。
	西南戦争	経緯	明治政府に不満をもつ士族が，**西郷隆盛**を中心に蜂起。
		結果	政府軍によって鎮圧され，武力による反乱から言論による運動へ変化。
	日清戦争	経緯	**甲午農民戦争**を鎮圧するために出兵した日本と清が衝突する。
		結果	**下関条約**を結び，**リヤオトン半島・台湾**などを獲得し，賠償金を得る。 ロシア・フランス・ドイツによる**三国干渉**を受け，リヤオトン半島を返還する。
	日露戦争	経緯	**義和団事件**鎮圧後，南下するロシア軍と日本軍が韓国をめぐって対立。
		結果	アメリカの仲介で**ポーツマス条約**に調印。→日比谷焼き打ち事件
大正	第一次世界大戦	経緯	サラエボ事件から，同盟国と連合国による**総力戦**が始まる。
		結果	連合国が勝利し，**パリ講和会議**において**ベルサイユ条約**が結ばれる。 **国際連盟**が発足し，戦争中に出された**二十一か条の要求**が認められ， 中国で**五・四運動**，朝鮮で**三・一独立運動**が起きる。
	米騒動	経緯	**シベリア出兵**を見越した商人の米の買い占めから，米価が上昇する。
		結果	富山での暴動が全国に広がり，内閣が退陣→**原敬**による**政党内閣**発足
昭和	満州事変	経緯	関東軍が南満州鉄道を爆破し（**柳条湖事件**），満州を占領する。
		結果	**満州国**を建国するが，**リットン調査団**の報告から，国際連盟で孤立→**脱退へ**
	五・一五事件	経緯	海軍の青年将校が，**犬養毅**首相を殺害する。
		結果	軍人出身の内閣になり，**政党政治**が途絶える。
	二・二六事件	経緯	陸軍の青年将校が，大臣らを殺傷し，首相官邸や国会議事堂周辺を占拠する。
		結果	鎮圧後，軍部の力が強くなり，政府や国民は軍部に反対できなくなる。
	日中戦争	経緯	北京郊外で，日本軍と中国軍が衝突する盧溝橋事件が起きる。
		結果	アメリカ・イギリス・ソ連が中国を支援することで戦争が長期化する。
	太平洋戦争	経緯	資源の輸入を制限された日本軍が，真珠湾とマレー半島を攻撃する。
		結果	**原爆**が投下され，**ポツダム宣言**を受諾する。→ GHQ による日本の民主化
	朝鮮戦争	経緯	北朝鮮が韓国に攻め込む。
		結果	**警察予備隊**（後の**自衛隊**）が創設され，**特需**によって日本経済の復興が進む。

基本問題

解答 ⇨ 別冊 P.33　正解数 ／20

次の戦争・内乱名などを書きなさい。

(1) 中大兄皇子が，滅ぼされた百済を支援するために朝鮮半島に兵を送り，唐・新羅軍と戦った。

(2) 天智天皇の没後，天皇の弟である大海人皇子と天皇の子である大友皇子が，跡継ぎをめぐって争った。

(3) 源氏の将軍が三代で途絶えたことによる混乱に乗じて，後鳥羽上皇が当時の執権北条義時打倒を掲げて挙兵した。

(4) 元の皇帝フビライの服属要求を，当時の執権北条時宗が退けたことで，元軍が九州北部に上陸し，幕府の御家人たちと争った。

(5) 室町幕府の八代将軍足利義政の跡継ぎをめぐって，有力な守護大名の細川氏と山名氏が対立し，京都を中心に11年間にわたって争いが起きた。

(6) 織田信長は，騎馬隊の突進を防ぐ柵を設け，大量の鉄砲を有効に使い，戦国最強と言われた武田軍に勝利した。

(7) 豊臣氏の政権を守ろうとした石田三成を中心とした西軍と，徳川家康を中心とした東軍が，天下をかけて戦った。

(8) キリスト教徒への迫害や，重い年貢の取り立てに苦しむ人々が，天草四郎を大将として一揆を起こした。

(9) 清がアヘンの売買を禁止し，イギリス商人が持っていたアヘンを没収した。これに対してイギリスは，戦艦を派遣して清への攻撃を開始した。

(10) 明治政府に不満を持つ旧幕府軍が，京都・会津・函館などで政府軍と争い，政府軍が勝利し，国内を平定した。

(11) 明治政府に不満を持つ鹿児島の士族たちが，西郷隆盛を中心として蜂起したが，徴兵制によってつくられた新政府軍に鎮圧された。

(12) 朝鮮半島で起きた甲午農民戦争を鎮圧するために，朝鮮の政府が清に出兵を求めたのをきっかけに，日本も朝鮮に出兵し戦争が始まった。

(13) 義和団事件鎮圧後も満州に兵を留めたロシア軍が，韓国に兵を進めたことから，韓国での優位を確保したい日本軍と戦争が始まった。

(14) 緊張の続くバルカン半島でサラエボ事件が起き，ドイツを中心とした同盟国と，イギリス・フランス・ロシアを中心とした連合国が争った。

(15) シベリア出兵を見越した商人による米の買い占めから，米価が高騰し，富山県で起きた米の安売りを求める運動が全国に広がった。

(16) 奉天郊外の柳条湖で南満州鉄道を爆破した関東軍によって，満州全体が占領された。

(17) 議会政治を守ろうとした犬養毅首相が，反発する海軍の青年将校らによって，殺害された。

(18) 陸軍部隊を率いる青年将校らによって，首相経験のある斎藤実や高橋是清らの大臣が殺害された。

(19) 北京郊外で日本軍と中国軍が衝突する盧溝橋事件をきっかけとして，戦争が始まった。

(20) 日本軍は，イギリス領マレー半島と，ハワイの真珠湾にあるアメリカ海軍基地を攻撃し，アメリカ・イギリスとの戦争が始まった。

応用問題

解答 ⇨ 別冊 P.33

次の年表をみて，各問いに答えなさい。

年表

年	できごと	
1842	アヘン戦争が起きる	A
1868	戊辰戦争が起きる	B
1894	日清戦争が起きる	C
1904	日露戦争が起きる	D
1914	第一次世界大戦が起きる	E
1918	米騒動が起きる	F
1931	満州事変が起きる	G
1937	日中戦争が起きる	H
1941	太平洋戦争が起きる	I
1945	日本がポツダム宣言を受諾する	J

(1) **資料１**は，江戸幕府が1825年に出した異国船打払令である。**年表中A**に関連して，清がイギリスに敗北したことを知った江戸幕府は，**資料１**をどのように改めたか。書きなさい。

資料１

どこの港でも，外国船が入港するのを見たなら，有無を言わさず，いちずに打ち払え。…もし強引に上陸したら，捕まえるか，または打ち殺しても構わない。(部分要約)

(2) **年表中B**の前後に起きた，次の**ア**～**エ**を年代の古い順に並べ替え，記号を書きなさい。

ア　薩長同盟が結ばれる。　　**イ**　薩英戦争が起きる。

ウ　廃藩置県が実施される。　**エ**　版籍奉還が実施される。

→　→　→

(3) **年表中C**について，各問いに答えなさい。

① 日清戦争の直前に，日本政府はイギリスとの間で不平等条約の改正に成功している。改正に成功した外務大臣の氏名と改正の内容を書きなさい。

外務大臣の氏名　　改正の内容

② 日清戦争の講和条約の名称を書きなさい。また，**資料２**はその講和条約で獲得した賠償金の一部を使って建設された官営工場である。**資料２**の名称を書きなさい。

講和条約の名称　　官営工場の名称

資料２

地図１

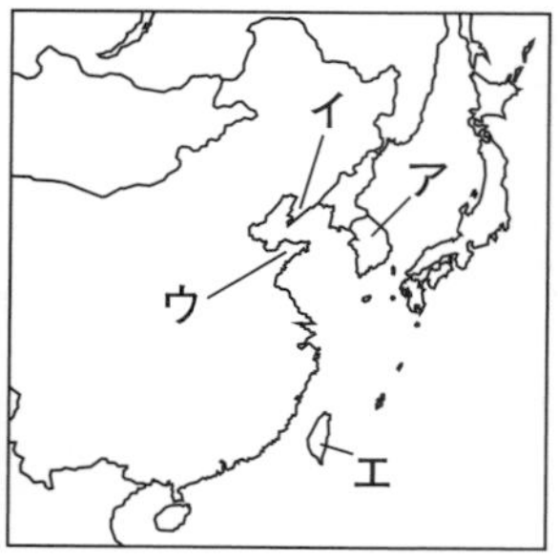

③ 日清戦争の講和条約によって獲得した地域のうち，三国干渉によって清に返還された地域を書きなさい。また，その地域を**地図１**の**ア**～**エ**から選び，記号を書きなさい。

返還された地域　　記号

(4) **年表中D**について，問いに答えなさい。

① 日露戦争以前に起きたできごとを，次の**ア**～**エ**から１つ選び，記号を書きなさい。

ア　韓国併合　　**イ**　辛亥革命　　**ウ**　日英同盟の締結　　**エ**　二十一か条の要求

② 日露戦争の講和条約の名称を書きなさい。

③ 講和条約が結ばれると，条約締結に反対する人々が日比谷公園に集まり，いわゆる日比谷焼き打ち事件と呼ばれる暴動が起きた。人々が条約締結に反対した理由を**資料３**に関連させて書きなさい。

資料３

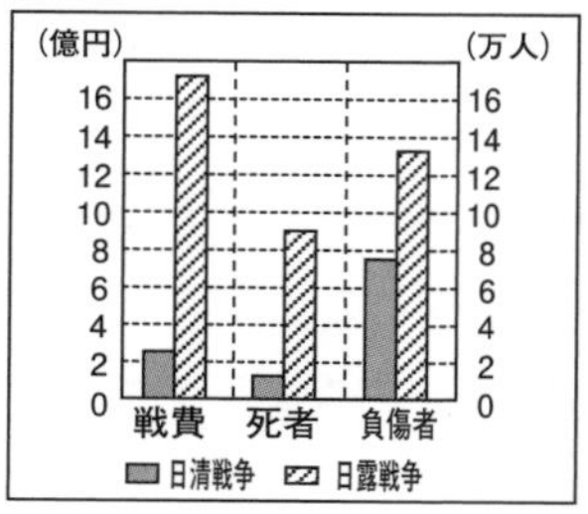

(5) **年表**中**E**について，次の問いに答えなさい。

① 第一次世界大戦の講和条約の名称を書きなさい。

② **資料４**は，**年表**中**E**の頃の日本の貿易額の推移を示したものである。**資料４**の色を付けた部分で，輸出額が輸入額を上回った理由を書きなさい。

資料４

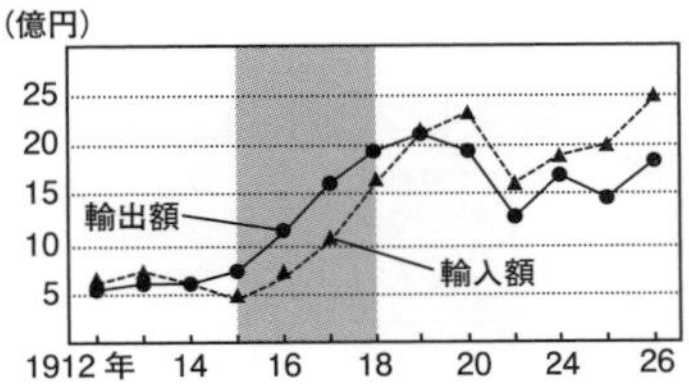

(6) **年表**中**F**の前後に起きた，次の**ア**～**エ**を年代の古い順に並べ替え，記号を書きなさい。

ア 原敬内閣が発足する。 **イ** ロシア革命が起きる。

ウ 国際連盟が発足する。 **エ** 関東大震災が発生する。

→ → →

(7) **年表**中**G**について，次の問いに答えなさい。

① 国際連盟は，**資料５**の調査団を派遣したうえで，満州国を承認せず，日本に軍隊の引き上げを勧告した。**資料５**の調査団を何というか。書きなさい。

資料５

② 当時の内閣は軍部の行動を容認していたが，議会政治を守ろうとした首相が海軍の青年将校によって殺害される事件が起きた。この事件を何というか。書きなさい。また，殺害された首相の氏名を書きなさい。

事件の名称

殺害された首相の氏名

③ 満州国を承認されず，軍隊の引き上げを勧告された日本政府のとった行動を書きなさい。

(8) **年表**中**H**について，日中戦争のきっかけとなった事件の名称を書きなさい。また，その事件が起きた場所を，**地図２**の**ア**～**エ**から１つ選び，記号を書きなさい。

地図２

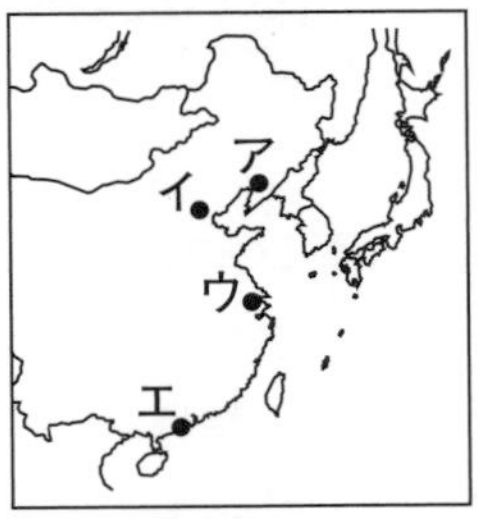

事件の名称

記号

(9) **年表**中Ｉについて，**資料６**は1937年以降に戦争に動員された陸軍兵士数を示したものである。1943年，政府が勤労動員を決定し，中学生や女学生を軍需工場で働かせるようにした理由を，**資料６**を参考にして書きなさい。

資料６

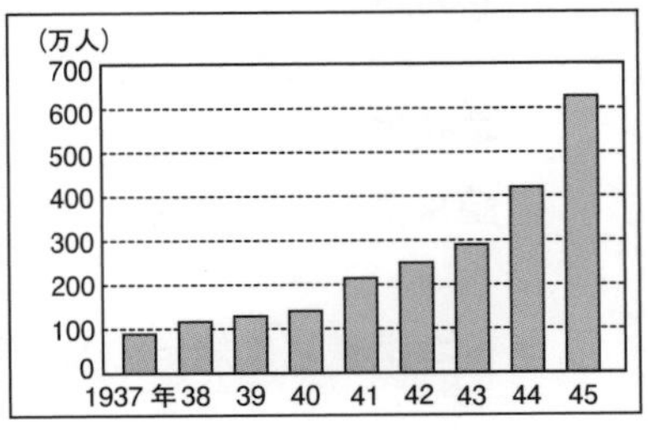

(10) **年表**中**J**までの，次の**ア**～**エ**を年代の古い順に並べ替え，記号を書きなさい。

ア 広島に原子爆弾が投下される。 **イ** 日ソ中立条約を破棄してソ連が満州に侵攻する。

ウ 東京大空襲が起きる。 **エ** 沖縄にアメリカ軍が上陸する。

→ → →

社会

Point!
8 公民① 日本国憲法と人権

●大日本帝国憲法と日本国憲法

大日本帝国憲法		日本国憲法
君主が定める**欽定憲法**	**制定**	国民が定める**民定憲法**
天皇	**主権**	国民
神聖な存在・元首	**天皇**	**象徴** **内閣の助言と承認**による**国事行為**を行う
法律の範囲内での臣民の権利	**国民の権利**	**基本的人権**を**尊重**
兵役・納税	**国民の義務**	**勤労・納税・普通教育を受けさせる**
帝国議会（衆議院・貴族院）	**国会**	**国権の最高機関・唯一の立法機関** **（衆議院・参議院）**
天皇の政治を補助する機関	**内閣**	**行政機関**
天皇の名において裁判を行う	**裁判所**	**司法機関**（司法権の独立）

●日本国憲法の改正

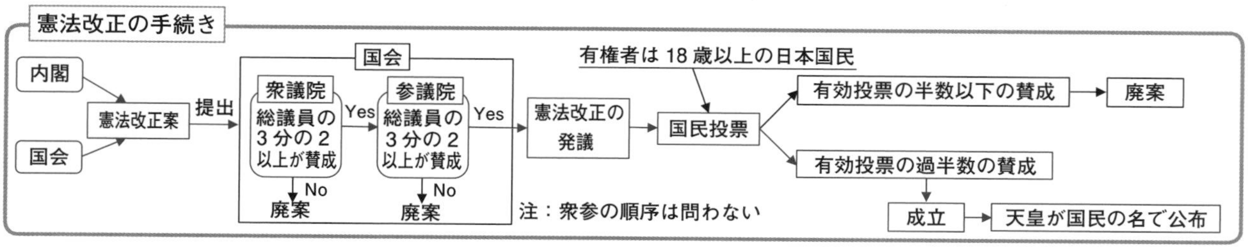

●日本国憲法の三大原理

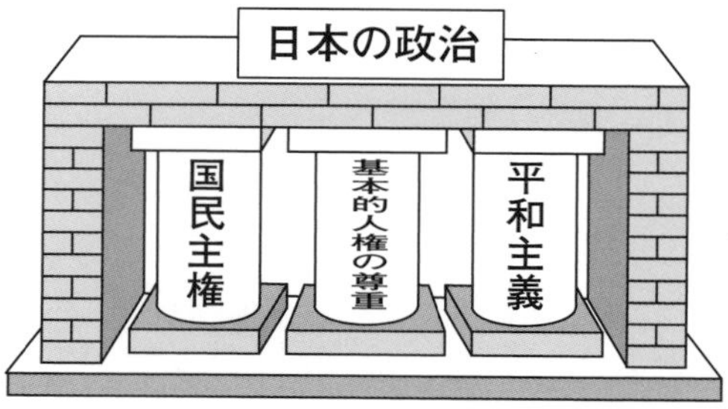

●**国民主権**…国の政治のあり方を決める権利が国民にあること。
●**基本的人権の尊重**…**侵すことのできない永久の権利**。
自由権・平等権・社会権・参政権など
●**平和主義**…戦争の放棄・戦力不保持・交戦権の否認
自衛隊(警察予備隊・保安隊から発展)
…自衛のための**必要最小限度の実力**組織→**集団的自衛権**
非核三原則…核兵器を「**もたず，つくらず，もちこませず**」

▶**日本国憲法に定める基本的人権**…**自由権・平等権・社会権・参政権・請求権**など
自由権…**精神活動**の自由・**生命身体**の自由・**経済活動**の自由
平等権…**法の下の平等**・**両性の本質的平等**・さまざまな差別からの解放
（**男女雇用機会均等法・男女共同参画社会基本法**）
社会権…20世紀になって現れた，**人間らしく生きるための権利**
生存権・教育を受ける権利・勤労の権利・労働基本権(労働三権)
参政権…政治に参加する権利(選挙権・被選挙権・国民投票権・国民審査権・住民投票権など)・請願権
請求権…裁判を受ける権利・国家賠償請求権・刑事補償請求権

▶**日本国憲法に規定のない新しい権利**…**環境権・知る権利・プライバシーの権利・自己決定権**など

▶**公共の福祉と基本的人権**
基本的人権は，**公共の福祉**によって制限される場合がある。
（**社会全体の利益と福祉**）

基本問題

解答 ⇨ 別冊 P.34　　正解数　／24

次の各問いに答えなさい。または(　　)にあてはまる語句を答えなさい。

(1) 「天皇は，日本国の(　　　)であり，日本国民統合の(　　　)であって，…」(日本国憲法第1条)

(2) 天皇による形式的・儀礼的な行いを何というか。書きなさい。

(3) (2)の行いには，何が必要か。書きなさい。

(4) 大日本帝国憲法での国民の権利は，(　　　　)での臣民の権利として与えられた。(大日本帝国憲法での人権)

(5) 「各議院の(　①　)の(　②　)以上の賛成で，国会が，これを発議し…」(憲法改正の発議)

(6) 日本国憲法の三大原理のうち，国の政治のあり方を最終的に決める権利が国民にあることを何というか。書きなさい。

(7) 日本国憲法の三大原理のうち，侵すことのできない永久の権利として規定されているものは何か。書きなさい。

(8) 日本国憲法の三大原理のうち，戦争の放棄・戦力の不保持・交戦権の否認で規定された考え方を何というか。書きなさい。

(9) 戦争の放棄・戦力の不保持・交戦権の否認は，日本国憲法の第何条に規定されているか。書きなさい。

(10) 「この憲法は，国の(　　　)であって，その条規に反する法律，命令，…」(日本国憲法第98条)

(11) (　①　)の義務，(　②　)の義務，普通教育を受けさせる義務が国民の義務である。(国民の義務)

(12) 核兵器を「(　　①　　)，つくらず，(　　②　　)」(非核三原則)

(13) 「すべて国民は，(　　　)であって，人種，信条，性別，社会的身分…，差別されない。」(日本国憲法第14条)

(14) 「すべて国民は，(　①　)で(　②　)な最低限度の生活を営む権利を有する。」(日本国憲法第25条)

(15) 女子差別撤廃条約を採択したことで，職場での男女平等を実現するために，1986年に施行された法律は何か。書きなさい。

(16) 社会のあらゆる活動において，男女がともに活動し，責任を担う社会をめざして，1999年に施行された法律は何か。書きなさい。

(17) 勤労の権利に基づき，労働者が人間らしい生活を営むために，労働条件の最低基準を定めた法律は何か。書きなさい。

(18) 日本国憲法に規定されない新しい権利のうち，他人に知られたくない私的なことがらを侵害されないための権利を何というか。書きなさい。

(19) 日本国憲法に規定されない新しい権利のうち，国や地方公共団体に集まる多くの情報の公開を求めることができる権利を何というか。書きなさい。

(20) 「何人も，(　　　)に反しない限り，居住，移転及び職業選択の自由を有する。」(日本国憲法第22条)

応用問題

解答 ⇨ 別冊 P.35

あるクラスの社会科の授業で班ごとに調べ学習を行った。次の各問いに答えなさい。

	分野	テーマ
A班	$_{a}$人権思想の発展	重要な役割をもつ法や宣言文について考える
B班	法に基づく政治と憲法	$_{b}$憲法の基本原理について考える
C班	日本の憲法制度	$_{c}$憲法改正は必要か考える
D班	$_{d}$基本的人権	基本的人権の歴史を考える
E班	$_{e}$新しい権利	新しい権利がどのように成立したか考える

(1)　**A**班について，次の**ア**～**エ**は，**下線部a**において，重要な役割を担った法や宣言文について説明したものである。これらを，成立した時期の古い順に並べ替え，記号を書きなさい。

ア　国民に対して，人間らしい生活を保障する社会権を認めたワイマール憲法が制定された。

イ　国王の権力を制限し，議会の権利を承認した権利の章典がイギリスで制定された。

ウ　国連は，すべての人間に等しく基本的人権が尊重されるべきであるとする世界人権宣言を発表した。

エ　フランス革命を支持した人々は，人権の尊重と国民主権の考えを主張し，人権宣言を発表した。

→　→　→

(2)　**B**班について，各問いに答えなさい。

①　**下線部b**について，**資料1**を参考にして，憲法について述べた㋐と㋑の文の正誤の正しい組み合わせを，あとの**ア**～**エ**から1つ選び，記号を書きなさい。

㋐　日本国憲法は，総選挙で選ばれた衆議院議員を含む帝国議会で約3ヶ月に渡って審議され制定されたから，国民が制定した民定憲法である。

㋑　ポツダム宣言を受け入れた日本は，ＧＨＱの指示によって，大日本帝国憲法を全面改正し，新たな日本国憲法を制定した。

ア　㋐－正　㋑－正　　　**イ**　㋐－正　㋑－誤

ウ　㋐－誤　㋑－正　　　**エ**　㋐－誤　㋑－誤

資料1

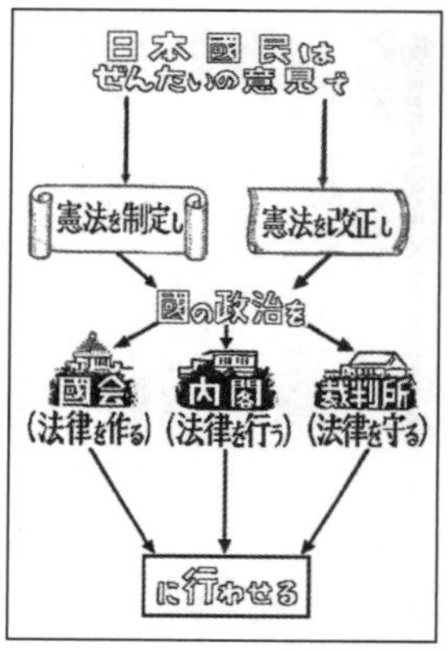

②　日本国憲法の基本原理の1つである平和主義に関連する文として，誤っているものを次の**ア**～**エ**から1つ選び，記号を書きなさい。

ア　集団的自衛権の行使を可能にする安全保障関連法案が可決し，施行された。

イ　憲法の中で平和主義にかかわる規定は，前文と第9条にある。

ウ　日本は，核兵器を「もたず，つくらず，もちこませず」の非核三原則をかかげている。

エ　日本国憲法において，自衛隊は自衛のための必要最小限度の実力と定義されている。

(3)　**C**班について，**資料2**は，日本国憲法の改正の手続きを模式的にあらわしたものである。
（　**A**　）～（　**E**　）にあてはまる数または語句を次の**ア**～**コ**からそれぞれ選び，記号を書きなさい。

ア　内閣総理大臣　　**イ**　天皇

ウ　2分の1　　**エ**　3分の1

オ　3分の2　　**カ**　発議

キ　国民審査　　**ク**　国民投票

ケ　過半数　　**コ**　住民投票

資料2

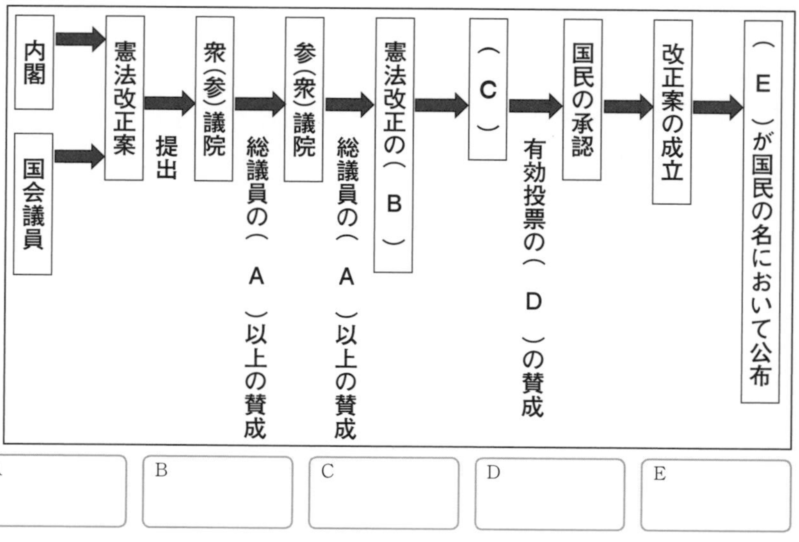

A　B　C　D　E

(4) **Ｄ**班の**下線部ｄ**について，各問いに答えなさい。

① 自由権にあたるものを，次の**ア**〜**エ**の中から１つ選び，記号を書きなさい。

ア 自分の権利が侵害された場合，公正な裁判によって救済を受けることができる。

イ 裁判官の令状なしには逮捕されたり，住居を捜索されたりすることはない。

ウ 30歳になると，参議院議員や都道府県知事に立候補することができる。

エ 人種や性別などによって，政治的，経済的，社会的関係において差別されない。

② 次の文章は，**下線部ｄ**の学習をした際にみつけた**資料３**のイラストをもとに学習した内容をまとめたものである。次の問いに答えなさい。

資料３

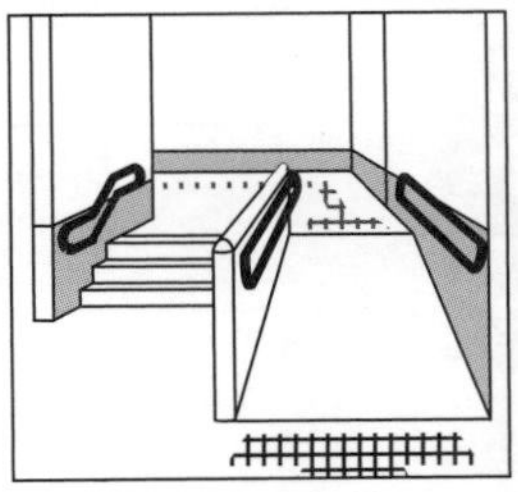

日本国憲法では，（　㋐　）を保障しており，国や地方公共団体は差別や不自由を解消するために様々な努力をしている。**資料３**のように［　　　　　］など，現在ある物理的・心理的な壁を取り除くことを（　㋑　）化という。

ⅰ 文章中の（　㋐　）にあてはまる語句を，次の**ア**〜**エ**から１つ選び，記号を書きなさい。

ア 自由権　**イ** 平等権　**ウ** 社会権　**エ** 環境権

ⅱ 文章中の［　　　　　］には，物理的・心理的な壁を取り除くための工夫があてはまる。［　　　　　］にあてはまる物理的・心理的な壁を取り除くための工夫を，**資料３**から２つ書きなさい。

ⅲ 文章中の（　㋑　）にあてはまる語句をカタカナで書きなさい。

③ 日本国憲法では，すべての国民に勤労の権利を保障している。勤労の権利と最も関係が深い日本国憲法の条文を，次の**ア**〜**エ**から１つ選び，記号を書きなさい。

ア すべて国民は，法の下に平等であって，人種，信条，性別，社会的身分又は門地により，政治的，経済的又は社会的関係において，差別されない。

イ 公務員を選定し，及びこれを罷免することは，国民固有の権利である。

ウ すべて国民は，健康で文化的な最低限度の生活を営む権利を有する。

エ 集会，結社及び言論，出版その他一切の表現の自由は，これを保障する。

(5) 次の文章は，**Ｅ**班の**下線部ｅ**に関する裁判の事例についてまとめたものの一部である。各問いに答えなさい。

ある出版社が芸能事務所所属タレントの自宅住所などを掲載した本を出版しようとした。これに対して芸能事務所側は，（　**Ａ**　）の侵害を理由に出版差し止めを求めたが，出版社側は（　**Ｂ**　）を主張し，裁判で争われることになった。

① （　**Ａ**　）にあてはまる新しい権利を書きなさい。

② （　**Ｂ**　）にあてはまる権利を，次の**ア**〜**エ**から１つ選び，記号を書きなさい。

ア 自己決定権　**イ** 財産権の保障　**ウ** 表現の自由　**エ** 知る権利

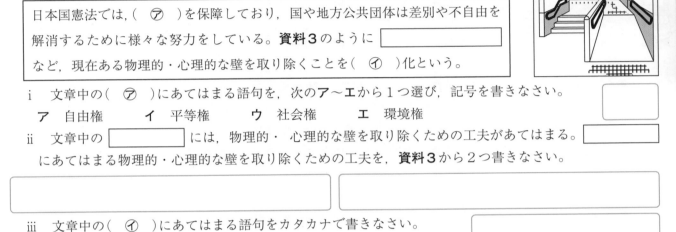

Point! 9

公民② 民主政治（国会・内閣・裁判所・地方自治）

ここがポイント

▶**国会**…**国権の最高機関**であって，**国の唯一の立法機関**である。(日本国憲法第41条)

二院制…多様な意見を反映し，審議や決定をより慎重に行うため。

衆議院…任期が短く解散もあり，国民の意見が反映しやすい。→**衆議院の優越**

参議院…衆議院のいきすぎを抑えるための良識の府

国　会…**常会**・**臨時会**・**特別会**・参議院の緊急集会

（衆議院の優越）
内閣総理大臣の指名
予算の議決
条約の承認
内閣不信任決議
法律案の議決(再可決)
予算の先議

（常会）毎年１月に召集　会期は150日間

（臨時会）・内閣が必要と認めた時
・いずれかの議院の総議員の４分の１以上の要求があった時

（特別会）衆議院の解散による総選挙の日から30日以内

関連語句チェック…委員会・公聴会・**両院協議会**・**弾劾裁判所**・国政調査権

▶**内閣**…国会が定めた法律や予算を執行する機関(**行政機関**)

内閣総理大臣(首相)…内閣の最高責任者(国会議員の中から選出)

国務大臣…内閣総理大臣が任命(過半数は国会議員でなければならない)

閣議…政府の方針を決める会議(内閣総理大臣とすべての国務大臣が出席し，**全会一致**の原則)

議院内閣制…内閣が国会に連帯して責任を負う制度。

▶**裁判所**…争いごとや事件を法に基づいて解決する機関(**司法機関**)

最高裁判所…司法の最高府

下級裁判所…高等裁判所・地方裁判所・簡易裁判所・家庭裁判所

三審制…審議を慎重に行い，冤罪を防ぐための制度。　第一審→**控訴**→第二審→**上告**→第三審

民事裁判…個人の間の権利・義務の対立を解決する裁判。

刑事裁判…犯罪の事実を判断し，事実があった場合は科す刑罰を決める裁判。

裁判員裁判…裁判を身近なものとし，国民みずからの視点や感覚を反映させるための制度。
重大な刑事裁判の第１審(地方裁判所)で審議。６名の裁判員と３名の裁判官。

推定無罪の原則…被疑者や被告人は，有罪の判決を受けるまでは無罪とみなされる。

司法権の独立…裁判が公正・中立に行われるために，国会や内閣などの機関に干渉されない。

▶**三権分立**…一つの機関に権力を集中させず，立法権・行政権・司法権が抑制し合い，均衡を保つことで，国民主権の原理がうまくはたらく

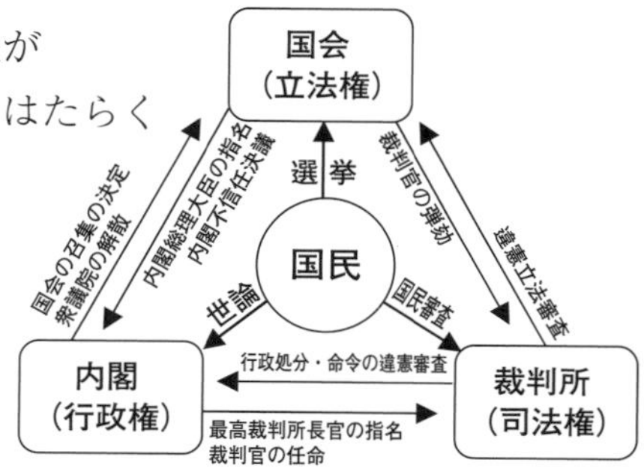

▶**地方自治**…「地方自治は**民主主義の学校**」(ブライス)

条例…その地方公共団体だけに適用される決まり

直接請求権…直接民主制の仕組み

	選挙権	被選挙権	任期
議員	満18歳以上	満25歳以上	4年
首長		知事…満30歳以上	4年
		市区町村長…満25歳以上	4年

請求の種類	必要な署名	請求先
条例の制定または改廃	有権者の50分の1以上	首長
監査請求		監査委員
議会の解散請求	有権者の3分の1以上	選挙管理委員会
首長・議員の解職請求		

基本問題

解答 ⇨ 別冊 P.36

正解数　／32

次の各問いに答えなさい。または(　　)にあてはまる語句を答えなさい。

(1) 「国会は，国権の(　①　)機関であって，国の唯一の(　②　)機関である。」(日本国憲法第41条)

(2) 政権を担当する政党を(　①　)，担当しない政党を(　②　)という。

(3) 選挙の時に，政党が政権をとったときに実現する約束を何というか。カタカナで書きなさい。

(4) 1955年から1993年まで政権を担当したのは(　①　)党で，これを(　②　)体制という。

(5) 現在の選挙は，満18歳以上なら原則として投票できる(　①　)選挙，1人1票の(　②　)選挙である。

(6) 現在の選挙は，無記名で投票する(　①　)選挙，有権者が直接投票する(　②　)選挙である。

(7) 1994年から衆議院で導入されている，小選挙区制と比例代表制を組み合わせた選挙制度を何というか。書きなさい。

(8) 国会の議決において，衆議院と参議院が異なる議決を行った場合，衆議院の議決が優先することを何というか。書きなさい。

(9) 衆議院議員の被選挙権は(　①　)歳以上で，衆議院議員の任期は(　②　)年である。

(10) 内閣において，内閣総理大臣が政府の方針を定めるために開く会議を何というか。書きなさい。

(11) 衆議院で内閣不信任決議が可決すると，10日以内に(　①　)をしなければ(　②　)となる。

(12) 内閣が，国会に連帯して責任を負う制度を何というか。書きなさい。

(13) 私人間の対立を解決する裁判を(　①　)裁判といい，訴えた人を(　②　)，訴えられた人を(　③　)という。

(14) 刑事裁判において，被疑者を被告人として訴える(　①　)を行うのは(　②　)である。

(15) 裁判が公正・中立に行われるために，裁判所が国会や内閣などほかの機関から独立していることを何というか。書きなさい。

(16) 下級裁判所には，簡易裁判所，(　①　)裁判所，地方裁判所，(　②　)裁判所の4つがある。

(17) 裁判で第一審に不服がある場合，上級の裁判所に(　①　)し，さらに上級の裁判所に(　②　)することができる。

(18) くじで選ばれた満20歳以上の国民が裁判官といっしょに刑事裁判に参加する制度を何というか。書きなさい。

(19) その地方公共団体だけに適用される決まりを何というか。書きなさい。

(20) 有権者数が30万人の地方公共団体で首長の解職請求を求めるために必要な署名数を書きなさい。

応用問題

解答 ⇨ 別冊 P.36

次の各問いに答えなさい。

(1) 国会について，次の問いに答えなさい。

① 日本の国会が衆議院と参議院の二院制をとっている理由を書きなさい。

② 国の予算案の議決で，参議院が衆議院と異なった議決をした場合に，各院の代表が議案の取り扱いを協議するために設ける機関を何というか。

③ ②の機関で議決が一致しなかった場合，どのような対応がとられるか。「**国会**」の語句を使って書きなさい。

④ **資料１**は，過去の選挙の実施日を，**資料２**は，国会の召集日などを表したものである。問いに答えなさい。

資料１

X			Y		
回数	実施理由	実施日	回数	実施理由	実施日
第 46 回	解散	平成 24 年 12 月 16 日	第 22 回	任期満了	平成 22 年 7 月 11 日
第 47 回	解散	平成 26 年 12 月 14 日	第 23 回	任期満了	平成 25 年 7 月 21 日
第 48 回	解散	平成 29 年 10 月 22 日	第 24 回	任期満了	平成 28 年 7 月 10 日

i **資料１**において，衆議院議員総選挙を示しているのは，**X**，**Y**のどちらか。記号を書きなさい。また，選んだ理由を書きなさい。

資料２

	召集日	会期終了日
第 193 回国会	平成 29 年 1 月 20 日	平成 29 年 6 月 18 日
第 194 回国会	平成 29 年 9 月 28 日	平成 29 年 9 月 28 日
第 195 回国会	平成 29 年 11 月 1 日	平成 29 年 12 月 9 日

記号　　選んだ理由

ii **資料２**の国会のうち，特別会はどれか。書きなさい。また，判断した理由を書きなさい。

第　　回　　判断した理由

⑤ **資料３**は，定数６を争う比例代表選挙の政党とその得票数を表したものである。ドント方式で議席が配分されるとき，Ｂ党の獲得議席数を求めなさい。ただし，Ａ党，Ｂ党，Ｃ党ともに６名以上の候補者があったものとする。

資料３

	Ａ党	Ｂ党	Ｃ党
得票数	9000	6600	4200

(2) 内閣について，次の問いに答えなさい。

① 内閣について述べた次の**ア**～**エ**のうち，誤っているものを選び，記号を書きなさい。

ア 内閣不信任決議が可決されると，衆議院を10日以内に解散しない限り，内閣総辞職となる。

イ 内閣総理大臣が任命する国務大臣の過半数は国会議員でなければならない。

ウ 基本的に毎週２回開かれる閣議では，多数決で政府の基本方針が決められる。

エ 内閣総理大臣は，国会の指名に基づいて，国会議員の中から選ばれる。

② 次の文章中の(㋐)(㋑)にあてはまる語句を書きなさい。

政権を担当する政党を(　㋐　)といい，政権を担う政党が複数の場合，その政権は(　㋑　)と呼ばれる。

㋐　　㋑

(3) **資料4**と**資料5**は，刑事裁判までの流れと刑事裁判における三審制の仕組みをそれぞれ模式的に表したものである。問いに答えなさい。

資料4

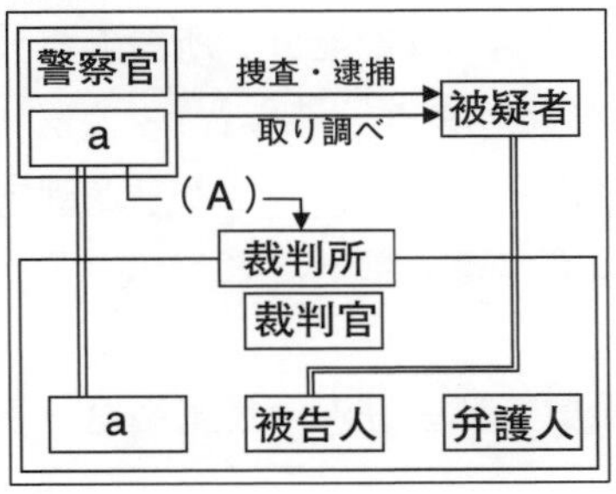

資料5

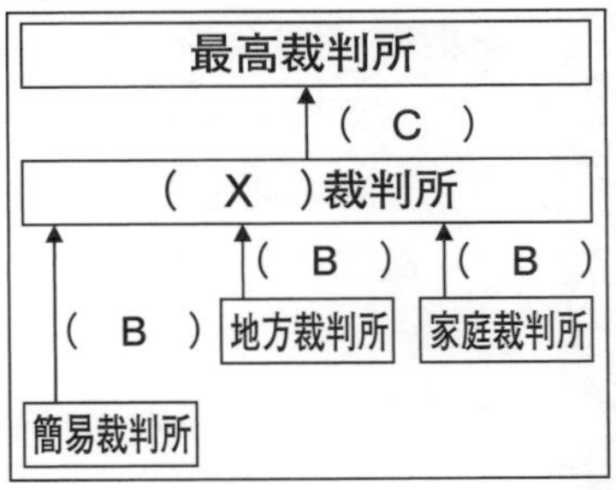

① **資料4**，**資料5**中の（ **A** ），（ **B** ），（ **C** ）にあてはまる語句の正しい組み合わせを，次の**ア**～**カ**から１つ選び，記号を書きなさい。

ア　**A**：起訴　**B**：控訴　**C**：上告
イ　**A**：起訴　**B**：上告　**C**：控訴
ウ　**A**：控訴　**B**：起訴　**C**：上告
エ　**A**：控訴　**B**：上告　**C**：起訴
オ　**A**：上告　**B**：起訴　**C**：控訴
カ　**A**：上告　**B**：控訴　**C**：起訴

② **資料4**中の**a**にあてはまる語句を書きなさい。

③ **資料5**中の**X**にあてはまる語句を書きなさい。

④ 刑事事件や刑事裁判に関して述べた文として誤っているものを，次の**ア**～**エ**から１つ選び，記号を書きなさい。

ア　被疑者であっても，裁判官の出す令状がなければ，現行犯の場合を除いて逮捕されない。
イ　被疑者には，刑事事件の取り調べにおいて，黙秘する権利が認められている。
ウ　重大な犯罪にかかわる裁判は，最高裁判所において裁判員裁判で審議される。
エ　刑事裁判における被告人は，有罪判決を受けるまで無罪と推定される。

資料6

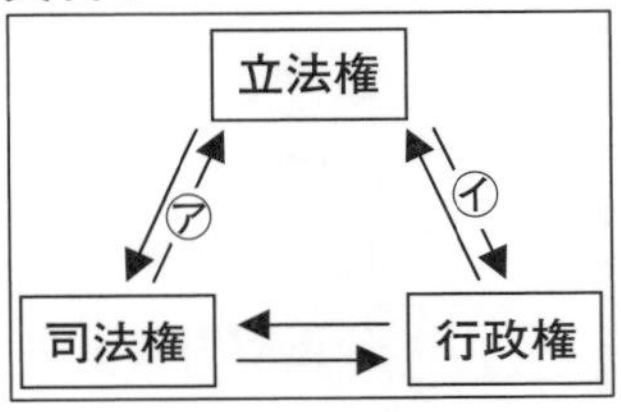

(4) **資料6**は，日本における国の権力分立について，模式的にまとめたものである。矢印（→）は，立法権，行政権，司法権が相互に抑制し合い，均衡を保つはたらきを示している。㋐と㋑にあてはまるはたらきを，次の**ア**～**カ**からそれぞれ選び，記号を書きなさい。

ア　裁判官の弾劾　　**イ**　最高裁判所長官の指名
ウ　衆議院の解散　　**エ**　内閣不信任決議
オ　違憲立法審査　　**カ**　行政処分の違憲性の審査

㋐
㋑

(5) 地方自治において，住民の意思を反映するために直接請求権が認められている。有権者の人数が40万人より少ない地方公共団体における，条例の制定･改廃の請求方法として正しいものを，次の**ア**～**エ**から１つ選び，記号を書きなさい。

ア　有権者の３分の１以上の署名を集めて，選挙管理委員会に請求する。
イ　有権者の３分の１以上の署名を集めて，首長に請求する。
ウ　有権者の50分の１以上の署名を集めて，選挙管理委員会に請求する。
エ　有権者の50分の１以上の署名を集めて，首長に請求する。

Point!
10 公民③ 暮らしと経済

ここがポイント

▶**財政**（政府の経済活動）の役割＝**資源配分・所得の再分配・経済の安定化**

資源配分…**社会資本**（道路・ダム・港など）・警察・消防・教育・国防などの**公共サービス**の提供

所得の再分配…社会保障・社会福祉政策と**累進課税**などによる**所得格差**の調整

所得の高い人ほど税率が高くなる制度

経済の安定化…**財政政策**による景気対策

▶**景気変動（景気循環）**…**景気上昇→好況→景気後退→不況→景気回復**を繰り返すこと

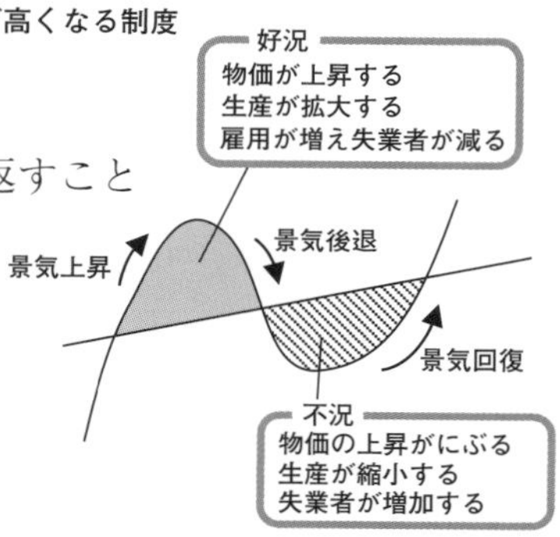

財政政策	景気対策	金融政策
政府	機関	日本銀行
増税する 公共事業を減らす	好況時	売りオペレーション（**公開市場操作**） （一般銀行に国債や手形を売る）
減税する 公共事業を増やす	不況時	買いオペレーション（**公開市場操作**） （一般銀行から国債や手形を買う）

インフレーション…物価が**継続的に上昇**する現象（景気上昇時に起きやすい）

デフレーション…物価が**継続的に下落**する現象（景気後退時に起きやすい）

デフレスパイラル…物価の下落と経済の縮小が繰り返される現象

スタグフレーション…景気後退時にインフレーションが起きる現象

▶**税と政府の歳出・歳入**

歳入…政府の収入（**公債金**・租税・印紙収入など）

直接税…税金を**納める人と負担する人が同じ税**（所得税・法人税・相続税など）

間接税…税金を**納める人と負担する人が異なる税**（消費税・酒税・関税など）

歳出…政府の支出（**社会保障関係費**・**国債費**・**地方交付税交付金**など・文教科学振興費・防衛関係費など）

国債の発行から償還までにかかる費用　　地方交付税交付金・国庫支出金など

地方交付税交付金…地方公共団体間の**税収入の格差を減らすため**に，国から地方公共団体に配分される財源

国庫支出金…義務教育の実施や社会資本の整備など，**特定の仕事を行う**目的で国から地方公共団体に配分される財源

社会保障制度…**社会保険・社会福祉・公的扶助・公衆衛生**

公正取引委員会…企業の独占やカルテルを監視し，**独占禁止法**を運用する機関

▶**円安と円高**

為替レート（為替相場）…円と外貨を交換する際の交換比率

円安（円安ドル高）…円の価値が低くなること　例 1ドル＝100円から1ドル＝120円になること

日本からの**輸出が増え**，日本への外国人旅行者が増える

インバウンド

円高（円高ドル安）…円の価値が高くなること　例 1ドル＝100円から1ドル＝80円になること

日本への**輸入が増え**，日本人の海外旅行者が増える

▶**市場と価格**

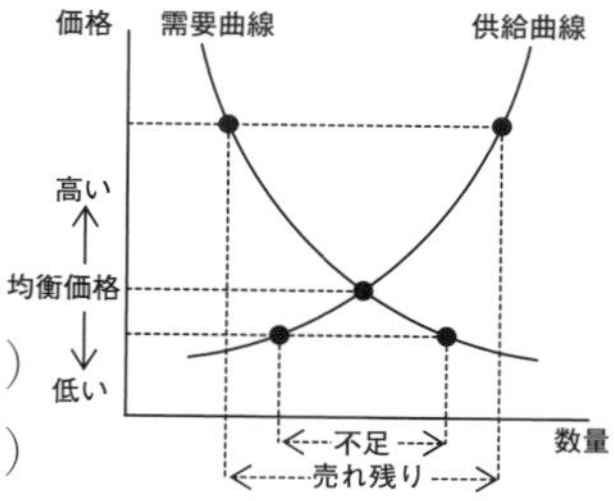

市場価格…モノやサービスが実際に市場で取引される価格

需 要 量…消費者が買おうとする量（価格が低いほど多く高いほど少なくなる）

供 給 量…生産者が売ろうとする量（価格が低いほど少なく高いほど多くなる）

均衡価格…需要量と供給量が一致する価格

基本問題

解答 ⇨ 別冊 P.38　　正解数　／30

次の各問いに答えなさい。または(　　)にあてはまる語句を答えなさい。

(1) 道路・港湾・学校・公園などの，産業や生活の基盤となる公共施設をまとめて何というか。書きなさい。

(2) 政府の財政活動の役割のうち，社会保障制度・税制度・公共事業などを通じて，企業や個人の経済格差を調整する機能を何というか。書きなさい。

(3) 所得税・相続税・贈与税などに適用される，収入や遺産が多い人ほど高い課税率となる制度を何というか。書きなさい。

(4) 景気上昇→好況→景気後退→不況→景気回復が繰り返されることを何というか。書きなさい。

(5) 物価が上昇し続ける現象を(　①　)といい，下落し続ける現象を(　②　)という。

(6) 政府の行う景気対策を(　①　)といい，好況時には(　②　)したり，公共事業を減らしたりする。

(7) 日本銀行の行う景気対策を(　①　)といい，一般銀行と国債や手形の売り買いをする(　②　)を行う。

(8) 税金を納める人と負担する人が同じ税を(　①　)といい，異なる税を(　②　)という。

(9) 日本政府の歳出のうち，最も高い割合を占めるものは何か。書きなさい。

(10) 日本政府の歳出のうち，国債の発行から償還までにかかる費用を何というか。書きなさい。

(11) 国から地方公共団体に配分される財源のうち，地方公共団体間の税収入の格差を是正するための財源を何というか。書きなさい。

(12) 国から地方公共団体に配分される財源のうち，義務教育の実施や社会資本の整備など，特定の仕事を行うための財源を何というか。書きなさい。

(13) 日本の社会保障制度は，社会保険・社会福祉・(　①　)・(　②　)の４つの柱からなっている。

(14) 企業の独占やカルテルを監視するために(　①　)法を運用する機関は(　②　)である。

(15) その国の貨幣と外貨を交換する際の交換比率を何というか。書きなさい。

(16) １ドル＝100円から１ドル＝120円になることを(　①　)といい，日本からの輸出が(　②　)。

(17) １ドル＝100円から１ドル＝80円になることを(　①　)といい，日本への輸入が(　②　)。

(18) 市場価格のうち，需要量と供給量が一致する価格を何というか。書きなさい。

(19) 市場価格が均衡価格より高くなると，需要量が供給量を(　①　)ので，商品の(　②　)が発生する。

(20) 市場価格が均衡価格より低くなると，需要量が供給量を(　①　)ので，商品の(　②　)が発生する。

応用問題

解答 ⇨ 別冊 P.38

次の各問いに答えなさい。

(1) **資料1**は，2010年から2015年にかけての日本銀行が供給する通貨量の推移を示したものである。次の文章は**資料1**について述べたものである。文章中の（　A　），（　B　）にあてはまる語句の正しい組み合わせを，あとの**ア**～**エ**から1つ選び，記号を書きなさい。

資料1　日本銀行が供給する通貨量

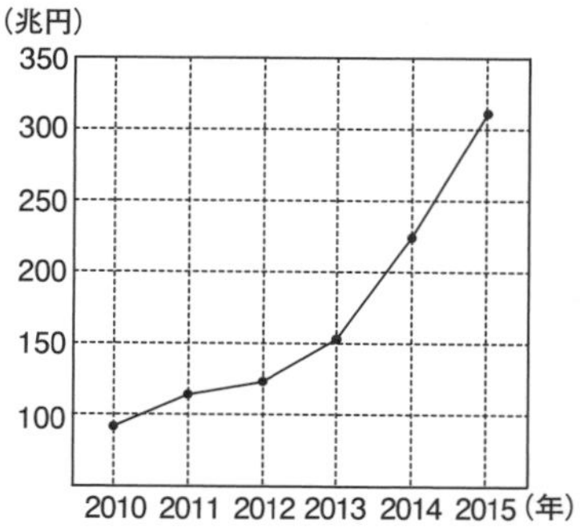

> 2010年から2015年にかけての日本銀行の金融政策は，物価を（　A　）させ，（　B　）からの脱却をめざしたものだと考えられる。

ア　A：下落　B：インフレーション
イ　A：下落　B：デフレーション
ウ　A：上昇　B：インフレーション
エ　A：上昇　B：デフレーション

(2) 政府には，国民の所得の格差を調整する役割があるが，その内容として最も適切なものを，次の**ア**～**エ**から1つ選び，記号を書きなさい。

ア　低所得者には，税を多く負担してもらい，社会保障費の給付を多くする。
イ　低所得者には，税を少なく負担してもらい，社会保障費の給付を少なくする。
ウ　高所得者には，税を多く負担してもらい，社会保障費の給付を少なくする。
エ　高所得者には，税を少なく負担してもらい，社会保障費の給付を多くする。

(3) **資料2**は，東京都と鳥取県における2017年度の財政歳入の内訳（決算額）を示したものである。**資料2**中の**A**～**C**にあてはまる財源の正しい組み合わせを，次の**ア**～**エ**から1つ選び，記号を書きなさい。

資料2　東京都と鳥取県の歳入の内訳

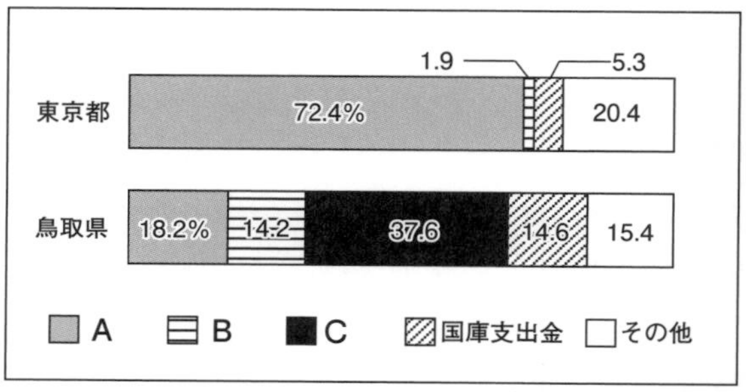

(2017年度・決算額)

ア　A：地方税　B：地方債
　　C：地方交付税交付金
イ　A：地方税　B：地方交付税交付金
　　C：地方債
ウ　A：地方交付税交付金　B：地方債
　　C：地方税
エ　A：地方交付税交付金　B：地方税
　　C：地方債

(4) **資料3**は，2009年から2015年にかけての，1ユーロに対する円の為替レート（年平均値）の推移を示したものである。**資料3**をもとに考えたとき，日本の企業が，最も有利な為替レートにより円をユーロにかえて，ユーロ導入国から商品を輸入することができたのは何年のことか。書きなさい。

資料3　ユーロに対する円の為替レートの推移

年	2009	2010	2011	2012	2013	2014	2015
為替レート	130円	116円	111円	102円	129円	140円	134円

(5)　所得税について述べた次の文章中の（　**A**　），（　**B**　）にあてはまることばを書きなさい。

所得税には，所得の高い人ほど（　**A**　）という仕組みの（　**B**　）制度が適用されている。

A

B

(6)　社会保障制度の四つの柱のうち，次の三つの条件をすべて満たすものは何か。書きなさい。また，それの説明をあとの**ア**～**エ**から１つ選び，記号を書きなさい。

・日本国憲法で規定された生存権を保障している。 ・高齢化の進展に対応して実施されている。 ・介護が必要になったときに備え，40歳以上の人の加入が義務付けられている。

ア　収入が少なく，最低限度の生活を営めない人に，生活費などを給付する。
イ　国民の健康増進をはかり，感染症などの予防をめざす。
ウ　働くことが困難で社会的に弱い立場の人々に対して，生活の保障や支援のサービスをする。
エ　加入者や国・事業者が社会保険料を積み立てておき，必要な時に給付を受ける。

(7)　**資料４**は，わが国の国債残高と歳入に占める公債金の割合の推移を示したものである。わが国の財政の課題を，**資料４**を参考にして，「**将来の世代**」という語句を使って書きなさい。

資料４　**わが国の国債残高と歳入に占める公債金の割合の推移**

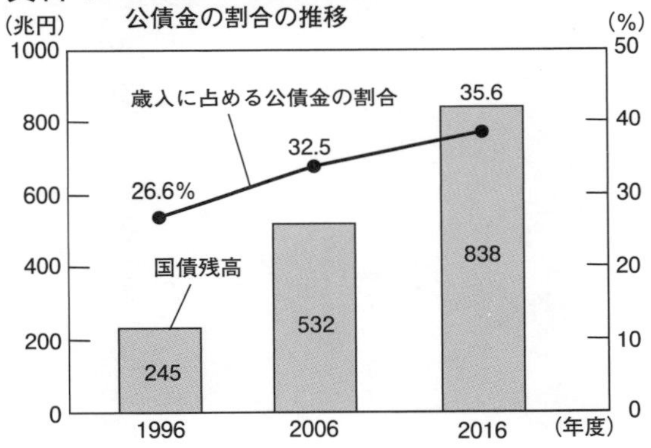

(8)　**資料５**は，市場経済における需要量・供給量と価格の関係を示したグラフであり，**資料６**は**資料５**に関して述べたものである。**資料６**について述べた文として最も適当なものを，あとの**ア**～**エ**から１つ選び，記号を書きなさい。

資料５

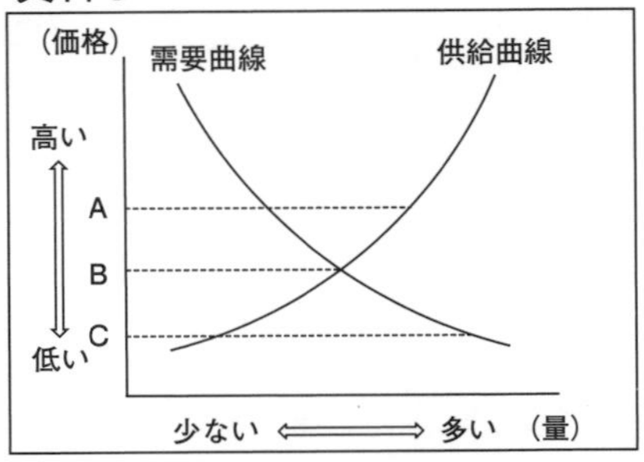

資料６

モノやサービスの需要量が供給量を上回り，品不足の状態になると，価格が上がることで，需要量が減り，供給量が増え，需要量と供給量が一致する。このように需要量と供給量が一致するときの価格を均衡価格という。

ア　**資料６**は，**資料５**のグラフ内の価格が**A**から**B**に変化することを説明している。
イ　**資料６**は，**資料５**のグラフ内の価格が**B**から**A**に変化することを説明している。
ウ　**資料６**は，**資料５**のグラフ内の価格が**C**から**B**に変化することを説明している。
エ　**資料６**は，**資料５**のグラフ内の価格が**C**から**A**に変化することを説明している。

社　会

単　元	正解数と達成度	1回目		2回目		3回目	
		日付	正解数／達成度	日付	正解数／達成度	日付	正解数／達成度
Point! 1 地理① アジア・アフリカ・ヨーロッパ	36以上…A 32以上…B 32未満…C						
Point! 2 地理② 南北アメリカ・ オセアニア	22以上…A 19以上…B 19未満…C						
Point! 3 地理③ 日本地理（国土・人口）	28以上…A 25以上…B 25未満…C						
Point! 4 地理④　日本地理（産業）	7以上…A 6以上…B 6未満…C						
Point! 5 歴史①　歴史上の重要人物１	18以上…A 16以上…B 16未満…C						
Point! 6 歴史②　歴史上の重要人物２	18以上…A 16以上…B 16未満…C						
Point! 7 歴史③　戦争・内乱	18以上…A 16以上…B 16未満…C						
Point! 8 公民①　日本国憲法と人権	22以上…A 19以上…B 19未満…C						
Point! 9 公民② 民主政治(国会・内閣・裁判所・地方自治)	29以上…A 26以上…B 26未満…C						
Point! 10 公民③　暮らしと経済	27以上…A 24以上…B 24未満…C						

国　語

単　元	正解数と達成度	1回目		2回目		3回目	
		日付	正解数／達成度	日付	正解数／達成度	日付	正解数／達成度
Point! 1 漢字	21以上…A 18以上…B 18未満…C						
Point! 2 熟語・語句	29以上…A 26以上…B 26未満…C						
Point! 3 文法	24以上…A 22以上…B 22未満…C						
Point! 4 説明的な文章	9以上…A 8以上…B 8未満…C						
Point! 5 文学的な文章	14以上…A 13以上…B 13未満…C						
Point! 6 古文	8以上…A 7以上…B 7未満…C						
Point! 7 漢文	4以上…A 3以上…B 3未満…C						
Point! 8 詩	2以上…A 1以上…B 1未満…C						
Point! 9 短歌・俳句	5以上…A 4以上…B 4未満…C						
Point! 10 作文							

基本問題 単元別 攻略表

各単元の 基本問題 を解き終えたら，下の表に❶～❸の情報を記入していきましょう。

❶ 日　付…問題を解いた日
❷ 正解数…何問正解したか
❸ 達成度…表の「正解数と達成度」の項目にある，❷の正解数に対応する
　　　　　達成度（A～C）

❸の達成度が「A」になったら、その単元は**「攻略完了」**です。「A」になるまで繰り返し学習しましょう。

（記入例）

❶ ❷ ❸

国　語

単　元	正解数と達成度	1回目		2回目		3回目	
		日付	正解数／達成度	日付	正解数／達成度	日付	正解数／達成度
Point! 1　漢字	21以上…A 18以上…B 18未満…C	8／21	16／C	9／3	19／B	9／28	22／A
Point! 2　熟語・語句	29以上…A 26以上…B 26未満…C	8／22	22／C	9／4	29／A	／	／

攻略表

英　語

単　元	正解数と達成度	1回目		2回目		3回目	
		日付	正解数／達成度	日付	正解数／達成度	日付	正解数／達成度
Point! 1　動詞①	23以上…A 16以上…B 16未満…C	／	／	／	／	／	／
Point! 2　進行形・疑問詞	24以上…A 17以上…B 17未満…C	／	／	／	／	／	／
Point! 3　助動詞	23以上…A 16以上…B 16未満…C	／	／	／	／	／	／
Point! 4　形容詞・副詞・比較	21以上…A 15以上…B 15未満…C	／	／	／	／	／	／
Point! 5　to 不定詞・動名詞	24以上…A 17以上…B 17未満…C	／	／	／	／	／	／
Point! 6　There・接続詞・間接疑問文	26以上…A 18以上…B 18未満…C	／	／	／	／	／	／
Point! 7　受動態・動詞②	22以上…A 16以上…B 16未満…C	／	／	／	／	／	／
Point! 8　現在完了	30以上…A 21以上…B 21未満…C	／	／	／	／	／	／
Point! 9　分詞・関係代名詞・仮定法	31以上…A 22以上…B 22未満…C	／	／	／	／	／	／

Point! 1 漢字

ここがポイント

漢字の読み方

▼熟語の読み方

・音どうし…上下とも音で読む。　例 信頼《シンライ》　悲惨《ヒサン》

・訓どうし…上下とも訓で読む。　例 花暦《はなごよみ》　夜空《よぞら》

・重箱《ジュウばこ》読み…上を音、下を訓で読む。　例 試合《シあい》　毎朝《マイあさ》

・湯桶《ゆトウ》読み…上を訓、下を音で読む。　例 消印《けしイン》　指図《さしズ》

・熟字訓《じゅくじくん》……熟語全体に訓読みをあてて読んだもの。

例 昨日《きのう》　五月雨《さみだれ》　七夕《たなばた》　紅葉《もみじ》　浴衣《ゆかた》

▼同訓異字……同じ訓読みをする、ちがう漢字。

例 収《おさ》める・修《おさ》める・治《おさ》める・納《おさ》める

▼同音異義語…同じ音で意味のちがう熟語。

例 保証《ほしょう》・保障《ほしょう》・補償《ほしょう》　追求《ついきゅう》・追究《ついきゅう》・追及《ついきゅう》

漢字の部首

漢字の組み立ての基本となる部分。主なものは次の七つ。

・へん　例 投…てへん　証…ごんべん

・つくり　例 列…りっとう　預…おおがい

・かんむり　例 宇…うかんむり　菓…くさかんむり

・たれ　例 厚…がんだれ　底…まだれ

・にょう　例 進…しんにょう　延…えんにょう

・かまえ など　例 園…くにがまえ　関…もんがまえ

・あし　例 煮…れっか・れんが　盤…さら

基本問題

解答 ⇩ 別冊 P.44

正解数 ／23

1 次の各文の――線部の読みをひらがなで書きなさい。

(1) 恩師を慕って教え子が集まる。　（　　って）

(2) 自分で決めたことを断念せずに貫く。　（　　く）

(3) 彼らは優勝旗を掲げて行進した。　（　　げて）

(4) 少しの時間も惜しんで読書する。　（　　しんで）

(5) 論文の作成に腰を据えて取り組む。　（　　えて）

(6) 白球が青空に弧を描いて飛ぶ。　（　　）

(7) 流れるような旋律が心に残る。　（　　）

(8) 体操選手がすばらしい演技を披露した。　（　　）

(9) キンモクセイの花が芳香を放つ。　（　　）

(10) 俊敏な動きで他を圧倒する。　（　　）

(11) 狩猟に用いられた石器について調べる。　（　　）

国語

2 次の各文の――線部を漢字に直しなさい。

(1) 矢で的をイる。
(2) 渡り鳥のムれが北へ旅立っていく。
(3) 体力と気力をヤシナう。
(4) 正月にシタしい縁者が集まる。
(5) 協力し合うことで信頼関係をキズく。
(6) 川が隣町とのキョウカイになっている。
(7) 費用を参加者で均等にフタンする。
(8) 物事をカンタンにはあきらめない。
(9) 窓から見えるゼッケイに驚嘆した。
(10) 雲一つないカイセイの日に遠足に行く。
(11) 消化のよい食事でイチョウをいたわる。
(12) ドクソウ的な作品が高く評価される。

(1)［　　］る　(2)［　　］れ　(3)［　　］う　(4)［　　］しい　(5)［　　］く　(6)［　　］　(7)［　　］　(8)［　　］　(9)［　　］　(10)［　　］　(11)［　　］　(12)［　　］的

応用問題

解答 ⇩ 別冊 P.44

1 次の文章を読んで、あとの問いに答えなさい。

「牧場」は一般には「ぼくじょう」と読む。「まきば」という古風な読みは、規模も小さく①セツビもあまりaキカイ化されていない昔ながらの姿をb連想させやすい。そんな懐《なつ》かしいイメージが「まきばの○○」といった商品名として利用される。「ぼくじょうの○○」では、ほのぼのとした②雰囲気は期待しにくい。手紙をもらうより、便りが③トドくと心うれしい。温かい気分になる。「てがみ」は幅広くどんな内容にも使えるが、「たより」は事務連絡や依頼状やc督促状などとはイメージが合わず、「桜のたより」「旅先からのたより」のように、特別の用件が④含まれていない折々の挨拶《あいさつ》や近況報告を連想させるからだろう。

（中村　明『語感トレーニング ―日本語のセンスをみがく55題』岩波新書による）

(1) ――線部①～④について、漢字は読みをひらがなで書き、カタカナは漢字に直しなさい。

①［　　］　②［　　］　③［　　］く　④［　　］まれて

(2) ――線部aの漢字を、次のア～エから一つ選び、記号を書きなさい。

ア 機会　**イ** 機械　**ウ** 器械　**エ** 奇怪

［　　］

(3) ――線部bについて、

① 「連」の総画数を漢数字で答えなさい。

② 「想」の部首名をひらがなで書きなさい。

①［　　］画　②［　　］

(4) ――線部cの「促」は、訓読みでは「［　］す」と読みます。［　］に入る読みを書きなさい。

［　　］す

Point! 2

熟語・語句

ここがポイント

熟語の成り立ち

▼同じような意味の組み合わせ　例 救助　貯蓄

▼反対の意味の組み合わせ　例 公私　異同

▼上の漢字が下の漢字を修飾する関係

例 青空（青い空）　暗示（暗に示す）

▼主語と述語の関係（〜が〜する）

例 日没（日が没する）　人造（人が造る）

▼下の漢字が上の漢字の目的や対象を表す関係

例 読書（書を読む）　就職（職に就く）

▼上の漢字が下の漢字を打ち消すもの　例 無害　非常

他に、**接尾語がついたもの**、**同じ漢字を重ねたもの**、**長い言葉を省略したもの**などもある。

類義語と対義語

→解答例・解説63ページも参照

▼類義語…似た意味の言葉　例 有名≒著名　性質≒性格

▼対義語…反対の意味の言葉　例 需要⇔供給　勝利⇔敗北

慣用句・ことわざ・故事成語

→解答例・解説64ページも参照

▼慣用句……二つ以上の言葉が結びついて、全体としてもとの言葉の意味から離れた特定の意味を表す言葉。

▼ことわざ…昔から言いならわされてきた、教訓などを含む短い言葉。

▼故事成語…中国の古い出来事や言い伝えなどをもとにして生まれた言葉。

国語

基本問題

解答 ⇩ 別冊 P.45

正解数 ／32

1 次の熟語の成り立ちを、あとのア〜カから一つずつ選び、記号を書きなさい。

(1) 新人　(2) 観劇　(3) 未知　(4) 進退

(5) 激減　(6) 国立　(7) 帰郷　(8) 豊富

ア 同じような意味の組み合わせ

イ 反対の意味の組み合わせ

ウ 上の漢字が下の漢字を修飾する関係

エ 主語と述語の関係

オ 下の漢字が上の漢字の目的や対象を表す関係

カ 上の漢字が下の漢字を打ち消すもの

(1)　(2)　(3)　(4)　(5)　(6)　(7)　(8)

2 次の熟語と似た意味の熟語を、あとのア〜オから一つずつ選び、記号を書きなさい。

(1) 傾向　(2) 方法　(3) 手本　(4) 作用　(5) 利害

ア 機能　イ 損得　ウ 風潮

エ 模範　オ 手段

(1)　(2)　(3)　(4)　(5)

3 次の熟語と反対の意味の熟語を、あとのア〜オから一つずつ選び、記号を書きなさい。

(1) 拡大　(2) 必然　(3) 革新　(4) 疎遠　(5) 過失

ア 親密　イ 保守　ウ 故意

エ 偶然　オ 縮小

(1)　(2)　(3)　(4)　(5)

4 次の□に漢字を入れ、四字熟語を完成させなさい。

(1) 心□一転
(2) 言語□断
(3) 温□知新
(4) 意味□長
(5) 五里□中

5 次の□に体の一部を表す漢字を入れ、慣用句を完成させなさい。

(1) □を決める（決心する）
(2) □をつぶす（非常に驚く）
(3) □に汗する（一生懸命に働く）
(4) □に衣着せぬ（思ったままをずけずけ言う）
(5) 目から□へ抜ける（頭の働きがとても良い）

6 次のことわざと似た意味のことわざを、あとのア～エから一つずつ選び、記号を書きなさい。

(1) 弘法にも筆の誤り
(2) のれんに腕押し
(3) 弱り目にたたり目
(4) 医者の不養生

ア ぬかにくぎ　　イ 紺屋《こうや》の白袴《しろばかま》
ウ 河童《かっぱ》の川流れ　　エ 泣き面《つら》に蜂

応用問題

解答 ⇩ 別冊 P. 45

1 次のア～カの三字熟語のうち、他と成り立ちが異なるものを一つ選び、記号を書きなさい。

ア 新年度　　イ 科学者　　ウ 悪天候
エ 短距離　　オ 再出発　　カ 上機嫌

2 次の□に打ち消しの漢字一字を入れ、対義語を作りなさい。

(1) 是認―□認　　(2) 有益―□益
(3) 既刊―□刊　　(4) 当番―□番

3 次の各文の――線部と同じ意味を表す四字熟語の読みを一つずつ選び、漢字に直しなさい。

(1) 志望校合格をめざして、わき目も振らずに勉強をする。
(2) 妹は、自分の意見がなく、他人の意見にすぐ賛成する。
(3) 犯罪グループのメンバーを一度に全部つかまえる。
(4) テストの点数が悪かったのは、身から出たさびだ。
(5) 彼は、最初から最後まで反対の意見を貫いた。

いちもうだじん　　いくどうおん　　じがじさん
てっとうてつび　　ふわらいどう　　じごうじとく
いっしんふらん　　いっとうりょうだん

Point!
3 文法

国語

ここがポイント

文節相互の関係

▼**主述**の関係　例　妹が　笑う。　彼は　面白い。　鳥が　いる。

▼**修飾・被修飾**の関係　例　美しい　花が　咲く。　牛が　ゆっくり　歩く。

▼**並立**の関係（連文節）　例　富士山は　**高くて**　**美しい**。

▼**補助**の関係（連文節）　例　祖母が　お茶を　**飲んで**　**いる**。　友だちに　写真を　**見て**　**もらう**。

単語の識別

▼**ない**
- 雨が降ってきたが傘が**ない**。〔**形容詞**〕
- 駅まではそんなに遠く**ない**。〔**補助形容詞**〕
- 弟はほとんど本を読ま**ない**。〔**助動詞**〕

▼**らしい**
- 転入してきた子ども**らしい**。〔**推定の助動詞**〕
- 子ども**らしい**発想でおもしろい。〔**形容詞の一部**〕

▼**だ**
- 今日は波がおだやか**だ**。〔**形容動詞の終止形の活用語尾**〕
- 兄の好きな食べ物はカレー**だ**。〔**断定の助動詞**〕
- 冬休みに手袋を編ん**だ**。〔**過去の助動詞「た」の濁音化**〕

基本問題

解答 ⇩ 別冊 P.46

正解数　／27

1 **次の各文を文節に区切りなさい。**

(1) 私の趣味は旅行とテニスです。

(2) ひとつに決めずにいろいろな可能性を考えてみよう。

(3) 何かありましたらいつでも携帯に電話をしてください。

2 **次の各文を単語に区切りなさい。**

(1) この本は私が読んだ本の中で最も難しい。

(2) 雨が降りそうだったので急いで家に帰った。

(3) 机の中から小学生の時の日記が出てきてなつかしかった。

3 **次の各文の――線部の言葉はどこにかかりますか。かかる部分を、ア〜カから一つずつ選び、記号を書きなさい。**

(1) 帰宅後、　ア ぼくは　イ 学校で　ウ 起きた　エ ことを　オ 母に　カ 話した。

(2) 彼は　ア 絶対に　イ 約束を　ウ 守ると　エ その人は　オ 信じて　カ いた。

(3) いつか　ア また　イ 会えると　ウ 言って、　エ 友人は　オ 町を　カ 出た。

4 次の文の――線部の品詞名を、あとのア〜コから一つずつ選び、記号を書きなさい。

持久走大会のコースには(1)とても(2)急な坂道があり、(3)登っている時は(4)苦しかった。(5)しかし坂の上(6)から(7)見えた景色の(8)美しさに、思わず「(9)ああ、(10)きれいだ。走って良かった」(11)と(12)大きな声でさけんでいた。

ア 名詞　イ 動詞
ウ 形容詞　エ 形容動詞
オ 副詞　カ 連体詞
キ 接続詞　ク 感動詞
ケ 助詞　コ 助動詞

(1)　(2)　(3)　(4)　(5)　(6)　(7)　(8)　(9)　(10)　(11)　(12)

5 次の文の――線部の動詞の、活用の種類と活用形を書きなさい。

サッカー部が(1)練習して(2)いる時、ベンチにいるぼくの前にボールが飛んで(3)きたが、(4)蹴らずに(5)よけた。早くケガが(6)治ればいいのにと思う。

(1) 行　活用　形
(2) 行　活用　形
(3) 行　活用　形
(4) 行　活用　形
(5) 行　活用　形
(6) 行　活用　形

応用問題

解答 ⇩ 別冊 P.47

1 次の各文の――線部と同じ意味・用法のものを、あとのア〜エから一つずつ選び、記号を書きなさい。

(1) もうすぐ大型スーパーが開店するそうだ。
ア 歌っている彼は、とても楽しそうだ。
イ 急に暗くなって、今にも雨が降りそうだ。
ウ 今週末は、春の嵐になるそうだ。
エ 眠っていた赤ちゃんが起きそうだ。

(2) 自己中心的な言動をして友だちから嫌われる。
ア 駅にはこの道からも行かれる。
イ 卒業式で一人ずつ名前を呼ばれる。
ウ ふるさとの景色が思い出される。
エ 先生が大事なことを話される。

(3) 私はほとんどお菓子を食べない。
ア 外は風が強いが、この部屋は寒くない。
イ 明日の朝食用のパンがない。
ウ 引っ越してきたばかりで、よく知らない。
エ はりきっているが、もう若くはない。

(4) 父の撮った写真が市のコンクールで入賞した。
ア 夏休みに、ひまわりの咲く畑を見に行った。
イ 学校から帰ると、家の前にタクシーが停まっていた。
ウ 妹は歩くのに疲れて座りこんでしまった。
エ 好きなメニューなのに、今日は食べたくない。

(5) 掃除したばかりなので、この部屋はきれいだ。
ア 今日は、好きな雑誌の発売日だ。
イ この車のエンジン音はとても静かだ。
ウ 苦い薬だが、がまんして飲んだ。
エ このラジオは壊れているようだ。

Point! 4

説明的な文章

ここがポイント 説明的な文章の読み方

▼**主題（何について書かれた文章か）を読みとる**

・全文を通して読み、おおまかな内容をつかむ。

▼**指示語や接続語に注意して、文脈を正しくたどる**

・**指示語**が示している内容を正確にとらえる。

・**接続語**に注意し、文の前後関係や文章の流れをつかむ。

▼**語句や表現を理解する**

・語句は、辞書の意味だけでなく、**文中での意味**をとらえる。

・**くり返し使われている重要な語句**や、**同じ内容をちがう表現に言いかえた部分**などに注意しながら、細かい点を読みとる。

▼**引用や具体例など、主張や説明の根拠となる部分を読みとる**

・取り上げられた**事実や例の内容**を理解し、それに対して筆者がどのような**意見**を持っているかをとらえる。

▼**段落や構成をとらえる**

・全体の**構成**（序論・本論・結論／起承転結）をつかむ。

・**各段落のはたらきや筆者の主張**などをとらえ、**段落相互の関係**を考える。

▼**要旨（筆者が最も言いたいことのまとめ）をつかむ**

・**中心となる段落**を見つけ、ポイントとなる文や語句をおさえる。

・全体の**結論**となっている段落を見つけ、その中の**中心的な文や表現**をおさえる。

国語

基本問題

解答 ⇩ 別冊 P.48

正解数 ／10

1 次の文章を読んで、あとの問いに答えなさい。

自分の好きなことをしたい。自分のものは自分で選びたい。それは誰《だれ》もが望んでいることだろう。他者に関係したり、あまりにも費用がかかったり、そんなに大きな望みは無理にしても、小さな身の回りの自由ならば、普通にみんなが持っているものだと考えている人は多いと思う。でも、はたしてそうだろうか？

自分が着る洋服は、自分の好みで選ぶ。他者から「これしか着てはいけない」と命じられるようなことはまれだ。会社や学校などで制服が指定されている場合はあるけれど、それ以外ではまず考えられない。ちなみに、僕が中学生だったころには、多くの生徒が学校の制服に反対をしていた。生徒会が制服を廃止する決議をして、先生たちに訴えたこともある。

それに比べると、今の若者たちは、当時よりもずっと自由になったからなのか、こういった自由への運動というものが表面化することはまずない。［a］逆に、「支配」を求めているようにさえ感じることがある。最近の中学生たちを見ると、日曜日でも制服を着ているし、それどころかみんなが「同じように」着こなしている。僕からすると、それが不思議でしかたがない。まあ、でも、これも自由なのだから、文句をいう筋合いではないだろう。

流行というものがあって、大勢の人たちがそれを気にして、できるかぎり従おうとしている。自分の着るものくらい自由に選びたくないのだろうか？　どうして流行に左右されるのだろう？　どちらでも良いことではあるけれど、こんなささやかな部分にも、自由を考えるための好例がある。

洋服を着ているのは自分だけれど、それを見るのは自分ではない。鏡を眺めたとき以外は、自分で自分の姿は見ることができない。［b］、他人にどう見られたいのか、ということがファッションの主たる動機といえる。だから、自分が着たいものを素直に着る、というわけにもいかないのが実情なのだろう。

しかしそれでも、もう少し個性的な選択があるように思える。流行を取り入れることは、つまりは考えなくて良い、手軽な安心の選択なのだ。それに従ってい

れば、誰かに文句を言われないで済む、という①緩やかな「支配」に甘んじているといえる。

これに似たことが、インターネットで大いに普及したブログにも観察される。あれは基本的に自由になんでも書いて良いはずのものだけれど、もちろん実情はそうではない。人目を気にしなければならない。そこが従来の日記とはまったく異なっている。

本当は誰も読んでいないかもしれない（その可能性が非常に高い）のに、仮想の大勢の読者を想定して（自分の行為が注目されているものと妄想して）、ブログを書く人は多いだろう。そういう心理がよく表れている文章が散見される。

本来、自分の時間は自分のためにある。何をするかは自由なはずだ。しかし、ブログを書くことが日常になると、ついブログに書けることを生活の中に探してしまう。人が驚くようなものを探している。写真に撮って人に見せられるものを見つけようとしている。たとえば、一年かけてじっくりと考えるようなもの、十年かけなければ作れないようなもの、そういった大問題や大作ではなく、今日一日で成果が現れるような手近な行為を選択するようになるのだ。知らず知らず、ブログに書きやすい毎日を過ごすことになる。

これは、「支配」以外のなにものでもない。人の目を気にし、日々のレポートに追われるあまり、②自分の可能性を小さくする危険がある。充分に気をつけた方が良いだろう。そういう人は、ためしにブログを一カ月くらい休むと良いかもしれない。人に見せない、というだけで、自分が選ぶものが変わってくる。

誰にも見せない、誰にも話さない、としたら、あなたは何を選ぶ？　自分のために選べるだろうか。自分が本当に欲しいもの、自分が本当に好きなものは何か、と考えることになるはずだ。ものを買うとき、選ぶとき、他者からどう思われるかを判断基準にしている、少なくとも、その基準が大半を占めていることに気づくはずだ。

ある程度はしかたがないこととはいえ、他人の目を気にしすぎると、いつか虚《むな》しくなるときが来るだろう。何のために自分は生きているのか。他人のためではない、自分のためではないのか、と……。

もちろん、これも程度の問題ではある。人間は、孤島に一人で生きているわけではない。また、たとえ今は誰にも会いたくないという孤独を愛する人であっても、将来の誰か（自分も含まれる）に向けてメッセージを残したい場合もある。

だから、他者の影響をすべて排除しろ、といっているのではない。知らず知らずに流されていないか、他人の目を気にするあまり、自分が本当に好きなものを見失っていないか、と自問することで、［c］を獲得することができる、という話だ。

（森　博嗣『自由をつくる　自在に生きる』集英社新書による）

(1)　本文中の［a］、［b］には、どのような言葉が入りますか。最も適切な組み合わせを、次の**ア**～**エ**から一つ選び、記号を書きなさい。

ア　a　やはり　　b　または
イ　a　あるいは　b　しかし
ウ　a　むしろ　　b　つまり
エ　a　おそらく　b　そして

(2)　①「緩やかな『支配』に甘んじている」とありますが、これはどういうことですか。最も適切なものを、次の**ア**～**エ**から一つ選び、記号を書きなさい。

ア　行動を規制されているわけではないので、流行に左右されにくいものを選択していること。
イ　他者から命じられているわけではないのに、知らず知らず流行に自らを合わせていること。
ウ　流行を一方的に押しつけられることで、常に他人の目を気にして行動するようになること。
エ　定められた規則に従って行動していくために、意識的に流行を取り入れるようになること。

(3) ②「自分の可能性を小さくする危険がある」とありますが、この「危険」を避け、「自分の可能性」を広げるためには、どのようなことをすればいいですか。本文全体の内容をふまえ、「選択」という言葉を用いて、六十字以上七十字以内で書きなさい。

60

70

(4) 本文中の c には、どのような言葉が入りますか。あてはまる言葉を、本文中から漢字二字で抜き出して書きなさい。

(5) 本文の説明として最も適切なものを、次の**ア**～**エ**から一つ選び、記号を書きなさい。

ア まずは筆者の考えを提示し、その根拠として二つの具体例を読み手に示すことで、説得力のある解決策へと導いている。

イ 最初に論点を明確に整理し、二つの具体例で読み手に異なる立場を示しながら、最終的に一方を結論として示している。

ウ 読み手が理解しやすい身近な具体例をまず提示し、その二つに共通する考えを根拠として、筆者の考えを提案している。

エ 当然と思われていることに疑問を投げかけ、具体的な例を二つあげて問題を明らかにした上で、解決策を提示している。

2 次の文章を読んで、あとの問いに答えなさい。

コミュニケーションとは、「言葉抜きの理解」ではない。あくまで「言葉を経た理解」である。改めてこういわれると、「当たり前のことじゃないか」という気になるかもしれない。 a 実際には、このあたりを誤解し、「フィーリングで自分のことを一瞬にしてわかってもらうことこそがコミュニケーション」と思っている人が少なくない。また、たとえ言葉を介しての理解を試みたとしても、それが少しでもすれ違いを起こすと、「あ、嫌われた」とその時点でコミュニケーションをあきらめる人も多い。

b 、なぜ彼らは「コミュニケーションは言葉抜きの直観的な理解」と思ってしまうのだろう。その理由の一つに、最近の社会を覆う①「感情優位」の思考パターンがある。これは世代にかぎらないものだが、物事を決めるとき、客観的・冷静な判断ができず、「かわいい」「かわいそう」「なんとなく好き」といった理由で決定する傾向があるのだ。さらにこれは、日本だけの問題でもなく、国際的な世論調査でも、「分析や理屈」より「感情」が人びとの意識を決定していると指摘されている。このように、社会が「感情優位」で動くようになっている昨今だが、人びとがもっとも気にしているのは、じつは「私はこれが好きか、嫌いか」ではなく、「周りの人たちはこれが好きか、嫌いか」なのである。

こう考えると、「感情優位の社会」とはいえ、そこで優先されている「感情」は、自分自身のものですらなく、周りの人や世間の人の②それであることがわかってくる。「みんなはどう感じているのか?」「世間の風向きは変わっていないか?」ということに(注)戦々恐々《せんせんきょうきょう》としながら、私たちは日々の生活を送っているのである。

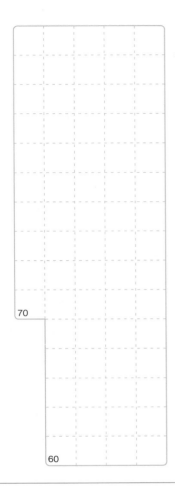

この「腹の探り合い」が、従来、考えられていたコミュニケーションからほど遠いものであることは、いうまでもない。しかし、この「感情の探り合い」においては、はっきり口にされたり、文字に書き表されたりする言葉より、相手の表情、文書の文体、あるいは絵文字などの記号の多少などがより重要な手がかりとなる。

相手が「私もそう思います」と口にしながらも、あまりうれしそうでない表情をしたら、「あ、この人は気に入らないな」と、表情のほうをメッセージとして重要視する。「それはいいですね」とメールに書かれていても、そのあとに「!」マー

クがなければ、「ああ、それほど喜んでいないんだ」と否定的に受け取る。コミュニケーションで何より重要であったはずの「言葉」が、信頼性を失いつつあるのだ。

そうはいっても、「言葉」を信頼せずに、③相手が発する非言語的なサインや記号に過剰に注意を払い、「この人はいまどう感じているのだろう?」と当てようとするゲームがコミュニケーションのあるべき姿だとは、とても思えない。[c]、行き違って対立があったとしても、あくまで感情ではなく「言葉」によって意思や思考を伝え、ギリギリまで理屈で理解しようとする、そんなコミュニケーションの基本をもう一度、思い出してみるべきだ。

その際、必要なのは、「私はこう感じる」、さらには「私はこう考える」という自分の意思や意見をはっきりさせることであるのは、いうまでもない。そして「言葉」「自分」「未来や社会」を、ガッチリとでなくていいから、それとなく信頼してみる。コミュニケーションはそこから始まるのではないだろうか。

(香山リカ『貧乏クジ世代 この時代に生まれて損をした!?』
PHP新書による 一部省略等あり)

(注) 戦々恐々…おそれて、びくびくすること。

(1) 本文中の[a]~[c]には、どのような言葉が入りますか。最も適切な組み合わせを、次の**ア**~**エ**から一つ選び、記号を書きなさい。

ア a けれども　b もしも　c たしかに
イ a しかし　b では　c たとえ
ウ a おそらく　b やはり　c しかし
エ a そして　b そのため　c もしも

(2) 「『感情優位』の思考パターン」とありますが、その説明として最も適切なものを、次の**ア**~**エ**から一つ選び、記号を書きなさい。

ア 自分の気持ちを言葉に出すことを優先する思考パターン
イ 物事を決めるときに、客観的・冷静な判断を下す思考パターン
ウ 他者の考えよりも、自分の考えを優先する思考パターン
エ 分析や理屈よりも、感情で物事を判断する思考パターン

(3) 「それ②」の指している言葉を、本文中から抜き出して書きなさい。

(4) 「相手が発する非言語的なサインや記号③」とありますが、その説明として適切でないものを、次の**ア**~**エ**から一つ選び、記号を書きなさい。

ア 文字に書き表された言葉
イ 顔文字や絵文字
ウ 服装や髪型
エ 表情や声

(5) 本文を読んだあとに、四人の生徒が意見を述べました。筆者の考えと一致する意見として最も適切なものを、次の**ア**~**エ**から一つ選び、記号を書きなさい。

ア (生徒A) コミュニケーションでは相手への信頼が一番重要だよ。それさえあれば、言葉の行き違いはすぐに解消できるんだから。
イ (生徒B) それよりも、相手の表情やしぐさをきちんと観察することの方が大切だと思うな。そうすれば相手の考えも理解できるし。
ウ (生徒C) だけどまず最初にするべきことは、言葉で自分の意思や考えを伝える努力のはずだよ。
エ (生徒D) そうかな、自分の意見は必要だけど、それよりも相手の気持ちや考えを優先しないとコミュニケーションは成立しないよ。

応用問題

1 次の文章を読んで、あとの問いに答えなさい。

解答 ⇩ 別冊 P.49

生物は、長い時間をかけて多様性を育《はぐく》むと同時に、環境の変化や季節の移り変わりに対応するためにネットワークも進化させ、生物のあいだにさまざまな関係をつくりあげてきた。

こうした生態系のなかのつながりを身近な生活にたとえてみよう。街には、医者（病院）、バスの運転手（公共交通機関）、先生（学校）など、さまざまな役割を担った人が住んでいる。そして、それぞれの役割を担いつつ、連携して街の生活が成り立っている。多様な生物のそれぞれの種も同じように、運んだり、分解したり、じっとしていたりと、さまざまな役割を担い、それがつながって生態系がつくられている。また、そのようななか、ある種の絶滅がおきて、その種が担っていた役割が損なわれていった場合、ネットワークのなかで役割の代替や補完がなされ、生態系を維持するような状況がつづいてきた。

複雑な生きものどうしのネットワークについても科学者は研究を進めているが、じつは、生物多様性の根底をなす、種の数の全容はわかっていない。だから、生物多様性の議論では、わからないものをまもろうとか、壊してしまっていると言っているむずかしさがある。細菌や菌類も、私たちの暮らしに欠かせないはたらきを担っている。そうした貴重な種を含む細菌や菌類であるというのに、私たちはその多くを見出しもしないままに、生きている場所ごと失っているのが現実といえそうだ。いわば、まだ読んだことがない本や資料がたくさん収納され、宝の山かもしれない①図書館や蔵を、中身を見ないまま、どんどんつぶしてしまっているということになる。

まだ存在さえわかっていないものも含めて、どのような生きものがいるのか全容を把握していないけれど、さまざまな種が生息している場所を残しておくことは、つぎの世代がそれを利用したり、研究したりできる選択肢を残しておくことである。このように、人間にはまだわかっていない部分も多いなかで、わからないなりに生物多様性を残し、継続させていくということは、つぎの世代、将来の世代を考えるという意味でも重要となる。②生物多様性は、予防としてつぎの世代に残す保険のような側面もあり、わからない部分も多いからこそ、残さねばならないともいえよう。

生物にとって多様性が必要な理由は、気温などの環境の変化、あるいはその変化のスピードに対して、いろいろな個性や［ a ］をもつことによって対処していこうということだ。裏返せば、外部の環境変化に対処するために、生物多様性が生まれ、ネットワークがつくられてきたといえる。そのネットワークのなかで、あるいはネットワークに生かされながら、人間も生きている。すなわち、人間もそのネットワークの恩恵にあずかって、食べもの、住む場所などを得ている。一方で、里山での森林管理のように、ネットワークの一員として、それを維持するような活動もおこなっていた。

ところが、いま、③人間がそのネットワークにさまざまな形で悪影響をおよぼしていることをしめすデータが出てきており、ネットワーク自体を破壊してしまう存在になっていることが（注）懸念《けねん》されている。そのネットワークの全貌《ぜんぼう》はまだわかっていないが、人間が生息地を開発したり、移動にともなってそれまでにはいなかった生物を運びこんだりといったことによって、ネットワークにほころびが見えはじめている。

④人間における多様性という言葉は、肉体的にも精神的にも同じ人は存在しないことをしめしている。個々の人間がかけがえのない存在とされる基本的なよりどころは、各人がそれぞれ異なる存在であるということを認めあっていることにあろう。たとえば、民主主義が社会の解決手段として多数決原理を採用するのは、各人の考え方や意見の相違を認めることを前提としている。私たち人間は、動物としては比較的長い訓練や成長の時間をへて大人になる。そのあいだに、学校などで勉強したり、話しあったりするのは、生い立ち、好み、考え方のちがう個々の人間が、ヒトという社会的動物として共存していくことを理解し、習得するためでもある。

⑤さまざまな試練と長大な時空をへてつくりあげられた多様性。私たちは自らにもその多様性を備えることができ、また多様性のなかで生き、その恩恵をこうむっている。だが、いま、知ると知らずによらず、それを損なうことに手をかしているようだ。

（香坂　玲『生物多様性と私たち―COP10から未来へ』岩波ジュニア新書による　一部省略等あり）

（注）懸念…気がかりで不安に思うこと。

(1) 「図書館や蔵」① とありますが、どのような場所をたとえたものですか。同じ段落の言葉を使って、二十字程度で書きなさい。

(2) 「生物多様性は、予防としてつぎの世代に残す保険のような側面もあり」② とありますが、どういうことですか。次の文の Ⅰ にあてはまる言葉を、同じ段落の言葉を使って、二十字以上二十五字以内で書きなさい。

生物多様性を残すことによって、将来の世代が Ⅰ ことのできるようにしておくこと。

(3) 本文中の a には、どのような言葉が入りますか。あてはまる言葉を、本文中から四字で抜き出して書きなさい。

(4) 「人間がそのネットワークにさまざまな形で悪影響をおよぼしている」③ とありますが、「ネットワーク」に対する「人間」の関わりを説明したものとして最も適切なものを、次の**ア**～**エ**から一つ選び、記号を書きなさい。

ア 人間が生物の乱獲などにより豊かな生活を追求することで、人間に恵みをもたらすためのネットワークを弱体化させた。

イ 人間が外来種の持ち込みなどにより生態系をかき乱すことで、ネットワークの本来のあり方に変化を加える立場となった。

ウ 人間が環境保全活動など自然への働きかけをおこなわなくなることで、ネットワークの一員としての存在意義を失った。

エ 人間が新たに宅地を開発するなど自然環境に手を加えることで、人間を中心とするネットワークそのものを消滅させた。

(5) 「人間における多様性」④ とありますが、筆者がこの段落で「人間における多様性」について述べた理由として最も適切なものを、次の**ア**～**エ**から一つ選び、記号を書きなさい。

ア 「多様性」を破壊してしまう要因であることを述べ、「多様性」を守るために人間が力を合わせることが必要であるという考えの根拠とするため。

イ 「多様性」に関する考え方は各人により異なることを述べ、人間が「多様性」の保持に貢献することは難しいという考えへと展開させるため。

ウ 「多様性」は短期間で育まれるものではないことを述べ、人間社会でも「多様性」が急激に失われつつあるという考えを新たに提示するため。

エ 「多様性」は人間の内にも存在するものであることを述べ、「多様性」は人間が生きていく上で重要なものであるという考えを補足するため。

(6) 「さまざまな試練と長大な時空をへてつくりあげられた多様性。」⑤ では、「多様性」という名詞で一文が結ばれています。本文中におけるこの表現の効果として最も適切なものを、次の**ア**～**エ**から一つ選び、記号を書きなさい。

ア 長い時間軸のなかで育まれてきた「多様性」の価値について、読者に強く印象づける効果。

イ 辞書的な意味とは異なる本文中の「多様性」の意味について、読者に注意をうながす効果。

ウ 数多くの環境変化に対応してきた「多様性」の変遷について、読者にわかりやすく示す効果。

エ 筆者が断定的に述べるのを避けた「多様性」の是非について、読者に自由に判断させる効果。

2 次の文章を読んで、あとの問いに答えなさい。

1 「今どきの若い者はことば遣いがなっていない」と年配者が批判したのは昔の話。現代では、世代を問わず、人々は「ことばの正誤」に敏感になっています。

2 ためしに、インターネットの掲示板なり、SNS（注1）なりで、「頭が煮詰まって、原稿が書けない」とつぶやいてみましょう。

3 「その『煮詰まる』は、使い方が間違ってますよ」

4 たちまち、そんな反応が返ってくるはずです（〝その煮詰まる〟で検索すると、実例が多数出てきます）。発言者は、年配の人は少なく、若い世代と思われる人が中心です。

5 右の「煮詰まる」を誤用と言う人の中には、自分自身の言語感覚に照らしてそう判断した人もいるかもしれません。一方、単に「メディア（注2）が誤用と言うから誤用だ」と考えている人も多いでしょう。

6 平成25（2013）年度の「国語に関する世論調査」の報告では、「煮詰まる」は「計画が煮詰まった」のように「結論の出る状態になる」の意味が本来とされ、「頭が煮詰まる」のように「考えが働かなくなる」の意味は新しいと位置づけられました。マスコミは後者を「誤用」として報道しました。

7 慌てて言っておくと、実は、この2つの意味は、両方とも戦後になって辞書に載ったものです。どちらがより古い意味かは、実はよく分かっていません。

[A]、後者を軽々しく「誤用」と批判することはできないのです。

8 そもそも、ことばには多義性（場合に応じて複数の意味を表す性質）があります。たとえば、「頭に来る」には、「腹が立つ」「気が変になる」などいくつかの意味があります。そのひとつを取り上げて誤用と言う人はいません。同様に、「煮詰まる」の2つの意味のどちらかを誤用とする必要もないのです。

9 ともあれ、こうした「ことば批判」①は（当否はともかく）昔は年配者の役割でした。ところが、現在では、年配者はあまり掲示板やSNSにはアクセス（注3）しません。その代わり、若い世代の人同士が、メディアなどで得た知識を元に、ネット上で「誤用」を指摘しあっています。

10 こういう状況は、人々の言語生活史上、初めてのことです。

11 インターネットが普及する以前の社会では、個人のつぶやきが不特定多数から評価・批判されることは、まずありませんでした。個人の限られた交際範囲では、そうむやみにことば遣いをとがめられる、という状況は考えにくいことです。

12 メディアがまだ「ことばの誤用」をそれほど話題にしなかった頃、年配者は自分の言語感覚に基づいて、若い人のことば遣いに注意を与えていました。特定の語が社会的に「○○は誤用」と認定されるケースは少なく、人々のことばには多様性が保たれていました。

13 ところが、メディアの発達と共に、「○○は誤用」という情報が社会的に共有されるようになりました。情報がネットで一気に拡散する時代、年配者でなくても、相手のことばを簡単に「誤用認定」できるようになりました。[B]、その飛び交う情報の中には、「煮詰まる」の例のように、本当は誤用とは言えないものが多く含まれています。

14 根拠の必ずしも明らかでない誤用説が、検証を経ないままに信じられ、一人一人の発言を縛ってしまう。人々の健全な言語生活のために、これは好ましくない状況です。

15 ことばには「これこれの言い方だけが正しい」ということはありません。少数派の言い方であっても、ある地域・世代などの限られた集団や場面で意思疎通の役に立っているならば、その言い方には立派な存在理由があります。どんなことばでも、一概に否定することはできません。そういう基本的なこと②が理解されず、ことばが○×に仕分けられるのは憂うべきことです。

16 ただ、こうした動きに反対する見方も現れています。むやみに人のことばを誤用扱いする人は、ネット上で「日本語警察」と批判されるようになりました（英語ではGrammar Nazi〈文法ナチ〉などとも言うようです）。この呼び名には、正誤を簡単に決めつけることへの抗議の気持ちが表れています。

17 誰しも、あることばに対して、個人的に正誤の判断を行う自由があります。ただ、その価値判断の基準が聞きかじりのネット情報というのでは、何とも心もとない話です。

18 自分や周囲の人、親などが、これまで普通に使っていたことばを、安易に誤用として捨て去るべきではありません。現在では、過去の文学作品などがネットで簡単に検索できます。実は伝統的な表現だったと、すぐに分かる場合もあります。本当に誤用かどうか、立ち止まって考える慎重さが必要です。

（『考える人　2017年冬号』新潮社刊　所収
飯間浩明「〝今どきの若い者〟はことば遣いにうるさすぎる」による）

(注1) SNS…インターネット上でのコミュニケーションを可能にしてくれるサービス。
(注2) メディア…新聞・テレビ・インターネットなど、情報を伝達する媒体。
(注3) アクセス…インターネットなどで、求める情報に接すること。

(1) 本文中の A 、 B には、どのような言葉が入りますか。最も適切な組み合わせを、次の**ア**～**エ**から一つ選び、記号を書きなさい。

ア A したがって　B しかも
イ A あるいは　B しかし
ウ A その代わり　B むしろ
エ A なぜなら　B つまり

(2) 「ことば批判」①について、次の問いに答えなさい。

① メディアの発達以前に、年配者は何を基準として「ことば批判」を行っていたのですか。9～13段落から七字で抜き出して書きなさい。

② 若い世代の「ことば批判」について、本文の趣旨に添って説明した次の文章の a 、 b にあてはまる言葉を書きなさい。ただし、 a は、11～13段落から四字で抜き出して書きなさい。また、 b は、「情報」「社会的」という二つの言葉を用いて、二十字以上三十字以内で書きなさい。

> 若い世代の人同士が、インターネットの掲示板やSNSに投稿された a の中のことばを誤用と認定し、ネット上で指摘し合っている。その指摘は、メディアの発達に伴って b を元に行われている。

(3) 「そういう基本的なこと」②が指している内容を、本文中の言葉を使って、五十字以上六十字以内で書きなさい。

(4) 教子さんは、本文の内容を検証してレポートにまとめようと考え、「ことばの誤用」を扱った情報番組で紹介された「爆笑」という言葉について調べました。次のメモは、教子さんが、本文中のある段落の内容に添ってまとめたものです。その段落として最も適切なものを一つ選び、段落番号を書きなさい。

> 「爆笑」…番組では、「大勢がどっと笑うこと」が本来の意味であり、一人や少人数で用いるのは誤用と紹介。
> 課題「私自身は、普段から一人や少人数でも使っているが、これは誤用か?」
> 　例「私は妹と、爆笑した。」
> 〈一人や少人数で「爆笑」を用いた例〉(インターネットで調べた。)
> ・「張飛《ちょうひ》が、爆笑すると、玄徳《げんとく》も笑った。」(吉川英治《よしかわえいじ》『三国志《さんごくし》』昭和十五年)
> ・「他の二人が声をそろえて爆笑する。」(寺田寅彦《てらだとらひこ》『三斜晶系《さんしゃしょうけい》』昭和十年)

Point! 5

文学的な文章

ここがポイント

小説の読み方

▼**あらすじをつかむ**

・いつ、誰が、どこで、何を、どうしたか、を正しくつかむ。

・**時間の経過**や**出来事の推移**、**登場人物の関係**などを読みとる。

・出来事の始まり、展開、クライマックス、結末をとらえる。

▼**情景を読みとる**

・季節や日時、場所などを読みとり、**登場人物がどのような場面にいるのか**をイメージする。

▼**登場人物の心情を読みとる**

・心情を表す言葉、会話部分、行動などから、**登場人物の気持ち**を読みとる。また、物語の進展に従って**変化する心情**をとらえる。

心情が反映されている情景描写にも注意する。

随筆の読み方

▼**情景を読みとる**

・季節や日時、場所などを読みとり、**情景をイメージする**。

▼**主題を読みとる**

・筆者が体験したこと、心を動かされたことなど、文章の題材をとらえる。**中心となる段落や文**に注目する。

・**事実の部分**と、**考えを述べた部分**を区別して読みとる。

▼**文章表現を味わう**

・**比喩**や**ユーモア**など、表現のすぐれた部分をおさえる。

国語

基本問題

解答 ⇩ 別冊 P. 50

正解数 ／16

1 次の文章を読んで、あとの問いに答えなさい。

ある国の有名な陶器師《とうきし》が、上等とされる軽くて薄い茶わんを、殿さまに献上した。以下はそれに続く場面である。

今度、新しく、薄手の茶わんが上[注1]がってからというものは、三度のお食事に殿さまは、いつも手を焼くような熱さを、顔にも出されずに我慢をなされました。「いい陶器というものは、こんな苦しみを耐えなければ、愛玩《あいがん》[注2]ができないものか」と、殿さまは疑われたこともあります。また、あるときは、「いやそうでない。家来どもが、毎日、俺《おれ》に苦痛を忘れてはならないという、忠義[注3]の心から熱さを耐《こら》えさせるのであろう」と思われたこともあります。「いや、そうでない。みんなが俺を強いものだと信じているので、こんなことは問題としないのだろう」と思われたこともありました。

あけれど、殿さまは、毎日お食事のときに茶わんをごらんになると、なんということなく、顔色が曇《くも》るのでございました。

あるとき、殿さまは山国《やまぐに》を旅行なされました。その地方には、殿さまのお宿をするいい宿屋もありませんでしたから、百姓家《や》にお泊まりなされました。

百姓は、お世辞のないかわりに、まことに［ a ］でありました。殿さまはどんなにそれを心からお喜びなされたかしれません。いくらさしあげたいと思っても、山国の不便なところでありましたから、さしあげるものもありませんでしたけれど、殿さまは、百姓の真心をうれしく思われ、そして、みんなの食べるものを喜んでお食べになりました。

季節は、もう秋の末で寒うございましたから、熱いお汁が身体《からだ》をあたためて、たいへんうもうございましたが、茶わんは厚いから、けっして手が焼けるようなことがありませんでした。

いいくら軽くたって、また薄手であったとて、茶わんにたいした変わりのあるはずがない。それを軽い薄手が上等なものとしてあり、それを使わなければなら

ぬということは、なんといううるさいばかげたことかと思われました。

①殿さまは、百姓のお膳に乗せてある茶わんを取りあげて、つくづくごらんになっていました。

「この茶わんは、なんというものが造ったのだ」と申されました。

百姓は、まことに恐れ入りました。じつに粗末な茶わんでありましたから、殿さまに対してご無礼をしたと、頭を下げておわびを申しあげました。

「まことに粗末な茶わんをおつけもうしまして、申しわけはありません。いつであったか、町へ出ましたときに、安物を買ってまいりましたのでございます。このたび不意に殿さまにおいでを願って、この上のない光栄にぞんじましたが、町まで出て茶わんを求めてきます暇がなかったのでございます」と、正直な百姓はいいました。

「なにをいうのだ、俺は、おまえたちの[a]にしてくれるのを、このうえなくうれしく思っている。いまだかつて、こんな喜ばしく思ったことはない。毎日、②俺は茶わんに苦しんでいた。そして、こんな調法(注4)ないい茶わんを使ったことはない。それで、だれがこの茶わんを造ったかおまえが知っていたなら、ききたいと思ったのだ」と、殿さまはいわれました。

[う]「だれが造りましたかぞんじません。そんな品は、名もない職人が焼いたのでございます。もとより殿さまなどに、自分の焼いた茶わんがご使用されるなどということは、夢にも思わなかったでございましょう」と、百姓は恐れ入って申しあげました。

「それは、そうであろうが、なかなか感心な人間だ。ほどよいほどに、茶わんを造っている。茶わんには、熱い茶や、汁を入れるということをそのものは心得ている。だから、使うものが、こうして熱い茶や、汁を安心して食べることができる。たとえ、世間にいくら名まえの聞こえた陶器師でも、その[a]な心がけがなかったら、なんの役にもたたない」と、殿さまは申されました。

[え]殿さまは、旅行を終えて、また、御殿にお帰りなさいました。お役人らがうやうやしくお迎えもうしました。殿さまは、百姓の生活がいかにも簡単で、のんきで、お世辞こそいわないが、[a]であったのが身にしみておられまして、それをお忘れになることがありませんでした。

お食事のときになりました。すると、膳の上には、例の軽い、薄手の茶わんが乗っていました。それをごらんになると、たちまち殿さまの顔色は曇りました。また、今日から熱い思いをしなければならぬかと、思われたからであります。

③ある日、殿さまは、有名な陶器師を御殿へお呼びになりました。陶器店の主人は、いつかお茶わんを造って奉《たてまつ》ったことがあったので、おほめくださるのではないかと、内心喜びながら参上いたしますと、殿さまは、言葉静かに、

「おまえは、陶器を焼く名人であるが、いくら上手に焼いても、しんせつ心がないと、なんの役にもたたない。俺は、おまえの造った茶わんで、毎日苦しい思いをしている」と諭されました。

陶器師は恐れ入って御殿を下がりました。それから、その有名な陶器師は、厚手の茶わんを造る普通の職人になったということです。

（小川未明「殿さまの茶わん」による）

（注1）上がって…できあがって。
（注2）愛玩…大切にし、楽しむこと。
（注3）忠義…主君や国家に真心をつくして仕えること。
（注4）調法…便利で都合がよいこと。

(1) 次の一文が入る最も適切な位置を、本文中の[あ]～[え]から一つ選び、記号を書きなさい。

殿さまは、このとき、ご自分の生活をなんという煩《わずら》わしいことかと思われました。

(2) [a]には、すべて同じ言葉が入ります。その言葉を、本文中からひらがな四字で抜き出して書きなさい。

国語

(3) 「①殿さまは、百姓のお膳に乗せてある茶わんを取りあげて、つくづくごらんになっていました」とありますが、このときの殿さまの気持ちとして最も適切なものを、次の**ア**～**エ**から一つ選び、記号を書きなさい。

ア 安い茶わんを用意した百姓の、その心構えを正したい。
イ 茶わんを造った者の名を聞き、その者をたたえたい。
ウ 粗末な茶わんの本当の価値を、百姓に教えてやりたい。
エ 茶わんを造った者の名を聞き、その造り方を知りたい。

(4) 「②俺は茶わんに苦しんでいた」とありますが、殿さまの苦しみとはどのようなものだったのですか。次の文の Ⅰ にあてはまる言葉を、本文中の言葉を使って、十字以上十五字以内で書きなさい。

食事のときに Ⅰ という苦しみ。

(5) 「③ある日、殿さまは、有名な陶器師を御殿へお呼びになりました」とありますが、殿さまが陶器師を御殿に呼んだ理由として最も適切なものを、次の**ア**～**エ**から一つ選び、記号を書きなさい。

ア 上等な茶わんを使ったときの苦しみを述べ、名人となる方法をそれとなく教えるため。
イ 上等な茶わんは役に立たないことを述べ、思い上がった陶器師に強く反省を迫るため。
ウ 上等な茶わんを使った際の苦しみを述べ、実用的な茶わんのよさを率直に伝えるため。
エ 上等な茶わんは実用的ではないと述べ、陶器師の進むべき道を厳しい態度で示すため。

2 次の文章を読んで、あとの問いに答えなさい。

小学校二年生の心平は、ヤマメやウグイなどの魚とりを何よりも楽しみにして、毎日のように川へ行っていた。以下は、近所のじいちゃんから聞いた(注1)雨鱒《あめます》に出会うことになる場面である。

学校が終わると、心平は放たれた矢のように家に飛んで帰った。①心は川で溢《あふ》れていた。(注2)ヒデとの約束の水汲《く》み仕事はどこかへいってしまい、(注3)ヤスを手にすると川へ走った。

風はもう秋だった。谷の野原に桔梗《ききょう》の花がぽつんと寂しげに咲いていた。堤防の土手の道には、コスモスの花が風に揺れていた。森の木立を吹き抜ける風は、川面をすべるように流れてとても涼しかった。川面には赤トンボがたくさん飛び交っていた。空には雲が広がっていて、はるか遠くに連なる山々は厚い雲をかぶっていた。しかし、それも山頂だけのことで、それに、空に広がっている雲は高い雲だったので、雨が降りそうな気配の空ではなかった。

心平は(注4)堰堤《えんてい》の下のコンクリートを慎重に歩いた。川の水は少し冷たかったが、それでも、しばらく入っていて慣れると、水の冷たさはさほど気にならなくなった。頭上で、大きな鷲《わし》が急降下して、対岸の豊かな森の中に消えた。川には心平のほかには誰もいなかった。太陽は、レースのカーテン越しにみるように、高い薄雲を通してやさしく光っていた。

②心平は魚をみつけようと勢い止めの中に入っていった。流れの弱い所だった。心平は丸太に手をかけて水中をのぞきみた。とたんに、眼の前いっぱいに大きな口が現れた。丸く黒い眼がじっと心平をみていた。大きな口が閉じたり開いたりしていた。とてつもなく大きな魚の頭だった。これまで、心平がみたこともない、ものすごく大きな魚だった。心平は面喰《めんく》らった。じっと魚にみ入っていた。「いた！」と叫ぶ儀式や、ヤスを構えることさえできなかった。魚は、手をのばせば届きそうなところにいた。丸太の陰や石の間に隠れようとせず、真正面から心平をみていた。尖《とが》った大きな面構《つらがま》えだった。頭から背にかけては黒っぽく、ところどころで、鈍い金色に光っていた。白い唐草《からくさ》模様が背に踊っていた。体側にはみごとな白い水玉模様が規則正しく並んでみえた。大きな魚は、優雅に身体をくねらせて、一点にとどまっていた。少し左右に揺れると、白い水玉が鮮やかに浮き

あがってみえた。心平は息をするのも忘れて魚にみ入っていた。大きな魚も逃げようとしなかった。心平と魚は、互いにじっとみつめあっていた。

　ついに、心平は水面から顔をあげた。急いで大きく息を吸い込んだ。

「いた……」心平はつぶやくようにいった。驚きが大きすぎたのだった。しばらく、顔をあげたままぼうっとしていた。「でっけえ……。雨鱒だべが……」

　心平は、おそるおそる川の中をのぞいた。③ヤスを持つ手に力が入っていた。手が震えているのが分かった。すると、大きな魚は素早く反転してあっという間に姿を消した。鮮やかな銀色の鱗光《りんこう》(注5)がみてとれた。

「あッ」心平は水中で声をあげた。それから魚が去った水中に眼をこらした。すると、遠くにまた鱗光が光った。

　心平は急いで大きな魚のあとを追った。

（川上健一『雨鱒の川』集英社文庫による）

（注1）雨鱒…サケ科イワナ属の魚。体長六十センチになるものもある。
（注2）ヒデ…心平の母親。　（注3）ヤス…魚を突く道具。
（注4）堰堤…水や土砂をせき止めるための堤防。　（注5）鱗光…鱗《うろこ》に反射した光。

(1)「①心は川で溢れていた」とありますが、心平の心がどのような状態にあることを表現していますか。三十字以内で具体的に書きなさい。

30

(2)「②魚をみつけようと」とありますが、心平は魚を見つけるたびにどのようなことをするのですか。「いつもしていること」がわかる言葉を含む表現を、本文中から十字以内で抜き出して書きなさい。

10

(3)「③ヤスを持つ手に力が入っていた。手が震えているのが分かった」とありますが、この二文から読みとることができる心平の心の動きとして最も適切なものを、次の**ア**～**エ**から一つ選び、記号を書きなさい。

ア　驚きが続く中、ひとりで対決するのが急に心細くなった。
イ　さらに驚きが増して、ヤスが構えられずに焦りを覚えた。
ウ　少し冷静さを取り戻して、身体の状態を自覚しはじめた。
エ　冷静になって、闘志をみなぎらせている自分に気づいた。

(4) 本文を読んだあとに、中学生二人が話しています。会話の内容が正しくなるように、Ⅰ～Ⅲにあてはまるものを、あとの指示に従って書きなさい。

教子　雨鱒を見つけたときの心平の気持ちは「Ⅰ」と書かれているけど、その気持ちがよくわかって、自分が心平になったような感じで読めるわ。
英太　「眼の前いっぱいに大きな口が現れた」という表現にはとても臨場感があるよ。
教子　雨鱒の描写の仕方も、Ⅱと描かれていて、見たことはないけど、その大きさや美しさが想像できたわ。
英太　彼はまだ雨鱒だと確信していないけど、「丸く黒い眼がじっと心平をみていた」の後に続く描写の中では、「Ⅲ」の一文が心の出会いのような感じがするよ。
教子　そうね。この先、互いに深くかかわり合っていくことを最も強く予感させる表現になっていて、印象的だわ。

・Ⅰには、本文中から、あてはまる言葉を五字で抜き出して書くこと。
・Ⅱには、次の**ア**～**エ**から一つ選び、記号を書くこと。
　ア　部分から全体へ　**イ**　動作から静止像へ
　ウ　外観から内面へ　**エ**　機能から色彩へ
・Ⅲには、本文中から、あてはまる一文を抜き出して、はじめの五字を書くこと。

Ⅰ

Ⅱ

Ⅲ

国語

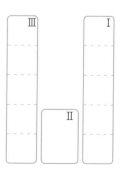

3 次の文章を読んで、あとの問いに答えなさい。

著名な脳科学者が、電子書籍を画面で読むよりも、紙の書物を手に取って読むほうが脳に刺激があってよいと書いていた。本の重み、ページをめくる感覚、紙の手触りなど、手に直接受ける刺激が脳によいのだそうだ。

言われれば感覚的に納得できる気がする。そして、手に何かを感じることが脳刺激になるのだとすれば、①点字使用者の私は、本を手にもつだけでなく絶えず文字に触れているわけだから、かなり自然にたくさんの脳刺激を受ける機会にめぐまれていることになる。(注1)墨字が読めない不便と引き替えの幸いとでも受け取っておくのがよいのだろう。

私はいわゆる文学少女ではなかったし、自分が読書好きだとも思っていなかった。特に子供のころは、点字や音読の形で読める本自体が限られていたうえ、一文字ずつの表音文字を指でたどって読む点字での読書は、相当な速読能力があっても漢字で意味をとらえながら一度に複数の行に目を走らせるようなわけにはいかない。だから、もちろん本を読まないほうではないとしても、読んでいる人にはとうていかなわないと自覚していた。ただ、ある日母が知人から「麻由ちゃんはいつも本を読んでいるわね」と言われ、「そうね、必ず枕元に何冊か本をおいているし、乗り物のなかでもいつも何か読んでいるのよ。何だか面白いらしくて」と話しているのを小耳に挟んだので、大人から見てもそこそこの読書好きではあったのかもしれない。

秋は読書に適した季節というのは本当だと、私は小学生のころから思っていた。子供にとって、秋は運動会や学園祭などいろいろ忙しい季節だ。けれども、秋は紙の手触りが年間で最もよい季節だと思う。だから本に触るのも気持ちがよく、静かな夜長の読書も進むのだろう。普通は秋は静かで気候がよいので読書に適しているといわれているが、私にはそれと同時に、紙に触れる手の感触が②ひときわ心地よいことも、読書の快感を(注2)いや増しているような気がするのである。

もちろん、当時はそんなことを自覚してなどいなかったが、なるほど母の言う通り、夜はいつも本とともに眠ったし、電車のなかで読む本も持ち歩いていた。点字の教科書は電話帳ほどもあるので、時間割に合わせて何冊もの教科書を持ち、そのほかに読む本も持つのは体の小さかった私にはかなりの負担だったと思うが、読みたいという気持ちがそれに勝っていたらしい。そういえば、友だちの母上が私を電車で見かけたとき、「顔は見えなかったけど本を読む手が見えたから麻由ちゃんだと思った」と言ったこともあった。

点字と聞いて駅の券売機やエレベーターのボタンの脇に張ってある文字を思い浮かべる方も多いだろう。しかし本当の点字は、もちろんたいてい、紙に書いてある。街で見かけるバリアフリー仕様の点字は鉄片やテープに書いてあるので、むしろ特殊なものである。

紙に書いた点字は、紙質や季節、その日の湿気や読む人の手の状態によってさまざまに変化する。寒い日にかじかんだ手で点字を読むといつもより薄く感じるし、梅雨時に読むとどことなく紙が湿っていて、自分の手の湿りと重なって指の滑りがとても悪くなる。この季節、点字は年間で最悪の手触りになる。もちろん、指の滑りも最悪だ。

ところが、一転秋になると、点字はスベスベと指によく馴染むようになる。空気が乾燥してきて紙が乾き、手も汗をかかなくなるからだろう。読書のときに指がよく滑ると、快調に読み進むことができる。子供心に、私はその感触が気に入っていたので、読書の秋というのは本当だと思ったのである。

（三宮麻由子『空が香る』文藝春秋刊による）

（注1）墨字…点字に対して、凹凸をつけずに書かれたり印刷されたりしている、一般的な文字。

（注2）いや増している…ますます増やしている。

国語

(1) 「点字使用者の私は、本を手にもつだけでなく絶えず文字に触れている」とありますが、筆者が本を読むときに「絶えず文字に触れている」とは、具体的にどのようにして読む様子を表していますか。「様子。」につながるように、本文中から二十字程度で抜き出して書きなさい。

（20）様子。

(2) 「ひときわ」② の意味として最も適切なものを、次の**ア**～**エ**から一つ選び、記号を書きなさい。

ア 意外に　　**イ** いっそう

ウ わずかに　　**エ** ひととき

(3) 本文に述べられている内容として最も適切なものを、次の**ア**～**エ**から一つ選び、記号を書きなさい。

ア 筆者は、大人になるまでにたくさんの点字に触れるうち、点字の多くが街で見かけるような、鉄片やテープに書かれたものであることを知った。

イ 筆者は、幼いころ点字に慣れていなかったので読書が好きではなかったが、周囲の人々に読書をすすめられるうちに本を読みたいと思うようになった。

ウ 筆者は、子どものころ自分が読書好きだとは思っていなかったが、周囲の大人が言うように、夜寝る前も乗り物のなかでもよく本を読んでいた。

エ 筆者は、電話帳ほどもある点字の教科書を何冊も持っていくのが大変だったので、通学途中の電車では好きな本をあまり読むことができなかった。

(4) 「秋は読書に適した季節というのは本当だ」とありますが、筆者は、どのような点で秋は読書に適していると述べていますか。その内容についてまとめた次の文の[a]、[b]にあてはまる言葉を書きなさい。ただし、[a]は、本文中から二十字程度で抜き出して書きなさい。また、[b]は、本文中の言葉を使って、具体的に四十字程度で書きなさい。

紙に書かれた点字は[a]によって感触が変わるものであり、特に秋は静かで気候がよいうえに、[b]ので読書が快調に進むという点で、読書に適している。

a（20）

b（40）

応用問題

解答 ⇩ 別冊 P.51

1 次の文章を読んで、あとの問いに答えなさい。

工業高校のコンピューター研究部（コン研）の女子部員である心《しん》が、文化祭で、ものづくり研究部（もの研）が展示販売する製品製作の手伝いを頼まれ、旋盤工（金属加工を行う機械を扱う職人）の小松さんや、もの研部員の原口や吉田たちと作業に取り組んでいる。以下はそれに続く場面である。

ひと月ほどかかって、販売用の製品がすべてできあがった。文化祭を翌日に控えた日、心が工場に行くと、定盤《じょうばん》（金属加工に使う表面が平らな台）の上にペーパーウェイト（紙押さえ）とステンレスソープ（消臭等を目的とした金属製の石けん）がずらりと並べられていた。昨日遅くまで部員と助《すけ》っ人《と》総出で、やすり仕上げを終えたのだ。

あれ？

照明をつけようとして、心は手を止めた。そのまま定盤に近寄ってみる。窓から差す夕日が、並んだ製品をスポットライトのように照らし出していた。

ちがう。

心は眉《まゆ》をよせた。同じ製作図に基づいてつくられた製品のはずが、それぞれどこかがちがっていた。夕べ、薄暗い照明の下では気づかなかったが、こうして自然光にあててみると、ちがいがよくわかる。

心は定盤に駆け寄った。目を凝らしてひとつひとつ確かめる。

やっぱり。

一見同じように見えても、じっくり見ると明らかなちがいがそこにあった。すっと背中が冷たくなった。同じはずの製品の仕上がりがちがうなんて、精密な工業製品の世界ではあってはならないはずだ。

もしかして、だれかの測定がまちがっていたのだろうか。

心は棚から測定器を取り出し、片っぱしからあてていった。製作図ではステンレスソープの横幅は75・00ミリ。公差（許される誤差）の範囲は100分の5ミリ。つまり、測定範囲は74・95から75・05に収まっていなければならない。デジタル表示が次々と数値を示していく。

74・98、75・00、74・95……。

①心は首をひねった。

「どうしたんか」

声がして顔を上げると、鋭い目があった。原口だ。

「製品の見た目がちがうみたいな気がして、もう一度測定してみてたんです。でもすべて公差の範囲でした。この測定器、くるってませんか」

「はあ？」

原口は首を大きくかしげた。

「だって、見た目がこんなにちがうんですよ。なのに公差内なんて変です。たとえばこれとこれ」

心はふたつのステンレスソープを選び出して並べた。おおざっぱな表現をすれば、ひとつは大きく見え、もうひとつは小さく見える。

「すごくちがいますよね」

「そりゃ、つくった人間がちがうけん」

「そんなのおかしいです。精密な工業製品にそんなことがあっていいんでしょうか」

「実際にあるんやけん、しょうがないやろ」

詰め寄る心の勢いをかわすような軽さで、原口は答えた。その雑な言い方が、②かちんと神経に引っかかった。

「じゃあきっと公差が大きすぎるんです。こんな範囲の広い公差なら意味ない。同じ旋盤でもマシニングセンタでつくったらこんなことにはなりませんよ」

心はそばにあった電話ボックスふたつ分ほどの大きさの機械を指差した。最初から疑問だったのだ。マシニングセンタは、コンピューター制御の切削機械だ。コンピューターにデータを入力して作動させると、自動的に同じ形に切削していく。今回つくったペーパーウェイトだって、もっと大量生産に適したデザインにして、マシニングセンタにかければ時間も労力も半分以下ですんだだろう。どうしてそれをしないで、少人数でてんてこ舞いして助っ人まで頼んだのか、心にはさっぱり理解ができない。

③「そんなことしたら、もの研の意味がないやろ」

あきれたような原口の声が言った。

「あのね。もの研は、コン研とちがってコンピューター任せの部活やない。人の

技術を追求するための部活なんっちゃ」

「コンピューター任せって……」

悪意の混じったような発言に、心はむっと顔を上げた。

「削り方、磨き方にだってそれぞれの個性が出るやろう」

「だからそれでは工業製品の意味がないです」

声を荒らげかけた時、気の抜けるような声がした。

「おー諸君、今日はもうよかったんやったかね」

小松さんだ。

「うん。あとは明日の準備だけやけん、おれらでやれるわ。小松さん、長いことありがと。小松さんがおってくれたおかげでほんとたすかった」

原口は満面の笑みを小松さんに向けて言った。心に対するあてこすりみたいな笑顔だ。

「いやいや、なんの」

原口に愛想《あいそ》よく言われて、小松さんは上機嫌で作品を手に取り始める。

「お、これは原口、それからこれはわしや。うーんいい仕事してますなあ。あと、こっちのまだまだは吉田」

自分の子を眺めるような目つきだ。

心はぴくりと眉を寄せた。

製作者がわかるのか。

確かに自分の目から見ても、ひとつひとつちがうのはわかったから、小松さんくらいの職人なら製作者もわかるものかもしれない。けれどこうも簡単に言いあてられるものだろうか。

「そんなことわかるんですか」

「そりゃ、見りゃわかるわ」

不思議に思ってきくと、小松さんはこともなげにそう言い、製作者の選別を続けた。

「原口、原口、わし、わし、吉田……」

鼻歌でも歌うようにより分ける。

④半信半疑で顔をしかめていたが、やがて心は小松さんの手元に注視した。よく見ると、確かに製品にはそれぞれ特徴があるような気がしてくる。同じ製作図、同じ材料、そして同じ機械を使ったはずの製品なのに。

よりわけていた小松さんの節くれだった手がふと止まった。

「あ、それからこれはあんたやね。なかなかいいね。はい、敢闘賞」

小松さんは、サイコロ型のペーパーウェイトをひとつ持ち上げると、心につき出した。思わず受け取る。

ずしんとくる。

確かに自分がつくったものだと心にもわかった。それも初めてつくったものだ。あの時の感覚がよみがえった。心細さや、製作中の胸の高鳴りや、できあがった時の充足感が。

「いいんですか」

つい、口が勝手に答えてしまって、心はうろたえた。けれどどうしてか、手放したくはない。

「よかばい、わしが買うちゃる」

小松さんは胸をどんとたたいた。

⑤鏡のように輝く鉄の表面を、心はそっとなでてみた。

（まはら三桃『鉄のしぶきがはねる』講談社による　一部省略等あり）

(1) 「①心は首をひねった」とありますが、心はどういうことに納得できずに、首をひねったのですか。本文中の言葉を使って、四十五字以内で書きなさい。

45

(2) 「②かちんと神経に引っかかった」とありますが、なぜ心は原口の言葉に対して、このように感じたのですか。最も適切なものを、次の**ア**～**エ**から一つ選び、記号を書きなさい。

ア　心の善意を原口が全く受け入れようとしないと感じたから。

イ　心の思い上がりを原口が激しく非難していると感じたから。

ウ　心の指摘を原口が巧みにかわそうとしていると感じたから。

エ　心の訴えを原口が真剣に受け止めてはいないと感じたから。

国語

(3) 「[③]『そんなことしたら、もの研の意味がないやろ』 あきれたような原口の声が言った」とありますが、原口は、心の発言にみられるどのような考えにあきれ、もの研ではどうすることに意味があると考えているのですか。本文中の言葉を使って、七十字以内で書きなさい。

(4) 「[④]半信半疑で顔をしかめていたが、やがて心は小松さんの手元に注視した。よく見ると、確かに製品にはそれぞれ特徴があるような気がしてくる」とありますが、このような気持ちに変わり始めた心の表情を表した、最初の一文はどれですか。本文中から抜き出して、はじめの五字を書きなさい。

(5) 「[⑤]鏡のように輝く鉄の表面を、心はそっとなでてみた」とありますが、このときの心の気持ちはどのようなものだと考えられますか。最も適切なものを、次の**ア**〜**エ**から一つ選び、記号を書きなさい。

ア 手渡された製品が、旋盤工の小松さんに認められたことを知り、原口にも劣らない自分の旋盤技術の高さに大きな自信を抱き始めている。

イ 手渡された製品が、自分の理想とする鉄製品の精密さと美しさを備えており、この経験をコン研でも生かしていきたいと思い始めている。

ウ 手渡された製品から、初めて自分がつくった物のかけがえのなさが伝わり、鉄の質感が持つ美しさとものづくりの魅力を感じ始めている。

エ 手渡された製品から、もの研で過ごした充実した日々が回想され、ものづくりに対し強く批判的であった自分の姿勢を後悔し始めている。

2 **次の文章を読んで、あとの問いに答えなさい。**

父の期待に応《こた》えて都会の大学に入学した兄の翼が、孤独な生活に耐え切れず自宅に戻り、しばらくたったある日、兄と母とわたしが話をしている途中、昔のプレゼントのことを思い出した。以下はそれに続く場面である。

「『お休み券』をくれたのって、いつだったたっけ?」

一瞬きょとんとしたけど、すぐに、ああ、と[a]思いだした。いつも家事に追われているお母さんに、たまには休んでほしいと思ってプレゼントしたのだ。バスの回数券みたいに十枚綴《つづ》りにして、券を一枚出せば十分間だったか、わたしとお兄ちゃんがお母さんのかわりをする、という[b]取り決めだった。お母さんはそのプレゼントを大喜びして[c]受け取った。でも、結局一枚も使わなかったな、と思いだした。『お休み券』をつくろうと[d]言いだしたのはお兄ちゃんだったということも、いま思いだした。やっぱり根っこは優しいひとなのだ。お母さん似かもしれない。

「あの券、お母さんが誰《だれ》かにプレゼントしてもいいのよね?」

わたしと顔を見合わせてうなずくお兄ちゃんに、お母さんは「はい」と右手を差し出した。指がなにかを挟む形になっていた。

「実物はどっかにいっちゃったけど、はい、これ、あんた使っていいわよ。たまには休んでいいのよ」

お兄ちゃんは黙って[①]お母さんから目をそらした。すねたわけじゃない。逃げているのとも違う。それがわかるから、わたしはなにも言わない。

お母さんはマボロシの『お休み券』をテーブルに置いて、「お父さんにも一枚あげようかな」と笑った。「いま、ほんとに大変だし、これからもずうっと大変なんだから……」と言ったそばから、玄関のチャイムが鳴った。お父さんが帰ってきた。

わたしはお兄ちゃんに「ほら、『お休み券』持っていかなきゃ、なくなっちゃうよ」と言って、テーブルを指差した。結構うまいことを言ったつもりだったけど、[②]お兄ちゃんはこわばった顔で、わたしが指差したのとは違うテーブルの一点をじっと見つめていた。

お父さんが「ただいま」とダイニングに入ってきた。見るからに疲れている。

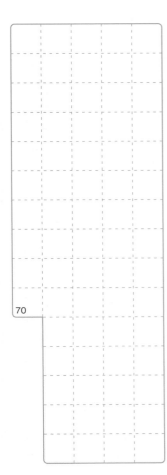

お兄ちゃんは立ち上がった。

「あのさ……俺《おれ》、大学やめて、帰ってきて、こっちの大学受け直す」

お父さんが黙って振り向くと、間《ま》が空くのを怖がるように、お兄ちゃんは一息につづけた。

「なんでかっていうと、まあ、俺のほうの気持ちってのもあるんだけど、おばあちゃんの具合が悪いわけでしょ、これから大変でしょ、お父さんもお母さんも、一人でも戦力っていうか、使える手があったほうがいいわけじゃない、俺、それやるよ、畑の手伝いとか、病院に連れていったりとかすればいいんだと思わない？」

お父さんは黙ったままだった。お母さんは、やめなさい、翼、もういいから、と二人の間に入って止めた。

でも、お兄ちゃんはかまわずつづけた。

「こっちの大学だったら、それほど必死に勉強しなくてもなんとかなるし、ちょっとでもウチのことやりたいっていうか、役に立ちたいっていうか、親孝行したいわけだよ」

違うよ、と言いたかった。お兄ちゃん、それ違う。絶対に違う。

「いいでしょ？　お父さん、俺、こっちに帰るから、こっちで勉強もするし、みんなのためにがんばって――」

お母さんがお兄ちゃんにビンタを張った。お兄ちゃんは左の頬《ほお》に手をあてたまま凍りついてしまった。

「生意気なこと言わないで！」

③お母さんは涙声を張り上げた。「ひとのことを言い訳につかうのはやめなさい！」――声にもっと涙が交じって、あとはもう、その場にしゃがみ込んで顔を覆ってしまった。

お兄ちゃんはまだ左の頬に手をあてたまま、なにも言えない。

帰郷したお兄ちゃんを一度も叱《しか》らず、お父さんからかばいつづけていたお母さんが、初めて、感情を爆発させた。

そして、いままで怒りどおしだったお父さんは、初めて、おだやかな笑顔でお兄ちゃんを見つめた。

「自分のことだけ、考えろ」

静かに言って、お母さんの丸まった背中にそっと手を置いた。「先に風呂《ふろ》に入ってくる」と声をかけると、お母さんは嗚咽《おえつ》交じりに「お湯、抜いといて」と言った。そのやり取りを聞いた瞬間、なんだか、うまく言えないけど、どうも、その、子どもは親には一生かなわないんだなあ、とわたしは思ったのだ。

（重松　清『季節風　春』文春文庫刊による）

(1)　═線部ａ～ｄについて、時間の経過順に並べるとどうなりますか、記号を書きなさい。

(2)　「①お母さんから目をそらした」とありますが、このときの兄の気持ちとして最も適切なものを、次の**ア**～**エ**から一つ選び、記号を書きなさい。

ア　いらだたしい気持ち　　**イ**　よろこばしい気持ち

ウ　うしろめたい気持ち　　**エ**　うっとうしい気持ち

(3)　「②お兄ちゃんはこわばった顔で、わたしが指差したのとは違うテーブルの一点をじっと見つめていた」とありますが、兄がこのような様子だったのはなぜだと考えられますか、書きなさい。

(4)　「③お母さんは涙声を張り上げた」とありますが、母がこのように感情を高ぶらせたのはなぜですか、理由を五十字以内で書きなさい。

Point! 6 古文

ここがポイント

歴史的仮名遣い

▼言葉の先頭にない「はひふへほ」→「わいうえお」

例 あはれ→あわれ　ほふし→ほうし

▼「ゐ」→「い」、「ゑ」→「え」、「を」→「お」

例 ゐなか→いなか　こゑ→こえ　をとこ→おとこ

▼「ぢ」→「じ」、「づ」→「ず」

例 もみぢ→もみじ　みづ→みず

▼「ア段＋う（ふ）」→「オ段＋う」

例 まうす→もうす　やうやう→ようよう

▼「イ段＋う（ふ）」→「イ段＋ゅう」

例 しうと→しゅうと　じふごや→じゅうごや

▼「エ段＋う（ふ）」→「イ段＋ょう」

例 へうはく→ひょうはく　けふ→きょう

省略のある表現・会話文

古文では、**主語**や**述語**、助詞などが省略されることが多い。文脈や文節の関係などを考えながら補って読んでいく。また、古文には、会話を表す「　」がない場合が多い。「**と**」「**とて**」などの助詞を手掛かりにしながら、**会話の部分**と地の文を区別する。

係り結び

文中の係助詞に呼応して、結び（文末）が特定の形になる。

「ぞ」「なむ」「や」「か」…**連体形**　「こそ」…**已然形**

基本問題

解答⇩別冊 P.52

正解数　／9

1 次の文章を読んで、あとの問いに答えなさい。

唐《たう》の太宗《たいそう》（太宗皇帝）の時、異国《いこく》より（注1）千里《せんり》の馬を献《けん》ず（献上した）。帝《てい》、これを得《え》て、①喜ばずして、みづから謂《おも》へらく（思うことには）、「たとひ、我独《ひと》り、千里の馬に乗りて、千里を行くとも、随《したが》ふ臣（部下）なくんば、その詮《せん》なきなり（益がないことだ）」。故《ゆゑ》に（注2）魏徴《ぎちょう》を召《め》して（お呼びになって）、これを②問ひ給《たま》へば、徴が云《い》はく（言うことには）、「帝の心と同じ」と。依《よ》りて（それで）、かの馬に金帛《きんぱく》を負《おほ》せて、返さしむ（黄金と絹織物とを背負わせて、献上した人にお返しになられた）。今云はく、帝、なほ（やはり）、身の用ならぬ物をば持たずして、これを還《かへ》す。

（『正法眼蔵随聞記』による）

（注1）千里の馬…一日に千里（非常に遠い距離のたとえ）を走りぬく名馬。
（注2）魏徴…太宗皇帝に仕えた役人。

(1)「①喜ばずして」とありますが、「帝」が喜ばなかった理由として最も適切なものを、次の**ア**～**エ**から一つ選び、記号を書きなさい。

ア 周りの部下が自分についてくることができないと無意味だから。
イ 部下に名馬を与えても自分についてくることはできないから。
ウ 先頭に立って進むことができないと自分の威厳が損なわれるから。
エ 一人でも遅れる部下がいると集団としてまとまりがなくなるから。

(2)「②問ひ給へ」を現代仮名遣いに直し、すべてひらがなで書きなさい。

(3) 本文中で、「千里の馬」はどのようなもののたとえとして用いられていますか。最も適切な言葉を、本文中から七字で抜き出して書きなさい。

2 次の文章を読んで、あとの問いに答えなさい。

ある人、山寺の僧を信じて、万《よろづ》のこと深く憑《たの》み(頼りにして)て、病む事もあれば薬までも問ひけり。この僧、医骨(医術の心得)も無かりければ、万の病に、「藤《ふじ》のこぶを煎《せん》じて召せ(飲みなさい)」とぞ①をしへける。これを信じて用ゐるに、万の病癒《い》へざる無し(どんな病気でも治らないものはなかった)。

ある時、馬を失ひて、「いかが仕《つかま》るべき(どうしたらよいでしょう)」と云《い》へば、例の(例によって)「藤のこぶを煎じて召せ」と云ふ。心得がたかりけれども(納得がいかなかったが)、やうぞ(わけ)あるらんと信じて、あまりに取り尽くして近々には無かりければ、②山の麓《ふもと》を尋ねける程に、谷のほとりにて、失《う》せたる馬を見つけてけり。これも信の致す所なり。

(『沙石集』による)

(1) 「①をしへける」を現代仮名遣いに直して書きなさい。

(2) 「②山の麓を尋ねける」とありますが、「藤のこぶ」を手に入れるために「山の麓」まで出かけたのはなぜか。その理由を二十字以上三十字以内で答えなさい。

20

30

(3) 本文の内容として最も適切なものを、次のア〜エから一つ選び、記号を書きなさい。

ア 僧は信者に頼られる存在であるので、的確な助言をするためにひたすら仏道に励む必要がある。

イ 困ったときには信頼できる僧に相談するべきであり、その人選を誤らないことが解決への近道である。

ウ 信心深い人は不思議と報われるものであり、何事につけても信じる心を持つことが大切である。

エ 藤のこぶには願ったことをかなえる力があるので、僧はそれを世の人々に広く知らせるべきである。

3 次の文章を読んで、あとの問いに答えなさい。

くらき人の(道理のわからない人が)、①人をはかりて、その智《ち》を知れりと思はん、さらに(まったく)当たるべからず(はずはない)。

つたなき人の、碁うつ事ばかりにさとく(機敏で)巧みなるは、かしこき人の、この芸におろかなるを見て、おのれが智に及ばずと定めて、よろづの道の匠《たくみ》、わが道を人の知らざるを見て、②おのれすぐれたりと思はん事、③大きなる誤りなるべし。(注1)文字《もんじ》の法師・(注2)暗証《あんしょう》の禅師、たがひにはかりて、おのれにしかずと思へる、ともに当たらず。

おのれが境界《きやうがい》(専門の範囲)にあらざるものをば、争ふべからず、是非すべからず(とやかく言ってはいけない)。

(『徒然草』による)

(注1) 文字の法師…教典の研究や解釈にだけつとめて、悟りの道に暗い僧。
(注2) 暗証の禅師…座禅などの実践にだけ精を出し、教典の研究に暗い僧。

(1) 「①人をはかりて」とありますが、この「はかり」に関係の深い熟語として最も適切なものを、次のア〜エから一つ選び、記号を書きなさい。

ア 計量　**イ** 推測　**ウ** 策謀　**エ** 諮問

(2) 「②おのれすぐれたり」とありますが、なぜそう思ってしまうのですか。理由として最も適切なものを、次のア〜エから一つ選び、記号を書きなさい。

ア 専門分野についての不安を隠しているから。

イ 他人が知らないところで苦労しているから。

ウ 他人が見ていないことで安心しているから。

エ 自分の専門分野には自信を持っているから。

(3) 「③大きなる誤り」とありますが、筆者はこの一文で「誤り」を二点取り上げています。その二点目の説明はどこから始まりますか。はじめの五字を抜き出して書きなさい。

応用問題

解答 ⇩ 別冊 P. 53

1 次の文章を読んで、あとの問いに答えなさい。

戦いの最中、馬上から落とした弓を拾い上げた義経に対して、家来の老兵たちがその危険な振る舞いをいましめる場面である。

「①くちをしき御事候《ざうら》ふかな（残念なことでございますな）。たとひ千疋《びき》万疋にかへさせたまふべき御だらしなりとも（大金とお換えになることができるほどのご立派な弓）、いかでか（どうして）御命にかへさせたまふべき」と申せば、判官(注1)「②弓の惜しさにとらばこそ。義経が弓（義経の弓）といはば、叔父の為朝《ためとも》(注2)が弓（為朝の弓）の様ならば、③わざともおとしてとらすべし。尩弱《わうじゃく》たる弓（弱々しい）をかたきのとりもって（敵が取って持っていき）、これこそ源氏の大将義経が弓よとて、嘲哢《てうろう》せんずる（ばかにするようなこと）がくちをしければ、命にかへてとるぞかし」とのたまへば（おっしゃると）、みな人これを感じける。

（『平家物語』による）

（注1）判官…義経のこと。
（注2）為朝…源為朝。強い弓を持っていた勇猛な武将として知られる。

(1) 「①くちをしき」を現代仮名遣いに直して書きなさい。

(2) 「②弓の惜しさにとらばこそ」の意味として最も適切なものを、次の**ア**～**エ**から一つ選び、記号を書きなさい。

ア 弓が惜しくても取るべきでない。
イ 弓を惜しんで取ったのではない。
ウ 弓が惜しいからこそ取るのだ。
エ 弓を惜しがるのは恥ずかしいことだ。

(3) 「③わざともおとして」の主語にあたる人物を、本文中から抜き出して書きなさい。

(4) 本文中には、平家側の武士が発する言葉を想像して述べている部分が一箇所あります。その言葉を抜き出して書きなさい。

(5) 本文を読んだ中学生が、内容を次のようにノートにまとめました。Ⅰ、Ⅱにあてはまる言葉を、現代語で書きなさい。

馬上から落とした弓を義経が拾い上げたこと
家来「どんな高価な弓でもⅠものはない」
義経「Ⅱことがくやしい」
⇩
◎名誉を重んじる義経の姿勢
家来一同、感心した。

Ⅰ

Ⅱ

2 次の【文章A】は、鴨長明《かものちょうめい》（注1）が記した『無名抄』「静縁《じょうえん》こけ歌よむ事」の前半の古文のあらすじを現代語でまとめたものであり、【文章B】は、【文章A】に続く部分の古文である。この二つの文章を読んで、あとの問いに答えなさい。

【文章A】

静縁法師（注2）が、自作の和歌について、私（鴨長明）に語って、

「鹿の音《ね》を聞くに我さへ泣かれぬる（鹿の鳴く声を聞くと　私までも自然と泣けてしまった）　谷の庵《いほり》は住み憂《う》かりけり（この谷間の庵は住むのがつらいことだなあ）

とよみましたが、いかがでしょうか」と言った。私が、「まずまずのできです。しかし『泣かれぬる』ということばは、あまりにうわべだけの浅い表現になっていて、どうかと思われます」と指摘したのを、静縁は、「そのことばをこそ、この歌の主眼となるところと存じておりましたのに、この非難は①意外なことと思います」と言って、私がひどく非難していると思っている様子で帰って行った。私は、良くないと思ったので、正直に言ってしまい、まずいことをした、心すべきであったと後悔していたところ、十日ほどたって静縁はまたやって来て次のように言った。

（注1）鴨長明…鎌倉時代前期の歌人。　（注2）静縁法師…比叡山の僧。

【文章B】

「一日の（先日の）歌難じ給ひしを、隠れ事なし（正直に申しますと）、心得ず思う給へて（納得できませんで）、いぶかしく（不審に）覚え侍りしまゝに（思いましたので）、さはいへども、大夫公（注3）の許《もと》に行きてこそ、我が僻事《ひがごと》を思ふか（私が間違っているのか）、人のあしく難じ給ふか、②ことをば切らめと思ひて、行きて語り侍りしかば、『何条御房のかゝるこけ歌よまんぞとよ（どうしてあなたはこのような内容の浅い歌をよむのですか）。「泣かれぬる」とは何事ぞ。まさなの心根や（良くない心がけです）』となん、はしたなめられて侍りし（たしなめられました）。されば、よく③難じ給ひけり。我あしく心得たりけるぞと（受け取ってしまったのだと）、おこたり申しにまうでたるなり（おわびを申し上げに参上したのです）」といひて帰り侍りにき。④心の清さこそ有難く侍れ（めったにないことです）。

（注3）大夫公…俊恵。平安時代末期の歌人で、鴨長明の和歌の師。

(1) 「①意外なこと」の説明として最も適切なものを、次の**ア**～**エ**から一つ選び、記号を書きなさい。

ア 静縁法師の和歌の題材が長明のわびしい住居であること。

イ 静縁法師の和歌の判断について長明が明言を避けたこと。

ウ 静縁法師の和歌の核心を長明が認めてくれなかったこと。

エ 静縁法師の和歌の表現が浅いながら工夫されていたこと。

(2) 「②ことをば切らめ」の意味として最も適切なものを、次の**ア**～**エ**から一つ選び、記号を書きなさい。

ア 注意を促そう　　**イ** 関係を断とう

ウ 表現を変えよう　　**エ** 決着をつけよう

(3) 「③難じ給ひけり」とありますが、だれが何をしたことですか。【文章A】をふまえて、四十字以内で書きなさい。

40

(4) 「④心の清さ」とありますが、具体的にはどういうことですか。【文章A】と【文章B】の全体をふまえて、七十五字以内で書きなさい。

75

漢文

ここがポイント

訓読

▼**送り仮名**…漢字の右下にカタカナで記す。

▼**返り点**……読む順序を示すために、漢字の左下に符号を付ける。

・**レ点…下の一字からすぐ上の一字に返って読む。**

例　恨《ンデハ》レ別《レヲ》鳥《ニモ》驚《カス》レ心《ヲ》（別れを恨んでは鳥にも心を驚かす）

[2]レ [1] [3] [5]レ [4]

・**一・二点…二字以上へだてて返って読む。**

例　低《レテ》レ頭《ヲ》思《フ》二故郷《ヲ》一（頭《かうべ》を低《た》れて故郷を思ふ）

[2]レ [1] [5]二 [3] [4]一

・**上・下点…一・二点をはさんで上に返って読む。**

例　悪《ム》下称《スル》二人之《の》悪《ヲ》一者《ヲ》上（人の悪を称《しょう》する者を悪《にく》む）

[6]下 [4]二 [1] [2] [3]一 [5]上

・**㆑点…一字返り、さらに二字以上へだてて返って読む。**

例　冀《フ》二復《タ》得《ンコトヲ》㆑兎《ヲ》（復《ま》た兎《うさぎ》を得んことを冀《こひねが》ふ）

[4]二 [1] [3]㆑ [2]

▼**置き字**……訓読するときに読まない漢字。　例　焉・乎・於・而

漢詩の形式

絶句（四句）…**五言絶句**（五字四句）・**七言絶句**（七字四句）

律詩（八句）…**五言律詩**（五字八句）・**七言律詩**（七字八句）

基本問題

解答 ⇩ 別冊 P.54

正解数　／5

1 次の【漢文】と【解説文】を読んで、あとの問いに答えなさい。

【漢文】

人の短を道《い》ふこと無かれ、己の長を説くこと無かれ。
人に施しては慎んで念《おも》ふこと勿《な》かれ、 a 慎んで忘るること勿かれ。

無《カレ》レ道《フコト》二人之《の》短《ヲ》一、無《カレ》レ説《クコト》二己之長《ヲ》一。
①施《シテハ》レ人《ニ》慎《ンデ》勿《カレ》レ念《フコト》、②受《ケテハ》レ施《シヲ》慎《ンデ》勿《カレ》レ忘《ルルコト》。

（崔瑗《さいえん》「座右銘」による）

【解説文】

この文は、崔瑗という人物が、自分の身近な所（座右）に置いて戒めとするために書いたものである。③他人の欠点を言わないこと。 b を口にしないこと。他人に恩恵を与えた時は、決して心に留めておかないこと。他人から恩恵を受けた時は、くれぐれも感謝の気持ちを c こと。と四つの戒めを示している。

(1) a に入るように、「②受《ケテハ》レ施《シヲ》」を書き下し文に直しなさい。

(2) 「③他人の欠点」にあたる言葉を、【漢文】から三字で抜き出して書きなさい。

(3) b 、 c にあてはまる言葉を、それぞれ五字以内で書きなさい。

b
c

(4) 「①施《シテハ》レ人《ニ》慎《ンデ》勿《カレ》レ念《フコト》」とありますが、そのように心がけておくのがよい理由として最も適切なものを、次の**ア**～**エ**から一つ選び、記号を書きなさい。

ア　面倒な人間関係から離れ、悠然と生活することが大事だから。
イ　相手から思わぬ恩返しがあった方が喜びは大きいから。
ウ　相手に、再び助けてもらえると期待させてはいけないから。
エ　人に対しておごらず、謙虚な気持ちで接することができるから。

応用問題

解答 ⇩ 別冊 P.54

1 **次の文章を読んで、あとの問いに答えなさい。**

> 中国の戦国時代、魏《ぎ》の国王である文侯《ぶんこう》が、臣下に自分がどのような王であるか議論させた。皆口々に王をたたえたが、その中で任座《にんざ》という臣下は、文侯の領地の与え方に問題があったとして、「賢君ではない」と答えた。文侯が不機嫌になったため、任座は退出せざるを得なくなった。次に翟黄《てきこう》という臣下が答える番になった。

翟黄曰《てきくわうい》はく、君《きみ》は賢君(賢明な君主)なり。臣(私(ここでは臣下である自分を指す))聞く、其《そ》の主《しゆ》賢なる者は、其の臣(臣下)の言《げん》直なり(率直である)と。今者《いま》任座《にんざ》の言は直なり。是を以て(そのことによって)《ここ もつ》君の賢なるを[a]知るなりと。文侯喜びて曰はく、「反《かへ》すべきか(呼び戻すことができるだろうか)」と。翟黄①対《こた》へて曰はく、「奚為《なんす》れぞ不可ならん(どうしてできないことがありましょう)。臣聞く、忠臣(忠義を尽くす臣下)は其の忠を畢《つ》くして(尽くして)、敢《あ》へて其の死を遠ざけず(決して死を恐れない)と。座(任座)殆《ほとん》ど尚《な》ほ(おそらくまだ)門に在《あ》らん」と。翟黄往《ゆ》きて之《これ》を視れば[b]、任座門に在り。②君の令を以て之を召す。任座入《い》るに、文侯階を下《くだ》りて③之を迎ふ[c]。終《つひ》に座(任座)を以て上客《じやうかく》(特別な高い地位)と為《な》せり。文侯に翟黄微《な》かりせば(いなかったなら)、則《すなは》ち幾《ほとん》ど忠臣を失ひしならん[d]。上《かみ》(表面では)、主の心に順《したが》ひて以て賢者を顕《あらは》せる(明らかにしたのは)は、其れ唯《た》だ[e]か。

（『呂氏春秋』による）

(1) 「①対へて曰はく」を現代仮名遣いに直し、すべてひらがなで書きなさい。

(2) ═線部a～dの中から、主語にあたるものが他と異なるものを一つ選び、記号を書きなさい。

(3) 「②君の令を以て之を召す」は、「以君令召之」を書き下し文に改めたものです。返り点が正しく付いているものを、次の**ア**～**エ**から一つ選び、記号を書きなさい。

ア 以レテ君ノ令二ヲ召ス之一ヲ。

イ 以二テ君ノ令ヲ召レス之一ヲ。

ウ 以二テ君ノ令一ヲ召レス之ヲ。

エ 以二テ君ノ令レヲ召ス之一ヲ。

(4) 「③之」が指している人物を、本文中から抜き出して書きなさい。

(5) 本文中に、登場人物が語った言葉として「　」が一か所だけ付いていない部分があります。その部分を抜き出して、はじめとおわりの三字を書きなさい。

～

(6) 本文中の[e]には、どのような言葉が入りますか。最も適切なものを、次の**ア**～**エ**から一つ選び、記号を書きなさい。

ア 文侯　**イ** 任座

ウ 賢君　**エ** 翟黄

(7) 次の文章は、本文の内容を説明したものです。[Ⅰ]～[Ⅲ]にあてはまる言葉を、それぞれ指定された字数で本文中から抜き出して書きなさい。

> 翟黄は、[Ⅰ(二字)]の発言について「[Ⅱ(三字)]」と述べ、そのような臣下を持つ文侯をたたえた。心を動かされた文侯の[Ⅰ]を丁重に迎える様子が、「[Ⅲ(一字)]を下りて」と書かれた行為に表れている。このようにして、文侯は忠臣を失わずに済んだのである。

Ⅰ

Ⅱ

Ⅲ

Point! 8 詩

ここがポイント

詩の種類

・**形式による分類**…定型詩・自由詩
・**用語による分類**…口語詩・文語詩

詩の表現技法

▼**比喩**………物事を他のものにたとえ、生き生きと表現する。
・**直喩**（明喩）……「まるで」「ように」などを用いた直接的なたとえ。
　例　まるで花のような美しさ。　魚のように泳ぐ。
・**隠喩**（暗喩）……「まるで」「ように」などを用いないたとえ。
　例　鉄の意志。　ガラスの心。
・**擬人法**…人間ではないものを、人間になぞらえて表現する。
　例　海が呼んでいる。　空が泣いている。
▼**倒置**………強く印象づけるため、語順を入れかえる。
▼**反復**………同じ言葉を繰り返し、強調したりリズムを整えたりする。
▼**対句**………語形や意味が対応する語を並べ、リズムを整え印象づける。
▼**体言止め**…余韻や余情を持たせるため、体言で言い終わる。
▼**その他**
擬声語（擬音語）…音や声などを表した語
擬態語…物事の状態や身ぶりなどをそれらしく表した語

基本問題

解答 ⇩ 別冊 P.55

正解数　／2

1 次の詩を読んで、あとの問いに答えなさい。

(注)飛《とび》込《こみ》（一）　　村野四郎

花のように雲たちの衣裳《いしょう》が開く
水の反射が
あなたの裸体に縞《しま》をつける
あなたは遂《つい》に飛びだした
筋肉の翅《はね》で
日に焦げた小さい蜂《はち》よ
あなたは花に向《むか》って落ち
つき刺さるようにもぐりこんだ
軈《やが》て　あちらの花のかげから
あなたは出てくる
液体に濡《ぬ》れて
さも重たそうに

（注）飛込…水泳競技の一つ。飛び込みの技術と美しさを競う競技。

(1)　この詩では、「あなた」を別のものに見立てて表現していますが、それは何ですか。最も適切なものを、次の**ア**～**エ**から一つ選び、記号を書きなさい。

ア　花　　**イ**　雲　　**ウ**　縞　　**エ**　蜂

(2)　この詩全体をとおして表現されているものとして最も適切なものを、次の**ア**～**エ**から一つ選び、記号を書きなさい。

ア　夏の強い日ざしが反射するプールの横に咲く花を、飛び込み台の上から見つめている「あなた」の姿。
イ　入道雲が花のように映っているプールに、大きく響きわたる飛び込みの音に対する「あなた」の驚き。
ウ　飛び込み台にいた「あなた」が、飛び出して落下し、水中に消えてから再び水面に現れるまでの様子。
エ　飛び込み台をけって、プールにつき刺さるように飛び込んでしまった「あなた」が見せる照れた笑顔。

応用問題

解答⇩ 別冊 P.55

1 次の【詩】と【鑑賞文】を読んで、あとの問いに答えなさい。

【詩】

アンモナイト　　小野　浩

ネパール(注)のバザールで買った黒い石
そっと輪ゴムをはずすと
カリリッ
合わさった石は二つにわれた

二億年も前に生きていた貝がそこにあった
太古の海の香りがする
貝はぼくをみているようだ

石に耳を
海の底をはう砂の音も
①高いヒマラヤと深い海をつなぐ

てのひらのアンモナイト

(注) ネパール…インドの北に接する国。ヒマラヤ山脈中央部南斜面に位置する。

【鑑賞文】

この詩は、ネパールの市場で買ったアンモナイトの化石への思いを描いた作品である。

［a］という音をきっかけとして、アンモナイトが生きていた時代へと作者の想像は広がり、今と昔の時間を結びつける。

作者の［b］に載っている化石となったアンモナイトは、かつて命を持ち、太古の深い海の底で生きていた。そのことから、作者は［c］が周囲に漂っているように感じる。そして、いつの間にか②空想の世界に入り込み、目の前の化石が生き返り、自分と向き合っているかのように感じている様子が大変印象的である。

(1) 【鑑賞文】中の［a］～［c］には、どのような言葉が入りますか。あてはまる言葉を、それぞれ【詩】の中から五字以内で抜き出して書きなさい。

a
b
c

(2) 「①高いヒマラヤと深い海をつなぐ」を説明した次の文の［Ⅰ］にあてはまる言葉を、十五字以内で書きなさい。

化石に耳を当てると砂の音がして、かつて［Ⅰ］ことが想起された。

15

(3) 「②空想の世界に入り込み、目の前の化石が生き返り、自分と向き合っているかのように感じている様子」は、【詩】の中ではどのように表現されていますか。適切な言葉を一行で抜き出して、はじめの二字を書きなさい。

Point! 9

短歌・俳句

ここがポイント

短歌の表現

▼**句切れ**……意味や調子のうえで大きく切れるところ。句切れの位置には作者の感動がこめられている。**初句切れ**、**二句切れ**、**三句切れ**、**四句切れ**があり、**句切れなし**もある。

▼**枕詞**《まくらことば》……特定の言葉の上に付いて、修飾したり言葉の調子を整えたりする。

例 あしひきの→山　たらちねの→母・親

▼**序詞**《じょことば》……枕詞と同じはたらきをするが、序詞には音数のきまりがない。

▼**掛詞**《かけことば》……一つの言葉に、同音でちがった二つの意味を持たせたもの。

例 まつ（待つ／松）　ながめ（長雨／眺め）

俳句の表現

▼**季語**……季節を表す言葉で、俳句には必ず入れる。

例 桜・入学（春）　天の川・さんま（秋）

▼**句切れ**……**初句切れ**、**二句切れ**、**句切れなし**がある。俳句では**切れ字**のあるところが句切れになる。切れ字には、「や」「かな」「けり」などがあり、感動の中心を表す。

短歌・俳句の味わい方

・**句切れ**を見つけ、言葉の意味や内容をとらえる。

・作者が**何に感動**し、何を表現しようとしているのか読みとる。

・**省略**された言葉や**倒置**された言葉を考え、内容をつかむ。

・語句の**響き**や**リズム**の美しさ、**季節感**などを味わう。

国語

基本問題

解答 ⇩ 別冊 P.56

正解数　／6

1 次のA～Eの俳句を読んで、あとの問いに答えなさい。

A　白き息はきつつこちら振返《ふりかへ》る　中村草田男《なかむらくさたお》

B　白牡丹《はくぼたん》といふといへども紅《こう》ほのか　高浜虚子《たかはまきょし》

C　卒業証書を握《にぎ》り汗ばみて我に向かひ立ち　河東碧梧桐《かわひがしへきごとう》

D　どの子にも涼《すず》しく風の吹く日かな　飯田龍太《いいだりゅうた》

E　いくたびも雪の深さを尋《たず》ねけり　正岡子規《まさおかしき》

(1) A・Bからそれぞれ季語を抜き出し、その季節を答えなさい。

A季語　B季語

A季節　B季節

(2) A～Eの中から、切れ字を用いた俳句をすべて選び、記号を書きなさい。

(3) Cの俳句の特徴として最も適切なものを、次のア～ウから一つ選び、記号を書きなさい。

ア 有季定型　**イ** 無季俳句　**ウ** 自由律俳句

解答 ⇩ 別冊 P.56

1 次の【短歌】と【鑑賞文】を読んで、あとの問いに答えなさい。

【短歌】

いつしかに春の名残《なごり》となりにけり昆布干場《こんぶほしば》のたんぽぽの花　北原白秋

【鑑賞文】

　これは「なりにけり」という詠嘆深い言葉で三句を強調し、一呼吸おいてからじつにユニークな場面に、素朴な野の花たんぽぽを登場させています。上句(注1)のごく一般的な春の詠嘆の声が、個性的な斬新《ざんしん》(注2)な場面へと展開され、他に類のなかったたんぽぽの表情を生み出し、たんぽぽの可憐《かれん》さに新しい一面を加えているのに感動がわきます。イメージが鮮明で、景そのものが抒情《じょじょう》(注3)の力を含みもっている［a］があって、はじめて温雅(注4)な［b］の詠嘆の心が生きているのです。

　このように、イメージと心、物事と心を対応させて短い定型の中で豊饒《ほうじょう》(注5)感を増幅しようとする方法は、万葉以来行われてきた普遍的な方法ですが、「五・七・五・七・七」の定型に言葉をどのように配分するかはまことに楽しい工夫だといえましょう。まんなかの三句で切るという方法は、いわば二つのことがほぼ等分の力で言えることなので、三句切れの歌は現代でも最も多いうたい方といえそうです。

（馬場あき子『馬場あき子　短歌　その形と心』NHK出版による）

（注1）上句…短歌で、前半五・七・五の三句のこと。後半七・七の二句は下句という。
（注2）斬新…今までにないほど、目新しいさま。
（注3）抒情…自分の感情を表現すること。
（注4）温雅…穏やかで上品なこと。
（注5）豊饒…豊かで多いこと。

(1) 【鑑賞文】中の［a］、［b］には、「上句」、「下句」のどちらかの言葉が入ります。それぞれ適切な言葉を選んで書きなさい。

a
b

(2) 【短歌】に用いられている表現技法として最も適切なものを、次のア〜エから一つ選び、記号を書きなさい。

ア　擬態語
イ　対句
ウ　係り結び
エ　体言止め

(3) 【鑑賞文】の内容として適切でないものを、次のア〜エから一つ選び、記号を書きなさい。

ア　「なりにけり」という言葉によって、作者の深い感動を表現している。
イ　たんぽぽの可憐さをうたうことは、万葉以来の普遍的な方法である。
ウ　上句と下句がほぼ同じ強さで伝わることで、表現に豊かさが増している。
エ　イメージと心を対応させる方法は、現代でも多く用いられている。

Point! 10 作文

ここがポイント

作文の書き方

▼何を書くかを明確にする

賛成か反対か、どう考えるかなど、**自分の立場**をはっきりさせる。

▼条件に従い、段落の構成を考える

問題をよく読み、「○段落には～を書くこと」などの**条件に注意し**ながら、**どの段落で何を述べるのか**を決める。

▼書くときの注意点

・改まった場面では使わないような、**くだけた表現は避ける**。

・**ことわざ、慣用句**などを使うときは、意味や用法を間違えない。

・「この」「その」などの**指示語が何を指すか**を明確にする。

・**接続詞**の前後がうまくつながっているか確かめながら書く。

・常体（だ・である調）と敬体（です・ます調）を**混用しない**。

・「全然」「もし」「決して」など、下に一定の表現をともなう言葉を使うときは、**文末まで気を配る（副詞の呼応）**。

・一文の中で、**主語、述語、修飾語の関係**が対応するように書く。

・一文が長すぎないように、**一文には一つの事がら**を書く。

・**原稿用紙**の正しい使い方を覚えておく。段落の最初は一字下げる、句読点や閉じカッコが行の先頭にこないように前の行の最後のマスに収める、など。

▼読み直しをする

文章の流れが自然かどうか、一文中で主語と述語が対応しているか、言葉の使い方や漢字が間違っていないかなどを確認する。

基本問題

解答 ⇩ 別冊 P.57

1 **現代はさまざまな面で変化の著しい時代だといわれています。そのような現代において、いつまでも変わらないでほしいとあなたが思うものは何ですか。あとの条件に従って書きなさい。**

条件
①二百十字以内で書くこと。
②最初に、変わらないでほしいと思うものは何かを書くこと。
③次に、なぜそれが変わらないでほしいと思うのかを書くこと。
④題名や氏名は書かないで、本文から書き始めること。
⑤原稿用紙の正しい使い方に従って書くこと。

210

2 **あなたは、あなたの住む町がより暮らしやすい町になることをめざして、地域の人たちや他の中学生たちと話し合う「町づくり会議」に参加することになりました。会議で出された要望や意見の中で、実現が可能なものは、町づくりに生かされることになります。あなたならどのような要望や意見を提案しますか。あとの条件に従って書きなさい。**

条件
①二百五十字程度で書くこと。
②あなたの要望や意見を、そう考える理由がよく分かるように書くこと。
③段落や構成に注意して書くこと。
④題名や氏名は書かないで、本文から書き始めること。
⑤原稿用紙の正しい使い方に従って書くこと。

250

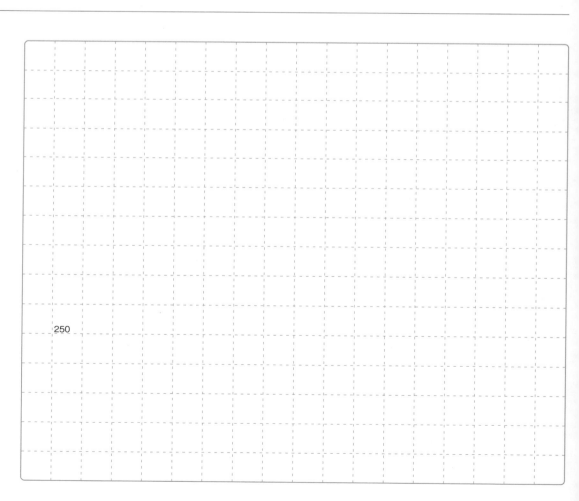

応用問題

解答 ⇩ 別冊 P.57

国語

1 日本語には、次の【例】のように類似した意味をもつ言葉が多くあり、状況に応じて使い分けられています。このように、意味の違いを意識して言葉を使うことをあなたはどう思いますか。あとの条件に従って書きなさい。

【例】

・技《わざ》　と　技術
・聞く　と　聴く
・楽しい　と　おもしろい

条件
①二百字以上二百五十五字以内で書くこと。
②具体例を挙げながら書くこと。【例】にある言葉を具体例として用いてもよい。
③題名や氏名は書かないで、本文から書き始めること。
④原稿用紙の正しい使い方に従って書くこと。

200

255

2 グラフを見て、あとの問いに答えなさい。

(1) グラフの小学校六年生と中学校三年生とを比較してわかることを、四十字以上六十字以内で書きなさい。

(2) グラフをもとに、あいさつについてクラスで話し合いをしました。話し合いの中で、「近所の人に会ったとき、あいさつをすることは大切だと思うが、なんだか恥ずかしくてできない」という意見が出ました。この意見に対して、あなたはどう考えますか。あとの条件に従って書きなさい。

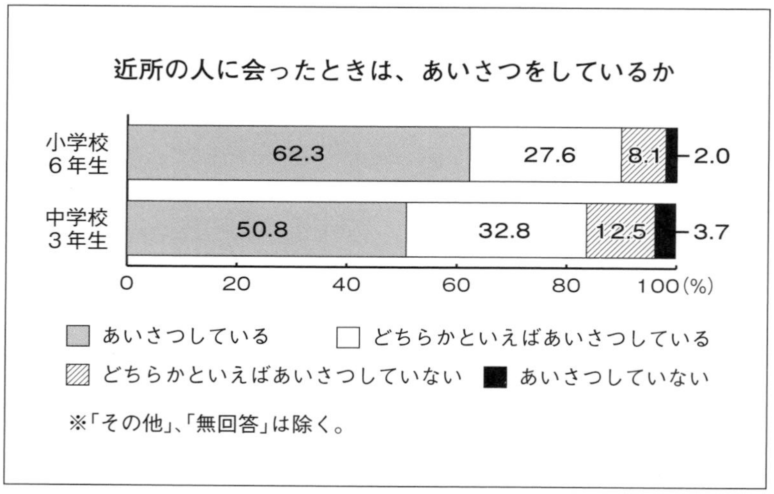

条件

①百四十字以上二百十字以内で書くこと。

②二段落構成とし、第一段落ではこの意見に対するあなたの考えを、第二段落ではそのように考えた理由を、具体的な例やあなたの体験を交えて書くこと。

③題名や氏名は書かないで、本文から書き始めること。

④原稿用紙の正しい使い方に従って書くこと。

(1)

40

60

(2)

140

210

解答例・解説の冊子は，
本体から取り外してお使いください。

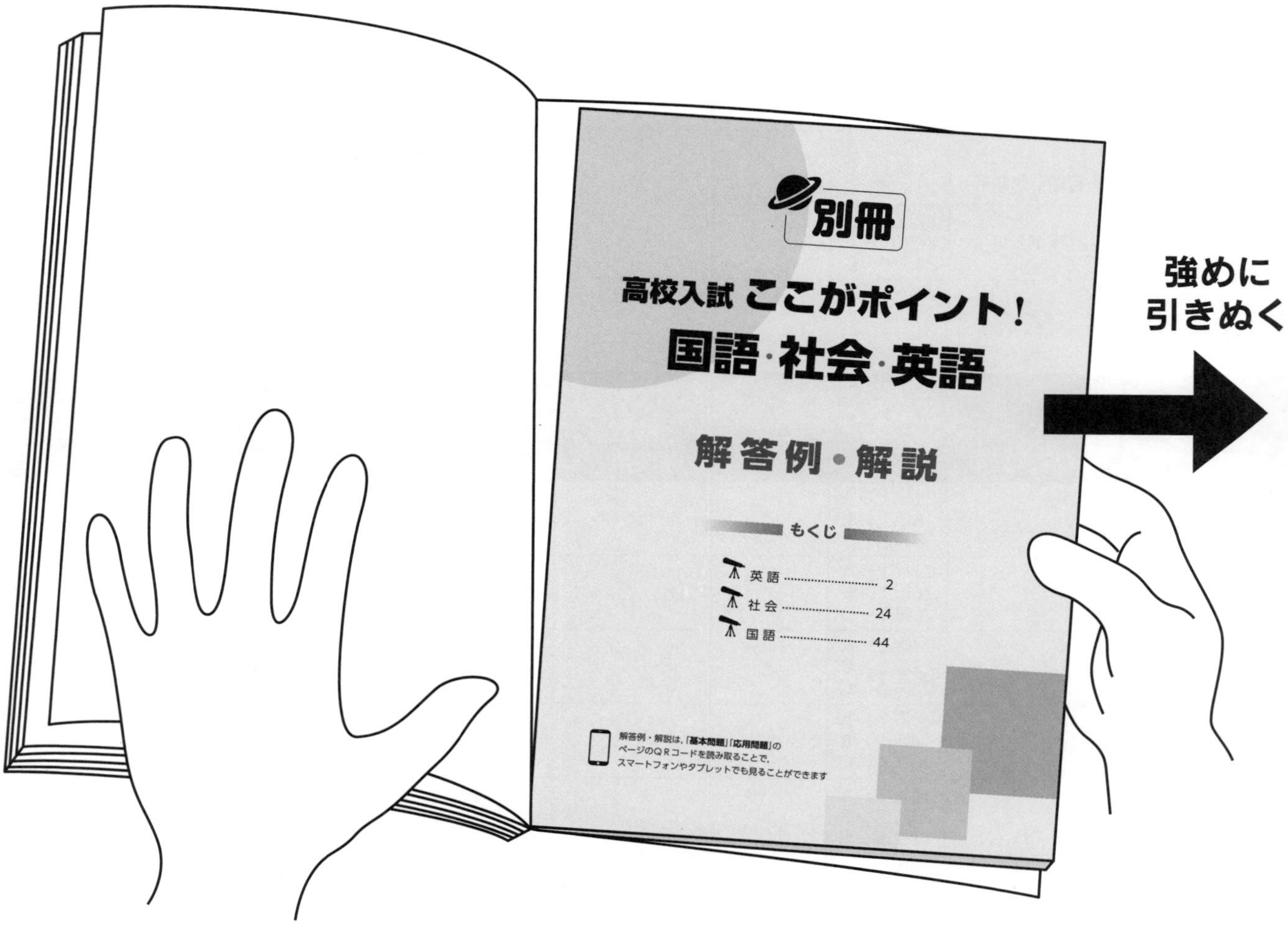

2025年
まとめのテスト
国語／社会／英語

※針をはずしてお使い下さい。

教英出版

2025年　まとめのテスト／国語　解答例と解説

一　⑴a．いま　b．傾　c．討　d．ふ　e．夫婦
⑵活用の種類…（サ行）五段　活用形…連用
⑶家族は一緒に暮らすのが良いと思うが、中村には、墓もあるし、積み重ねてきた思い出もあるから。
⑷ウ　⑸きっと大阪なんか行きたくないに決まっている　⑹イ

⑵「さ・そ／し／す／す／せ／せ」と活用する。「て」に接続しているので連用形。

⑶「おばあちゃん」が「お母ちゃん」の言葉にうなずいた後に言った「確かに、家族は、一緒に暮らすのがええ。けんど～向こうには墓もあるし、積み重ねてきた思い出いうもんもある」を参照。

⑷　直後の「ぼくは、だまされてなるものかと思いつつも、ほろりときた。お母ちゃんのにおいは、やっぱりいい」より、ウが適する。

⑸　――線部③の２つ前の段落を参照。弟たちの気持ちを想像している。

⑹　大阪に行くことは「もうちょっと考えさせてくれんろか」と言っていた祖母は、弟たちに引っ越しの話をした後も「黙ったまま」だった。しかし、「ぼく」は、「――おばあちゃんは、どうするが」と聞くことができなかった。そのため、弟たちに「(大阪へ行くということで) ええがと」と聞き、祖母もそれでいいのか、知ろうとしたのである。

二　⑴ア　⑵B．露　C．玉　⑶枕詞
⑷しづ心なく

⑴・⑵【Ⅰ】の和歌では、「白露」(「露」) を「玉」にたとえている（＝比喩《ゆ》)。歌意は、「草の葉におりた白露に風がしきりに吹いている秋の野は、まるで糸に通して止めていない玉が散り乱れているようだなあ」。

⑶「枕詞《まくらことば》」は、特定の言葉の上に付いて、修飾したり言葉の調子を整えたりする言葉。五音のものが多い。

⑷「花」が「しづ心なく」(＝落ち着いた心もなく)「散るらむ」と詠み、「花」が人間の心を持っているかのように、擬人的に表現している。歌意は、「日の光がのどかに照らすこの春の日に、どうして落ち着いた心もなく桜の花が散るのだろう」。

三　⑴仲立ち　⑵仲間との交流を深めるために読書をすることがあるのに加えて、筆者自身が仲間の目を意識して読書をしたことがあったから。
⑶現在の力量からはみだしたものに挑戦する
⑷エ　⑸文字は人間の想像力を豊かによび起こし、人々に多様なイメージを抱かせるから。

⑴「媒介《ばいかい》」は、両方の間に立ってとりもつこと。

⑵　――線部①の直前の「ですから」は、前の２段落の内容を受けている。「読んだ書物について～仲間と話し合ったり、伝え合ったりすることは楽しいでしょう。それも読書の大切な目的の一つかもしれません」とある。また、筆者自身の体験として「仲間に見せびらかしたい」という理由で本を読んだことを告白している。

⑷　直前の段落の「人間が実際に体験できる世界は、実際の世界の本当にわずかな一部にしか過ぎません。しかも～私たちは、多くの喜びを受け取ることも事実ですが～多くの苦しみや犠牲を代償に払わなければなりません」より、エが適する。アの「意味づけを試みる」、イの「関係について考える」、ウの「自分の小ささを自覚する」といった、実際の体験から何かを考えるということは、書かれていないので適さない。

⑸「コンピュータ」で体験する世界や「映画」は、「視覚的」に与えられる世界だが、書物は「文字を仲立ちとする」ために、自分で想像することになる。そのため、筆者は「はるかに豊富な『仮想的世界』を私たちに伝え」「人間の想像力をはるかに豊かに動員する」と述べている。

四　⑴かせぎ　⑵むかいて　⑶ウ　⑷ア
⑸山の奥深くに五色のしかが住んでいる

【古文の内容】

これも昔のことだが、インドに、身体の色は五色で、角の色は白い鹿が一頭いた。深い山奥にだけ住んで、人に知られていなかった。その山のほとりに大きな川があった。その山には烏《からす》もいた。この鹿を友だちとして過ごしていた。

ある時この川に男が一人流されて、もう少しでおぼれ死のうとしている。「私を誰か助けてくれ」と叫んだところ、この鹿が、この叫ぶ声を聞いて、かわいそうになって耐えられず、川を泳ぎ近寄って、この男を助けてやった。男は、命が助かったことを喜んで、手をこすり合わせて鹿に向かって「どのようにしてこの恩にお報いいたしましょうか」と言う。鹿が「どのようにも恩に報いる必要はありません。ただこの山に私がいるということを、決して人に話してはなりません。私の身体の色は五色です。人が知ったならば、皮を取ろうとして必ず殺されるでしょう。そのことを恐れているから、このような深い山奥に隠れて、まったく人に知られずにいるのです。それを、おまえが叫ぶ声をかわいそうに思って、我が身の行く末を忘れて助けたのです」と言うと、男は「それは本当にもっともなことです。決して（人に）もらすことはしないつもりです」と、くり返し約束して去った。(男は) もとの里に帰って月日を送ったが、まったく人に語らなかった。

2025年　まとめのテスト／国語

氏名

一　次の文章を読み、あとの問いに答えなさい。

> 小学校六年生の弘治《こうじ》は、高知県の四万十川《しまんとがわ》流域にある中村市に祖母と二人の弟と四人で暮らしている。そんなある日、大阪で働く両親から、祖母とともに呼び寄せられ、大阪見物をした。以下は、その後に続く場面である。

「お母《かあ》。どうぜ。気持ちは決まったろうか。こっちに、①一緒に来《こ》んかえ」

一緒に来んかえ？　それはどういう意味だろう。

お父ちゃんは続けた。

「こじゃんと、仕事はうまくいっちょる。もう、お母に苦労はかけん。ここで、のんびり暮らしてくれたらええ。来てくれんろか」

おばあちゃんは黙っていた。外では降り続く雨の音がしていた。お母ちゃんは、台所で食器を洗っている。けれども、a居間の話にじっと耳をbカタムけているのがわかった。おばあちゃんが黙り込んで、お父ちゃんはちょっと困っていた。それからぼくのことを初めて気付いたみたいに言った。

「どうぜよ、弘治。おばあちゃんも、一緒に来てほしいがよねや」

そんなことを急に言われても困る。大阪で暮らすなんて、考えたこともない。初めて聞く話だ。いや、そう言えば、お母ちゃんから手紙が来たときから、おばあちゃんの態度が妙だった。全部知っていたんだ。お父ちゃんもお母ちゃんも、おばあちゃんも、ぼくにはほんとのことを言わずに。だましcウちじゃないか。もう、ぼくらの引っ越しは決まっているみたいな言い方じゃないか。でも、子どものぼくに、いやと言えるのだろうか。ぼくは救いを求めるように、台所のお母ちゃんを見た。お母ちゃんは手をd拭きながら居間に来た。

「わたしらeフウフで、ようよう考えたがです。せめて子どもらは、大きくなるまでは、空気のきれいな中村で育つのがええがじゃないろかいうて。

おばあちゃんは、ゆっくりうなずいた。

「それがええ。それがええ」

おばあちゃんの答えも、随分遠回しだった。

（横山充男『少年たちの夏』ポプラ社による　一部省略等あり）

(1) ‖線部a〜eの漢字の読み仮名を書き、平仮名は漢字に直しなさい。

(2) 〰線部の動詞の、活用の種類と活用形を書きなさい。

(3) 「おばあちゃん」は、——線部①という「お父ちゃん」の誘いに対して、まだ考えさせてほしいと述べている。このように、「おばあちゃん」が大阪に行くかどうか結論を出しかねているのはなぜか。その理由を、「おばあちゃん」の考えがよくわかるよう、本文中の言葉を使って四十五字以内で具体的に書きなさい。

(4) ——線部②とあるが、このときの「ぼく」の心情として最も適当なものを次から選び、記号を書きなさい。

ア　思いやりあふれる母の言葉を聞き、父への疑念が消えた。
イ　母のにおいに包まれ、母と暮らそうという決意が固まった。
ウ　母への警戒心が思わず緩み、母の温もりを心地良く感じた。
エ　自分だまそうとする母を見て、悲しみがこみあげてきた。

(5) ——線部③とあるが、その理由を説明した次の文の□に入る適当な言葉を、本文中から二十字以上二十五字以内で抜き出して書きなさい。

> ぼくは弟たちも□と思っていたが、実はその逆だったから。

(6) ——線部④とはどういうことか。その説明として最も適当なものを次

はみだしたものに挑戦する、つまりは背伸びをすることこそ、人間の新しい可能性を拓《ひら》いてくれるものです。そして背伸びをする動機として、仲間から認めて貰《もら》いたい、という願いは、大事なものの一つだと言いたいのです。

しかし、それでもなお、私は本を読むという行為の本質は、孤独のなかにあると考えています。人間が実際に体験できる世界は、実際の世界の本当にわずかな一部にしか過ぎません。しかも、それを体験によって知っていくときに、私たちは、多くの喜びを受け取ることも事実ですが、もう一方では、多くの苦しみや犠牲を代償に払わなければなりません。

書物は、③そうして得られた自分の世界に対して、いとも容易《たやす》くそれとは別の「世界」を私たちに見せてくれます。現在、コンピュータを媒介にして体験する世界のことを「ヴァーチャル・リアリティ」（仮想現実）などと言う習慣がありますが、「仮想的現実」というのなら、書物の方がはるかに先輩で、はるかに豊富な「仮想的世界」を私たちに伝え、体験させてくれます。コンピュータに現れる「仮想現実」は視覚的に与えられます。しかし書物が描き出す「仮想現実」は、文字を仲立ちとするだけに、人間の想像力をはるかに豊かに動員するものとなります。

書物で読んだことのある小説が映画化されることがあります。文字から想像していた主人公のイメージと、映像化されたそれとが、見事に一致していることもあれば、およそかけ離れていることもあるでしょう。言いかえれば、文字で描かれた世界というのは、映像の世界のように、一つの可能性だけが実現してしまっているのとは違って、百人の読者がいたら、百人の受け取り方ができるような、文字通り④「可能的」な世界であるのです。個人が書物と向かい合っているとき、その個人は、人生における経験も、知識も、味わった喜びの大きさも、流した涙の量も、それぞれがまちまちです。それでもよい、というか、それしかあり得ないのですから、書物から何を読み取るか、ということは、およそ個人的なことなのです。

（『読書を楽しもう』岩波ジュニア新書　所収

村上陽一郎「困った注文」による　一部省略等あり）

といふ。かせぎの曰く、「何事をもちてか恩をば報はん。我が身の色五色なり。ただこの山に我ありといふ事をゆめゆめ人に□。この事を恐るるによりて、かかる深山に隠れて、敢《あ》へて人に知られず。然《しか》るを、*4汝《なんぢ》が叫ぶ声を悲しみて、身のゆくゑを忘れて助けつるなり」といふ時に、男、「これまことにことわりなり。④さらにもらす事あるまじ」と、返す返す契りちぎて去りぬ。もとの里に帰りて月日を送れども、さらに人に語らず。

（『宇治拾遺物語』による）

＊1　天竺…インドの古い呼び方。　＊2　かせぎ…「しか」のこと。
＊3　すでに…もう少しで。　＊4　汝…おまえ。

(1) ──線部①の主語を、この一文から一文節で抜き出して書きなさい。

(2) ──線部②を現代仮名遣いに改め、全てひらがなで書きなさい。

(3) ──線部③の意味として最も適当なものを次から選び、記号を書きなさい。

ア　どのようにしてこの恩に報いてくれるのでしょうか。
イ　どうしてこの恩に報いなければならないのでしょうか。
ウ　どのようにしてこの恩にお報いいたしましょうか。
エ　どうしてこの恩に報いることができましょうか。

(4) 古文中の□に入る言葉として最も適当なものを次から選び、記号を書きなさい。

ア　語るべからず　**イ**　隠すべからず
ウ　渡すべからず　**エ**　尋ぬべからず

(5) ──線部④とあるが、どのようなことをもらすまいと言っているのか。「…ということ。」につながる形で、二十字以内で書きなさい。

2　**次の地図や資料を見て，あとの問いに答えなさい。**

(1)　**地図**中の東北地方について，次の問いに答えなさい。

i　次の文章は，東北地方の自然環境について述べたものの一部である。正しい文章になるように，文章中の①，②について，**ア**，**イ**のいずれかをそれぞれ選びなさい。

> 東北地方の中央には①［　**ア**　越後山脈　**イ**　奥羽山脈　］が南北にはしっている。山脈の合間には，大小さまざまな河川が流れており，このうち日本海へ流れこむ②［　**ア**　北上川　　**イ**　最上川　］下流部の庄内平野は，広大な稲作地域となっている。

ii　東北地方では，主に6月から8月にかけて吹く冷たく湿った風の影響で，稲が十分に育たず，収穫量が減ってしまう冷害が起こることがある。この対策として行われている稲作の工夫について，北東の風の名称を明らかにして，「**品種**」という語句を用いて書きなさい。

地図

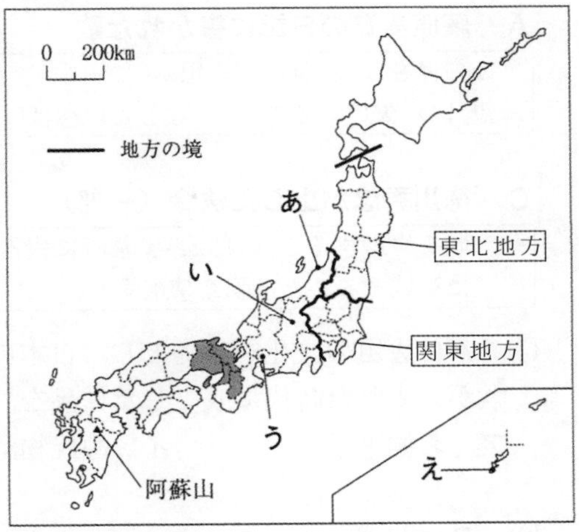

(2)　**資料1**中の**A**～**D**は，**地図**中の**あ**～**え**の都市における，30年間の1月の平均気温と平均降水量を表したものである。**資料1**中の**A**にあてはまる都市を，**地図**中の**あ**～**え**から1つ選び，記号を書きなさい。

資料1

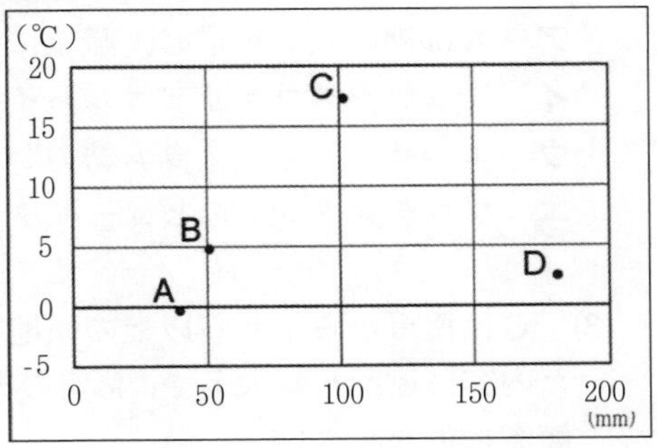

(3)　**資料2**は，**地図**中の関東地方の1都6県について，それぞれの昼夜間人口比率を示したものである。**資料2**中の**Q**にあてはまる都県名を書きなさい。ただし，昼夜間人口比率は，夜間の人口100人あたりの昼間の人口の割合のことである。

資料2

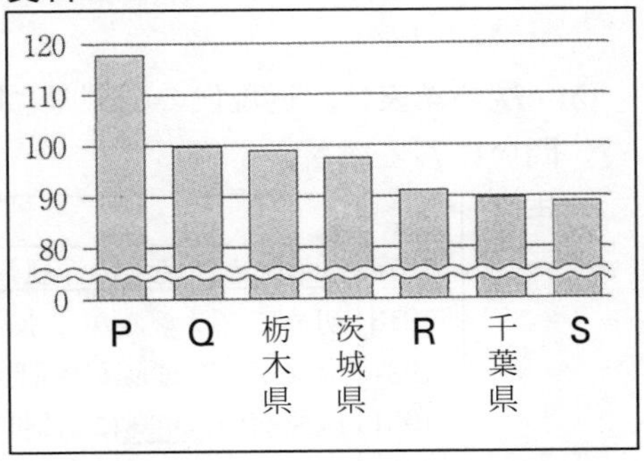

(4)　**地図**中の阿蘇山には，火山の爆発や噴火による陥没などによってできた，世界最大級のくぼ地がある。これを何というか。カタカナで書きなさい。

(5)　**資料3**は，**地図**中の  で示された4府県における2019年の農業産出額と工業製造品出荷額，2022年の重要文化財指定件数，2018年の住宅の一戸建率をまとめたものである。兵庫県にあてはまるものを，**資料3**中の**ア**～**エ**から1つ選び，記号を書きなさい。

資料3

府県	農業産出額（億円）	工業製造品出荷額（億円）	重要文化財指定件数（件）	住宅の一戸建率（%）
ア	320	172701	683	40.7
イ	403	21494	1328	67.6
ウ	666	57419	2200	55.3
エ	1509	163896	472	50.4

3 次の資料や年表を見て，あとの問いに答えなさい。

A　藤原実資の日記に書かれた歌

> この世をば　わが世とぞ思ふ
> 望月の　欠けたることも　なしと思へば

B　ルターが出した意見書（一部）

> 21. …（略）…教皇の贖宥《しょくゆう》のもとで人がすべての罰から解放され，救われると主張する，贖宥の説教者たちは，間違っている。

C　徳川秀忠が出した法令（一部）

> 一．城を修理するときは，必ず幕府に報告せよ。新たに築城することは固く禁止する。

D　北条泰時が定めた裁判を行うための基準（一部）

> 第三条　諸国の守護の職務は，…（中略）…謀反や殺害などの犯罪人を取りしまることである。

(1)　Aは唐風の文化を基礎とし，日本の風土に合った文化が生まれた時代によまれたものである。Aの歌がよまれた時代に成立した作品を，次の**ア**～**エ**から1つ選び，記号を書きなさい。

ア　お伽草子　　**イ**　源氏物語　　**ウ**　風土記　　**エ**　平家物語

(2)　Bに関連して，このできごとの前に起きた世界のできごとについて述べた文として正しいものを，次の**ア**～**エ**から1つ選び，記号を書きなさい。

ア　人は神の救いを信じ，職業にはげむべきだと主張したカルバンにより宗教改革が始まった。
イ　フランシスコ＝ザビエルらイエズス会の宣教師によって，キリスト教が海外に広められた。
ウ　エルサレムをイスラム勢力から取り戻すために，十字軍の派遣が始まった。
エ　プロテスタントのピューリタン（清教徒）は，専制政治を行う国王と対立した。

(3)　Cは将軍から1万石以上の領地を与えられた大名に対して出された法令の一部である。Cに示された内容に違反した大名や，幕府の方針に従わなかった大名は，幕府からどのような処分を受けたかを，簡潔に書きなさい。

(4)　A～Dを年代の古い順に並べ，記号を書きなさい。

(5)　次の**年表**は，近現代の山梨県に関係する対外的なできごとを示したものである。**年表**を見て，次の問いに答えなさい。

年表

年	主なできごと	
1875	㋐藤村式建築（擬洋風建築）の様式で旧睦沢学校校舎が建築される。	
1918	初めてブラジルから水晶の原石を輸入する。	㋑
1937	歩兵第149連隊が甲府に編制され，戦線へ出発する。	
1951	返還前の㋒沖縄に山梨県出身者によって慰霊塔が建てられる。	
2014	㋓インドネシアで山梨県人会が設立される。	

①　下線部㋐に関連して，この時期の日本で太陽暦の採用やランプの使用など，文化や生活様式が西洋化したことを何というか。**漢字4字**で書きなさい。

②　㋑の期間に起きた日本のできごととして正しいものを，次の**ア**～**エ**から1つ選び，記号を書きなさい。

ア　満25歳以上のすべての男子に対して，衆議院議員の選挙権が与えられた。
イ　足尾銅山の鉱毒被害に対して，被害者の救済を求める運動が始まった。
ウ　政府に対して，地租改正に反対する一揆が各地で起きた。
エ　労働者に対して，労働基準法などの労働に関する法律が定められた。

③　下線部㋒に関連して，アメリカから返還された沖縄に関して述べた文として**誤っているもの**を，次の**ア**～**エ**から1つ選び，記号を書きなさい。

2 次の表とグラフおよび，英太(Eita)とケイト(Kate)の対話について，あとの問いに答えなさい。

表　国別の日本語学習者数（人）

国名	2015 年	2018 年	2015 年からの増減
X	20,875	24,150	3,275
イギリス	20,093	20,040	−53
Y	13,256	15,465	2,209
Z	5,122	8,495	3,373
イタリア	7,031	7,831	800

グラフ　日本語学習の理由

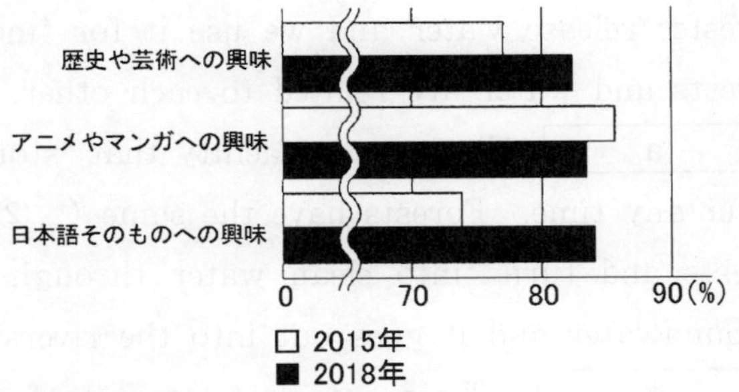

Eita：I knew you started learning Japanese when you were in your country, the U.K., and last week you told us that there were many Japanese-language learners in Europe. I wanted to learn more about them, so I made this *table and this graph.

Kate：The table is interesting. I didn't know the U.K. had so many Japanese-language learners. More people learned Japanese in my country than in *Germany in 2018.

Eita：In France, you can see a big change from 2015 to 2018. More than three thousand learners were *added.

Kate：The number increased a lot in Spain, too. I also found that Spain had the smallest number of the five countries in 2015. Now, does this graph show why people in Europe learned Japanese?

Eita：Yes. I know *anime is popular there, but I'm surprised that over eighty percent of the learners were interested in the Japanese language in 2018.

Kate：I started learning Japanese because I was a big fan of anime, but soon I became interested in the language, too. I still read the Japanese-language textbook I used in the U.K.

Eita：Really? I'd like to look at it!

Kate：OK. I'll bring ①it tomorrow.

(注)　*table　表　　*Germany　ドイツ　　*add～　～を加える　　*anime　アニメ

(1)　対話の内容と合うように，**表**中の**X～Z**にドイツ，フランス，スペインのいずれかの国名をあてはめなさい。

(2)　下線部①の it が指す内容を，日本語で具体的に答えなさい。

(3)　**表**と**グラフ**および対話の内容に合うものを，**ア～オ**から２つ選び，記号を書きなさい。

ア　Eita found that Kate learned Japanese in the U.K. after making the table and the graph.

イ　Kate looks at the table and says that the U.K. didn't have many Japanese-language learners.

ウ　The table shows that more people learned Japanese in the U.K. in 2015 than in 2018.

エ　Over eighty percent of the learners in Europe were interested in history and art in 2015.

オ　Kate says that she became an anime fan before she got interested in the Japanese language.

3 次の英文を読んで，あとの問いに答えなさい。

For many people living in Japan, it is easy to get water. But have you (①) where water comes from? It comes from forests, and they are about two-thirds of Japan's land. Forests *release water and we use it for *industry, *agriculture, our daily lives, and so on. Forests and water are related to each other.

[a] They are a *facility that *stores rainwater and water from rivers and releases water any time. Forests have the same (②). Rainwater goes into the ground under the forests and turns into clean water through the ground. The ground keeps the water as *groundwater and it goes out into the rivers slowly.

[b] There are many trees in forests, and the *roots of the trees go down into the ground. In case of rain, they *absorb rainwater and hold the ground *tightly. Without forests, there would be more *landslides in Japan when it rains.

[c] One of the main *causes of it is *carbon dioxide. Scientists say that the amount of carbon dioxide in the air is getting larger and larger. The Earth is getting warmer and warmer. Trees absorb carbon dioxide and release *oxygen while they are growing. They store carbon dioxide inside for years. The same is true for wood which is cut from a tree. So using even a piece of wood is important to protect the environment.

Could you imagine your life without forests? If there were no forests, you would have to worry about more landslides and environmental problems in the future. It would be more difficult to get water. Forests release water for your daily life. You should remember that many forests are protected by *forestry. Forestry keeps the forests safe by *repeating the cycle, such as growing, cutting, using and *planting trees again, in 50-100 years. Forestry is a *sustainable industry.

(注) *release ～　～を放出する　*industry　産業　*agriculture　農業　*facility　施設　*store ～　～を貯える
*groundwater　地下水　*root　根　*absorb ～　～を吸収する　*tightly　しっかりと
*landslide　地すべり　*cause　原因　*carbon dioxide　二酸化炭素　*oxygen　酸素
*forestry　林業　*repeat the cycle　循環を繰り返す　*plant ～　～を植える　*sustainable　持続可能な

(1) ①，②の（　）に入る最も適切なものを，**ア**～**エ**からそれぞれ１つ選び，記号を書きなさい。

① **ア** finished　**イ** had　**ウ** wondered　**エ** been

② **ア** role　**イ** place　**ウ** reason　**エ** order

(2) 本文中の [a] ～ [c] に入る最も適切なものを，**ア**～**ウ**からそれぞれ１つ選び，記号を書きなさい。

ア Forests keep the land safe.

イ Forests are like dams.

ウ Forests stop global warming.

2025年

まとめのテスト
国語／解答用紙

氏名

得点　／100

一

(1)
a　　二点
b　けて　二点
c　ち　二点
d　き　二点
e　　二点

(2)
活用の種類　活用
活用形　形
完答四点

(3)
45
八点

(4)
四点

(5)
20
25
六点

(6)
五点

二

(1)
二点

(2)
B
C
完答四点

(3)
四点

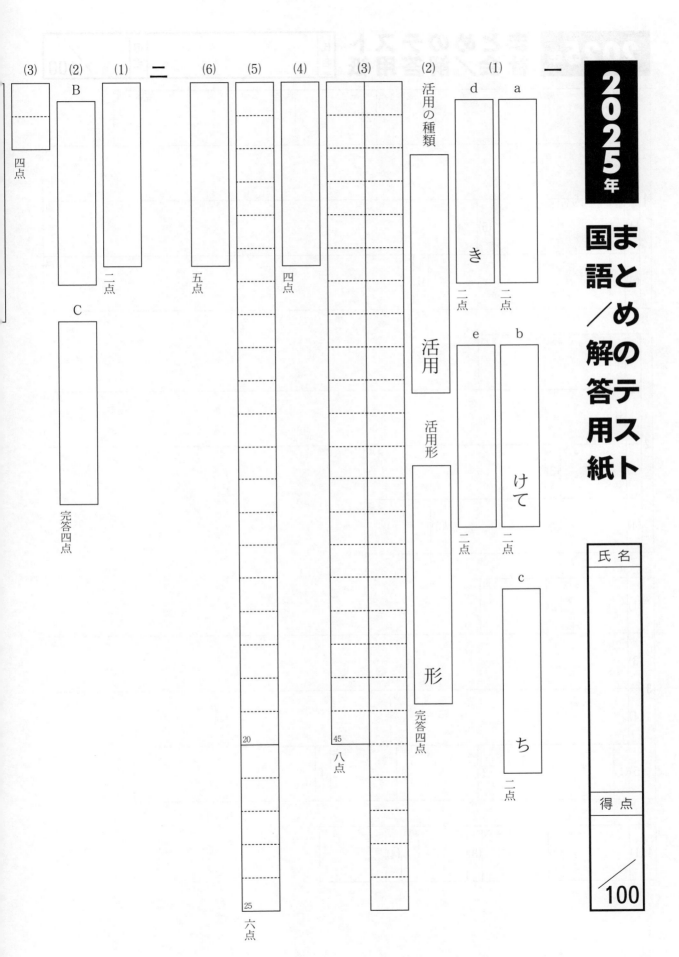

2025年 まとめのテスト 社会／解答用紙

氏名		得点	/100

1

(1)	記号	海洋名 完答4点	(2) 記号	国名 完答4点
(3)	5点			
(4)	a 3点	b 3点	(5)	5点
(6)	i 4点	ii 5点		

2

(1)	i	① 3点	② 3点
	ii	5点	
(2)	3点	(3)	4点
(4)	4点	(5)	3点

3

(1)	3点	(2)	3点				
(3)	5点						
(4)	→ → → 5点						
(5)	① 4点	②	3点	③	3点	④	4点

4

(1)	3点	(2)	3点	(3)	3点	(4)	3点

2025年 まとめのテスト 英語／解答用紙

氏名		得点	／100

1

(1) ① 3点 ② 3点 ④ 3点 ⑦ 3点

(2) 3点

(3) This name means that (　　　　) in green, ... 3点

(4) ⑤ 3点 ⑥ 3点

(5) ① 4点

② 5点

③ 5点

2

(1) X Y Z 完答4点

(2) 4点

(3) 4点 4点

3

(1) ① 3点 ② 3点 (2) a b c 完答4点

(3) 4点 (4) 4点

(5) 5点 5点

4

(1) 5点

(2) 5点

(3) 8点

三

(1)
四点

(2)
60
八点

(3)
20
六点

(4)
四点

(5)
40
八点

四

(1)
二点

(2)
二点

(3)
四点

(4)
四点

(5)
20
ということ。
七点

(3) 本文では，森林についてどのように述べられているか。最も適切なものを，**ア～エ**から１つ選び，記号を書きなさい。

ア About two-thirds of Japanese forests are related to each other.
イ Thanks to forests, rainwater turns into water for our daily lives.
ウ Forests on the Earth release more and more carbon dioxide.
エ In forests, water you need in daily life is protected by forestry.

(4) 本文の内容に合うものを，**ア～エ**から１つ選び，記号を書きなさい。

ア The trees in the forest make the water for companies, fields and towns.
イ Rainwater in the dam goes into the ground under the forest.
ウ In case of rain, the land with no trees can cause more landslides.
エ Forestry keeps growing, cutting, using and planting the woods again in one year.

(5) 本文では，森林がなくなったらどうなると述べられているか。最終段落から２つ，日本語で答えなさい。

4 **英語の授業で，「インターネットショッピング（online shopping）」について，長所と短所を話し合っています。それぞれの人物の〈メモ〉をもとに，対話文を完成させなさい。[(1)]，[(2)] には〈メモ〉に合うよう，適切な英語を書きなさい。[(3)] には，あなたの考えを書きなさい。[(3)] は，教子の意見とは違う内容で，10 語以上 20 語以内で書くこと。２文以上になってもよい。**

〈教子のメモ〉	長所	・家まで直接配送してもらえるため，商品を運ぶ必要がない。
〈英太のメモ〉	短所	・インターネットの安全な使い方を知らない人もいるため，問題が起こるかもしれない。

教子

I think online shopping is good because we [(1)] goods from shops. They are directly sent to our houses.

You may be right, Kyoko. But online shopping has a bad point, too. Some people don't [(2)] the Internet in a safe way. So some of them may have problems.

英太

あなた

I see what you mean, Eita. But I still think online shopping is good because [(3)].

2025年 まとめのテスト／英語

氏名

1 次の英文を読んで，あとの問いに答えなさい。

When I was an elementary school student, I ①(live) in *Ireland. I had a great time and a lot of experiences. Today I'll tell you about one of my interesting experiences in Ireland.

There are a lot of national holidays *related to *religion in Ireland. One is *Saint Patrick's Day. Do you know it? It is celebrated every year on March 17. There are the pictures of the day. In this picture, you can see many people ②(wear) green clothes. They are dancing on the street. So, the streets become green on Saint Patrick's Day. [a] Why do people wear green clothes on Saint Patrick's Day?

One of the reasons is related to another name for Ireland, **The Emerald Isle*. [b] This name means that ③(is / the / whole / covered / country) in green, because it rains a lot, and is warm and wet in summer. So, green is the *symbol of Ireland and ④(use) on Saint Patrick's Day.

On the day, I wore green clothes and joined the *parade with my family. It was a wonderful time because I enjoyed traditional *Irish music, clothes and food. [c] The sound of Irish music was interesting. I wish I (⑤) a traditional Irish *instrument.

Today, Saint Patrick's Day is becoming popular. It is celebrated in other cities and countries. (⑥), one of the biggest parades is held in New York City because a lot of Irish people live there. People are happy ⑦(take) part in the Saint Patrick's Day parade.

(注) *Ireland アイルランド　*related to ～ ～と関係がある　*religion 宗教
*Saint Patrick's Day セントパトリックスデー（聖パトリックにちなんだ祝日）
**The Emerald Isle* エメラルドの島　*symbol 象徴　*parade パレード　*Irish アイルランドの
*instrument 楽器

(1) ①，②，④，⑦の（　　）の英語を適切な形に直しなさい。ただし，２語になる場合もある。

(2) 本文中の [a] ～ [c] のいずれかに，At first, that looked very strange to me. という１文を補う場合，どこに補えばよいか，記号で答えなさい。

(3) ③の（　　）内の英語を意味が通るように並べかえなさい。

(4) ⑤，⑥の（　　）に入る最も適切なものを，ア～エからそれぞれ１つ選び，記号を書きなさい。

⑤　ア could play　イ will play　ウ are playing　エ have played

⑥　ア At the same time　イ However　ウ On the other hand　エ For example

(5) 本文の内容と合うように，次の質問にそれぞれ３語以上の英語で答えなさい。

① When do Irish people celebrate Saint Patrick's Day?

② What did the writer enjoy on Saint Patrick's Day?

③ Why does New York City have one of the biggest parades on Saint Patrick's Day?

ア　沖縄の返還にともない，沖縄では通貨がドルから円に切り替わった。
イ　沖縄の返還後もアメリカ軍基地は，沖縄に残され，一部は自衛隊基地になった。
ウ　沖縄の返還は，佐藤栄作首相のときに行われた。
エ　沖縄の返還に際して，原水爆禁止運動が日本国内で始まった。

④　下線部㊤に関連して，次の文章は1955年にインドネシアで開催された，ある会議について述べたものである。文章中の（　　　）にあてはまる会議の名前を書きなさい。

> 29か国の代表が，インドネシアに集まり（　　　　　）会議を開いた。この会議では，民族の独立と平和共存を柱とする平和十原則が決議された。

4　次の資料を見て，あとの問いに答えなさい。

【税は国民の暮らしを支えている】

私たちが納めた㋐税金は，㋑国民の健康で豊かな生活を実現するために，㋒国や地方公共団体が行う活動の財源となります。私たちは一人では生きていけません。税は，私たちが社会で，生活していくための，いわば「会費」といえるでしょう。

【税金の使い道を決める人たちと，私たちの関係】

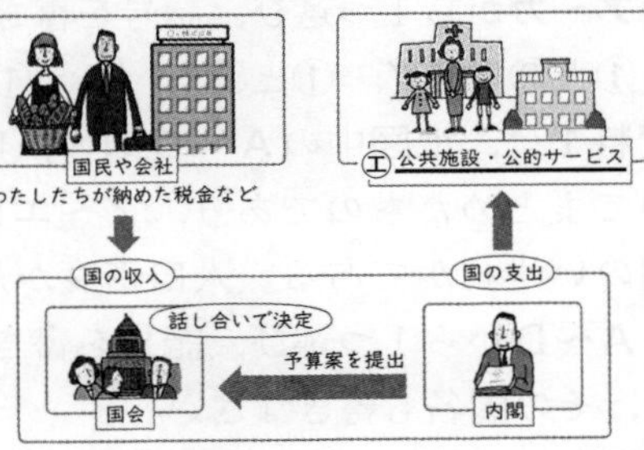

(1)　下線部㋐について，間接税を次のア～エから１つ選び，記号を書きなさい。
ア　住民税　　イ　所得税　　ウ　消費税　　エ　相続税

(2)　下線部㋑について，わが国の社会保障制度４つの柱のうち，公衆衛生について述べたものを，次のア～エから１つ選び，記号を書きなさい。
ア　生活保護法に基づき生活費などを支給し，最低限度の生活を保障する。
イ　上下水道の整備や，感染症の予防などで，人々の健康保持と環境改善を図る。
ウ　高齢者や障がい者など，社会で弱い立場になりやすい人々に，保護や援助を行う。
エ　加入者や事業主がかけ金を積みたてておき，病気，けが，失業などの際に給付する。

(3)　下線部㋒について，次の文は政府が行う財政政策について述べたものである。文中の（　X　），（　Y　）にあてはまる言葉の正しい組み合わせを，あとのア～エから１つ選び，記号を書きなさい。

> 政府は，不況のときには公共投資を（　X　）させたり，（　Y　）したりすることで，景気を回復させようとする。

ア　X　増加　　Y　減税　　　イ　X　減少　　Y　減税
ウ　X　増加　　Y　増税　　　エ　X　減少　　Y　増税

(4)　下線部㋓について，**資料**は政府の役割である福祉と国民の負担の関係を考えるために，縦軸を福祉，横軸を国民の負担として図式化したものである。「大きな政府」が位置づけられる場所を，**資料**中のア～エから１つ選び，記号を書きなさい。

資料

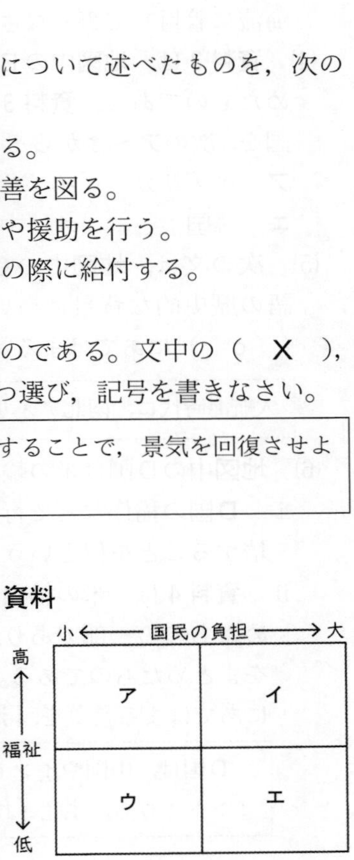

2025年 まとめのテスト／社会

氏名

1 次の地図や資料を見て，あとの問いに答えなさい。

地図

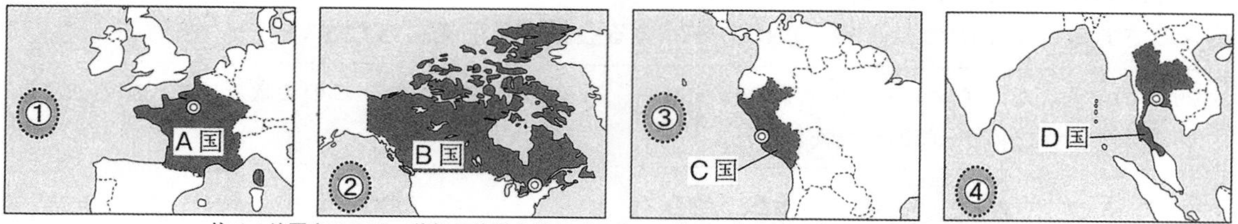

注1：地図中の◎は，首都の位置を示している。　注2：各地図の縮尺は同じではない。

(1) **地図**中の で示された①～④は，それぞれ三大洋の一部である。同じ海洋を示す組み合わせを，次の**ア**～**カ**から1つ選び，記号を書きなさい。また，その海洋名も書きなさい。

ア ①と②　**イ** ①と③　**ウ** ①と④　**エ** ②と③　**オ** ②と④　**カ** ③と④

(2) **資料1**は，**地図**中のA～D国の人口などについてまとめたものであり，**ア**～**エ**は，A～D国のいずれかである。人口密度が最も高い国をA～Dから1つ選び，記号を書きなさい。また，その国名も書きなさい。

資料1

（2019年）

	人口（千人）	国土面積（千km²）	1人あたりの国民総所得（ドル）	日本への輸出額（億円）
ア	32,510	1,285	6,635	2,683
イ	65,130	552	41,155	13,127
ウ	69,626	513	7,407	27,651
エ	37,411	9,985	45,935	12,864

(3) **資料2**は，**地図**中のA国の首都（北緯49度）と北海道札幌市（北緯43度）の雨温図である。A国の首都は札幌市より高緯度にあるが平均気温は札幌市より高い理由を，風と海流に着目して書きなさい。

資料2

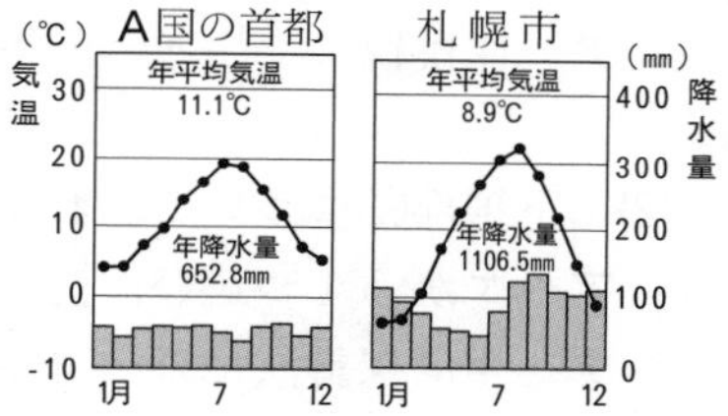

(4) **資料3**は，**地図**中のB国と日本の主な輸入相手国についてまとめたものである。**資料3**中の（ a ），（ b ）にあてはまる国を，次の**ア**～**オ**からそれぞれ1つずつ選び，記号を書きなさい。

ア アメリカ　**イ** イギリス　**ウ** ブラジル
エ 韓国　**オ** 中国

資料3

（2019年）

B国		日本	
国名	%	国名	%
（ a ）	50.8	（ b ）	23.5
（ b ）	12.5	（ a ）	11.3
メキシコ	6.1	オーストラリア	6.3

(5) 次の文は，**地図**中のC国で，先住民の言語以外の公用語の歴史的な背景についてまとめたものである。文中の（ c ）にあてはまる言葉を書きなさい。

> 大航海時代に，南北アメリカ大陸に進出した国である（ c ）として，C国は支配された。

(6) **地図**中のD国は米の輸出国である。次の問いに答えなさい。

i　D国の稲作などで行われる，同じ土地で同じ作物を1年に2回栽培することを何というか，書きなさい。

ii　**資料4**は，米の輸出国における米の生産量と輸出量についてまとめたものの一部であり，次の文は，**資料4**からわかったことや考えをまとめたものである。適切なまとめになるように，文中の（ d ）にあてはまる言葉を，「**消費**」，「**割合**」という語句を用いて書きなさい。

資料4

（2019年）

	生産量（万ｔ）	輸出量（万ｔ）
D国	2,386	685
中国	20,961	272
インド	17,765	973

> D国は，中国やインドと比較すると，生産された米が輸出に向けられる割合が高いから，D国は中国やインドよりも，生産された米が国内で（ d ）と考えられる。

三　次の文章を読み、あとの問いに答えなさい。

私は、読書というものは、極めて個人的なもの、個人の好みで行うべきもので、他人がとやかく言うものでも、言えるものでもないと堅く信じているのです。

西洋のことわざにも、馬を水場まで連れていくことはできても、水を呑《の》ませることはできない、と言います。本と出会い、そこに共感を得たり、慰めを見出《みいだ》したり、憤《いきどお》ったり、というなかで、書物との付き合いを深めていく、それは全く孤独のなかでできることであると同時に、全く孤独のなかでしかできないことでもあります。

確かに、読んだ書物について、お互いにその内容を巡っての感慨や感動を、仲間と話し合ったり、伝え合ったりすることは楽しいでしょう。それも読書の大切な目的の一つかもしれません。ちょうど、一時期の小学生たちが、学校で仲間との共通の話題を失わないように特定のテレヴィジョンの番組を見ていたのと同じように、仲間との共通の話題を持ちたいという目的で、書物を読むこともあるでしょう。

それどころではありません。恥ずかしさをおして書いてしまえば、中学生から大学初年のころには、自分はこんな本を読んでいるのだと、仲間に見せびらかしたいという、ただそれだけの理由で、私は幾つかの書物を読んだことを告白します。仲間の目を意識しなければ、果たして読み通すことができたか、そもそも読む決心をしたか、それさえ怪しい、というような事態でありました。仲間だけではなく、随分難しい本を読んでいるな、判《わか》るのかい、と大人から言われることを、多少とも期待し、そう言われたときには多少とも誇らしく思ったことも、恥をしのんで付け加えておきましょう。

ですから、①書物を読む、という行為が、完全に孤独のなかでだけ行われるものである、と決め付けているわけではありません。

世の人生訓などでは、②背伸びをする、ということは、避けるべきことであると教えられます。身の丈《たけ》に合った生き方をしなさい、という提言の裏には、自分の力量以上に背伸びをするな、という戒めがこめられています。

しかし、私は必ずしもそうは思いません。自分の力量をこんなものだと、

(1)　〰〰線部と同じ意味の言葉を、本文中から抜き出して書きなさい。

(2)　——線部①とあるが、その理由を、本文中に述べられている仲間とのかかわりに注目して、六十字以内で書きなさい。

(3)　——線部②の意味を最もよく表している部分を、文章中から二十字以内で抜き出して書きなさい。

(4)　——線部③とあるが、「自分の世界」はどのようにして得られると言っているか。最も適当なものを次から選び、記号を書きなさい。

ア　実際の体験において自分の心に刻まれる喜びや苦しみについて、その意味づけを試みることを通して。

イ　多くの苦しみや犠牲を伴う体験をもとに、自己と実際の世界との関係について考えることを通して。

ウ　孤独の中で実際の世界の大きさや複雑さを知ることによって、自分の小ささを自覚することを通して。

エ　実際の世界の限られた部分を知っていく体験の中で、多くの喜びや苦しみを感じることを通して。

(5)　——線部④とあるが、文字で描かれた世界が「可能的」な世界であると言えるのはなぜか。「イメージ」という言葉を使って、四十字以内で書きなさい。

四　次の古文を読み、あとの問いに答えなさい。

これも昔、*1天竺《てんぢく》に、身の色は五色にて、角の色は白きしか一つありけり。深山《みやま》にのみ住みて、人に知られず。その山のほとりに大きなる川あり。その山にまた烏《からす》あり。この*2かせぎを友として過ごす。

ある時この川に男一人流れて、*3すでに死なんとす。「我を人助けよ」と叫ぶに、このかせぎ、この叫ぶ声を聞きて、悲しみに堪へずして、川を泳

お母ちゃんにそう言って、ぼくの肩をきゅっと抱いた。ぼくに、たまされてなるものかと思いつつも、ほろりときた。お母ちゃんのにおいは、やっぱりいい。

けれども、ぼくは中村の町が好きだ。四万十川の流れと風と空が大好きだ。おばあちゃんはお母ちゃんの言葉にこっくりとうなずいた。

「久《ひさし》も裕子《ゆうこ》さんも、ほんまによう頑張った。偉い。あんな大金の借金を、二年でめどをつけるのは、たいしたもんぜ。確かに、家族は、一緒に暮らすのがええ。けんど、おらのことは、もうちょっと考えさせてくれんろか。向こうには墓もあるし、積み重ねてきた思い出いうもんもある」

お父ちゃんは腕を組んで、黙ってうなずいた。お母ちゃんは、どういうわけだか、鼻をすすった。こぼれそうな涙を、エプロンで拭いた。

ぼくには、お母ちゃんの涙の意味がわからなかった。けれども、それは、おばあちゃんの気持ちに対する同情のようなもので、悲しい涙でないことはわかった。

大阪から戻ったとたん、どしゃ降りの雨になった。

ぼくは、ほんとは行きたくなかった。この町が良かった。二人の弟たちだって、この四万十川で遊んで育ってきたようなものだから、きっと大阪なんか行きたくないに決まっている。友だちとも、別れなければならないし。

その夜、ぼくは弟たちに、引っ越しのことを話すことにした。長男のぼくが話をするまで、おばあちゃんは黙っていてくれた。ぼくは、弟たちがものすごく悩むだろうと思った。

ところが、大阪への引っ越しの話をすると、二人は飛び上がって喜んだ。熱に浮かされたのではないかと思われるほど、健二《けんじ》も清司《きよし》もはしゃぎまわった。③ぼく一人が、妙に落ち込んでしまった。おばあちゃんは、このことに関しては、黙ったままだった。弟たちは、当然一緒に大阪へ行くものと思っているのか、そんなおばあちゃんを気にもしていなかった。

――おばあちゃんは、どうするが。

のどもとまで出ている言葉を、ぼくは言えなかった。言うのが怖かった。だから、④随分遠回しな言い方をした。

「健二も清司も、ええがと」

ので、ふさいだように弟たちの話題をもちかけた。

イ 大阪への引っ越しに対する祖母の考えを直接聞く勇気がなかったので、弟たちの話題を出すことで間接的に聞こうとした。

ウ 大阪への引っ越しの話題を祖母に直接持ち出して怒られるのが怖かったので、さしさわりのない弟たちの話題を出した。

エ 大阪に引っ越すことを祖母が賛成してくれないので、弟たちの話題を出すことで、それとなくその気にさせようとした。

二 **次の和歌と説明文を読み、あとの問いに答えなさい。**

【Ⅰ】

白露に　風の吹きしく　秋の野は　つらぬきとめぬ　玉ぞ散りける

この歌は、[A]という表現技法を用い、風に散る[B]を[C]に見立てて、自然の情景の一こまを鮮やかに詠んでいる。

【Ⅱ】

ひさかたの　光のどけき　春の日に　しづ心なく　花の散るらむ

「ひさかたの」は「光」にかかる[D]。この歌は、はらはらと散る桜の花を見てなぜあわただしく散るのかと惜しむこころを詠んでいる。また、生命を全うした花が風もないのに次々と散っていく様子を「[E]」と擬人的に詠んでいる点が特徴である。

(1) 【Ⅰ】の[A]に入る適当な言葉を次から選び、記号を書きなさい。

ア 比喩《ゆ》　**イ** 体言止め　**ウ** 対句　**エ** 倒置

(2) 【Ⅰ】の[B]、[C]に入る適当な言葉を、【Ⅰ】の和歌から抜き出して、それぞれ漢字一字で書きなさい。

(3) 【Ⅱ】の[D]に入る適当な言葉を、漢字二字で書きなさい。

(4) 【Ⅱ】の[E]に入る適当な言葉を、【Ⅱ】の和歌から抜き出して書きなさい。

2025年 まとめのテスト／社会　解答例と解説

1　(1)記号…エ　海洋名…太平洋
(2)記号…D　国名…タイ　(3)暖流である北大西洋海流と偏西風の影響を受けるため。
(4)a．ア　b．オ　(5)スペインの植民地
(6)i．二期作　ii．消費される割合が低い

(1)　①は大西洋，④はインド洋。

(2)　A国はフランス，B国はカナダ，C国はペルー，D国はタイ。(人口密度)＝(人口)÷(面積)だから，人口が多く，国土面積が小さい方が人口密度は高くなる。ウは4か国の中で人口が最も多く，国土面積が最も小さいから，人口密度は最も高くなる。1人あたりの国民総所得の高いイとエは先進国であるフランスとカナダであり，1人あたりの国民総所得の低いアとウはペルーとタイのいずれかである。地理的に近いタイの方が日本との結びつきは強いので，日本への輸出額の多いウがタイである。

(3)　北大西洋海流と偏西風の名前がないものは×。

(4)　日本の主な輸入相手国は中国とアメリカであり，Bのカナダは隣接するアメリカとの貿易が盛んなことから，aをアメリカ，bを中国と判断する。

(5)　中南アメリカに進出したスペインとポルトガルのうち，ブラジルだけはポルトガルが支配し，その他の中南アメリカはスペインが支配した。そのため，現在でもブラジルではポルトガル語，それ以外の中南アメリカ諸国ではスペイン語が公用語となっている。

(6)i．同じ作物を1年に2回栽培すると二期作，異なる作物を1年に2回栽培すると二毛作という。
ii．中国やインドは，米の生産量も多いが，人口が多く米を主食とする人々も多いので，生産量に占める消費量の割合が高くなる。

2　(1)i．①イ　②イ　ii．やませによる冷害に強い品種を栽培する。　(2)い　(3)群馬県
(4)カルデラ　(5)エ

(1)i．越後山脈は新潟県と福島県・群馬県の県境にある。北上川は岩手県・宮城県を通って仙台平野から太平洋に注ぐ河川である。
ii．東北地方の夏の太平洋側に吹く冷たく湿った風をやませという。生産量を安定させるために，それぞれの土地の特性に合わせた品種改良が行われている。

(2)　Aは，1月の降水量が少なく平均気温が0℃を下回っていることから，内陸の気候と判断する。Bは太平洋側の気候の**う**（愛知県），Cは南西諸島の気候の**え**（沖縄県），Dは日本海側の気候の**あ**（新潟県）である。

(3)　東京都から離れた栃木県・茨城県の昼夜間人口比率が100に近く，東京都に近い千葉県の昼夜間人口比率が100を大きく下回っていることから考える。昼夜間人口比率が極端に多いPは東京都であり，東京都に隣接した埼玉県，神奈川県の昼夜間人口比率は大きく100を下回るので，ほぼ人口移動がないQは群馬県である。Rは神奈川県，Sは埼玉県。

(5)　工業製造品出荷額の多いアとエが，阪神工業地帯のある兵庫県と大阪府であり，農業産出額の少ないアが大阪府，多いエが兵庫県である。イは奈良県，ウは京都府。

3　(1)イ　(2)ウ　(3)藩のとりつぶしや領地替えを受けた。　(4)A→D→B→C
(5)①文明開化　②ア　③エ　④アジア・アフリカ

(1)　Aは藤原道長が詠んだ望月の歌である。この頃栄えた文化は国風文化であり，紫式部の『源氏物語』は，清少納言の『枕草子』とともに，国風文化を代表する作品として知られている。

(2)　ルターによる宗教改革は1517年から始まった。宗教改革の原因となったローマ教皇の贖宥状の販売は，十字軍の遠征のたびに行われていた。

(3)　武家諸法度に違反した大名や，幕府の方針に従わなかった大名は，改易（領地没収），減封（領地削減），転封（国替）などの対象となった。

(4)　A（平安時代）→D（鎌倉時代）→B（戦国時代）→C（江戸時代）

(5)②　普通選挙法は1925年に成立した。
③　沖縄返還は1972年，原水爆禁止運動は1954年に起きたビキニ環礁での第五福竜丸の被爆から始まった。
④　A・A会議やバンドン会議でもよい。

4　(1)ウ　(2)イ　(3)ア　(4)イ

(1)　税金を負担する人と納める人が一致する税を直接税，一致しない税を間接税という。間接税には，消費税のほか，酒税・たばこ税・関税などがある。

(2)　アは公的扶助，ウは社会福祉，エは社会保険。

(3)　公共投資（道路の整備や公共施設の建設）を増加させると，その事業に携わる企業だけでなく雇用も促進され，経済活動が活性化する。また，減税を行うと，家計に残るお金が増え，個人消費が活発化する。

(4)　大きな政府とは，高福祉高負担に基づいて政策を行う国家のことである。高水準の公的サービスを実現するために，税などの国民の負担が大きくなる。スウェーデンやデンマークなどの北欧の国が，大きな政府の国として知られている。

2025年 まとめのテスト／英語　解答例と解説

1　(1)①lived　②wearing　④used　⑦to take
(2) a　(3)the whole country is covered
(4)⑤ア　⑥エ　(5)①They celebrate it on March 17.　②The writer enjoyed traditional Irish music, clothes and food.　③Because a lot of Irish people live there.

(1)①　過去の出来事だから，過去形にする。
②　〈現在分詞（＝wearing）＋語句（＝green clothes)〉が後ろから名詞（＝people）を修飾する形にする。
④「セントパトリックスデーには緑色が使われる」という受け身の形〈be 動詞＋過去分詞〉にする。
⑦　•be happy to＋動詞の原形「～してうれしい」（感情の理由を表す to 不定詞の副詞的用法の文）
　•take part in ～「～に参加する」
(2)　補う文「最初，それはとても奇妙に見えました」の that は，[a] 直前の文の the streets become green「通りが緑色になる」ことを指す。
(3)　•the whole ～「～全体」　•be covered in ～「～で覆われている」（受け身の形）
(4)⑤　•I wish I could＋動詞の原形.「～できたらいいのに」（現実とは異なる願望を表す仮定法過去の文）
⑥（　⑥　）の後の内容が直前の文の具体例だから，エが適切。　•for example「例えば」
(5)①　質問「アイルランドの人々はいつセントパトリックスデーを祝いますか？」…第2段落2行目より，3月17日に祝う。
②　質問「筆者はセントパトリックスデーに何を楽しみましたか？」…第4段落1～2行目より，伝統的なアイルランドの音楽，衣装，食べ物を楽しんだ。
③　質問「なぜセントパトリックスデー最大のパレードの1つがニューヨーク市で開催されるのですか？」…第5段落2～3行目より，そこには大勢のアイルランド人が住んでいるからである。

2　(1)X.フランス　Y.ドイツ　Z.スペイン
(2)ケイトがイギリスで使っていた日本語の教科書
(3)ウ，オ

(1)　ケイトの1回目の発言「2018年に，私の国（＝イギリス）ではドイツよりも多くの人が日本語を学習した」より，ドイツはYかZ。英太の2回目の発言「2015年から2018年にかけて，フランスでは学習者が3000人以上増えた」より，フランスはXかZ。ケイトの2回目の発言「2015年のスペインの日本語学習者の数は5か国中最も少なかった」より，スペインはZ。
(2)　ケイトが明日持ってくると言っている it は，その前の発言で彼女がいまだに読んでいると述べた the Japanese-language textbook I used in the U. K. を指す。
(3)　ア「英太は，ケイトがイギリスで日本語を学習したことを×表とグラフを作った後に知った」
イ「ケイトは表を見て，×イギリスには日本語学習者があまりいなかったと言っている」　ウ○「表は，2018年よりも2015年に，イギリスで日本語を学んだ人が多いことを示している」…表より，イギリスでは2015年の方が日本語学習者が多いことがわかる。　エ「2015年には，ヨーロッパの学習者の×80%以上が歴史と芸術に興味を持っていた」
オ○「ケイトは，日本語に興味を持つ前にアニメファンになったと述べている」…ケイトの3回目の発言と一致。

3　(1)①ウ　②ア　(2)a.イ　b.ア　c.ウ　(3)イ
(4)ウ　(5)より多くの地すべりや環境問題の心配をしなければならなくなる。／水を手に入れることがさらに難しくなる。

(1)①　前後の内容から，ウが適切。　•wonder ～「～を不思議に思う」
②　森林はダムと同じ「役割」を持つ，という意味になるアが適切。
(2)　森林に関して，[a] の段落ではダムのように水を貯えるはたらき，[b] の段落では地面を固定するはたらき，[c] の段落では地球温暖化を防止するはたらきについて書かれている。
(3)　ア×「日本の森林の3分の2は互いに関わり合っている」…本文にない内容。　イ○「森林のおかげで，雨水は私たちの生活用水に変わる」…第2段落2～3行目，第5段落3行目の内容と一致。　ウ×「地球上の森林はますます多くの二酸化炭素を排出している」…本文にない内容。　エ×「森林では，生活用水は林業によって保護されている」…本文にない内容。
(4)　ア×「森林の木は企業，農地，町のために水を作る」…本文にない内容。　イ「×ダムの雨水は森林の地下に入りこむ」　ウ○「雨が降ると，木のない土地の方が地すべりが起こりやすい」…第3段落最後の1文と一致。　エ「林業は×1年の間に木々を育て，伐採し，使用し，再び植えることを続けている」
(5)　最終段落1～3行目の you would have to worry about more landslides and environmental problems と It would be more difficult to get water. の部分を日本語で答える。

4　(1)don't have to carry　(2)know how to use
(3)we can shop anytime we want and we can choose from many things

(1)　教子のメモの「運ぶ必要がない」の部分を英語にする。「～する必要がない」＝don't have to ～／don't need to ～
(2)　英太のメモの「使い方を知らない」の部分を英語にする。「～のしかた」＝how to ～
(3)「君の言いたいことはわかるよ，英太。それでも私はインターネットショッピングはいいものだと思うよ。なぜなら…」の続きを自分で考えて書く。10～20語の語数制限を守り，ミスの無い文にする。
（例文の訳）「好きなときに買い物ができるし，たくさんの商品から選ぶことができるよ」

別冊

高校入試 ここがポイント！

国語・社会・英語

解答例・解説

もくじ

解答例・解説は，「**基本問題**」「**応用問題**」のページのＱＲコードを読み取ることで，スマートフォンやタブレットでも見ることができます

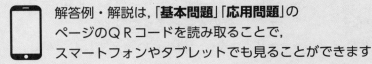

英　語

Point! 1　動詞①

基本問題　P.2 ～ 3

解答例

1　(1) am　(2) are　(3) was　(4) weren't
(5) Was　(6) isn't　(7) Was

2　(1) watches　(2) has　(3) like　(4) go
(5) made　(6) stopped　(7) study

3　(1) doesn't ／ live　(2) wasn't ／ yesterday

4　(1) I speak English in New Zealand
(2) This castle is very beautiful
(3) Tom finished his homework
(4) Are you interested in English
(5) My father does not like dogs
(6) Was your brother in the library yesterday

5　(1) イ　(2) ウ　(3) ア

解説

1　主語と時制から判断する。ポイントの１つ目の表を参照。

(1)　主語が I，時を表す言葉が now「今」(＝現在) ⇒ am

(2)　主語が Three pretty cats (＝They)，時を表す言葉が now「今」(＝現在) ⇒ are

(3)　主語が Kate (＝She)，時を表す言葉が last night「昨夜」(＝過去) ⇒ was

(4)　主語が My brothers (＝They)，時を表す言葉が yesterday「昨日」(＝過去) ⇒ weren't

(5)　主語が the book (＝it)，時を表す言葉が last week「先週」(＝過去) ⇒ Was

(6)　主語が Kumi (＝She)，時を表す言葉が now「今」(＝現在) ⇒ isn't

(7)　主語が Tom (＝he)，時を表す言葉が yesterday「昨日」(＝過去) ⇒ Was

2　主語と時制から判断する。ポイントの２つ目の表を参照。一般動詞の活用は解答例・解説 P20 ～21 参照。

(1)　主語が John (＝He)，現在の文⇒
watch → watch<u>es</u>
（watchは語尾がchだから，esをつける）

(2)　主語が Nancy (＝She)，時を表す言葉が now「今」(＝現在) ⇒ have → has

(3)　主語が John and Meg (＝They)，時を表す言葉が now「今」(＝現在) ⇒ like

(4)　didn't がある否定文⇒ go

(5)　時を表す言葉が last week「先週」(＝過去) ⇒ make → made

(6)　時を表す言葉が then「その時」(＝過去) ⇒ stop → stop<u>ped</u>
(〈短母音＋子音字〉だから，p を重ねて ed をつける)

(7)　Did がある疑問文⇒ study

3　日本語を参考に主語と時制に注意して英文を作る。

(1)　主語が He で時制が現在の否定文だから doesn't と live（一般動詞の原形）が適切。

(2)　・be 動詞＋ not at home「家にいません」
主語が I で時制が過去の否定文だから，最初の（　）は wasn't が適切。・yesterday「昨日」

4　日本語を参考にしながら英語を並べかえる。
語順はポイントを参照。

(1)　一般動詞の肯定文
・in New Zealand「ニュージーランドで」

(2)　be 動詞の肯定文　・very ～「とても～」

(3)　一般動詞の肯定文
・his homework「彼の宿題」

(4)　be 動詞の疑問文
・be interested in ～「～に興味がある」

(5)　一般動詞の否定文
・do not/does not like ～「～が好きではない」

(6)　be動詞の疑問文
・be 動詞＋ in ～「～（の中）にいる」

5　文の意味を考えて答えを選ぶ。

(1)　A「中華料理を食べたいわ」→ B「ィ<u>僕はよいレストランを知ってるよ</u>」

(2)　A「やあ，ボブ！君はうれしそうだね」→ B「えっと，ゥ<u>昨日，新しい自転車を手に入れたんだよ</u>。本当にかっこいいんだ」→ A「おお！後で見たいな」

(3)　A「あなたが先週東京へ行ったと聞いたわ」
→ B「そうだよ。そこに住んでいる兄に会ったんだ」
→ A「ァ<u>彼の家に泊まったの？</u>」
→ B「うん。一緒に買い物を楽しんだんだ」

応用問題 P.4

解答例

1 (1) isn't　(2) is ／ comes ／ came のうち1つ
(3) came　(4) likes　(5) teaches
(6) doesn't〔別解〕can't

2 ① studies　② studied　③ studied
④ studied　⑤ studies　⑥ studied
⑦ studied　⑧ six

解説

1 【日本語訳】

ケンジは中学生です。9月のある日，アメリカ出身の新しい英語の先生が彼の授業に来ました。ケンジは新しい英語の先生が教室に入って来た時，驚きました。彼女が日本人のように見えたからです。

「こんにちは，みなさん。私はメアリー・鈴木です。みなさんに会えてうれしいです。私は先月，日本に来ました。見ての通り，私は日本人のように見えます。それは私の祖父が日本人だからです。しかし私はアメリカ人で，日本語を話しません。私は日本食が大好きです。私は1年間日本にいる予定です。一緒に英語を勉強しましょう。英語はとても楽しいですよ」

(1) 第1段落1行目より，ケンジは高校生ではない。主語がKenji（= He），時制が現在，be動詞の否定文⇒ isn't

(2) 第1段落1～2行目より，新しい英語の先生（Mary）はアメリカ出身である（から来た）。主語がMary（= She）⇒ is ／ comes ／ came のうち1つ
・be from ～／ come from ～「～出身だ」

(3) 第2段落1～2行目より，メアリーは先月日本に来た。時を表す言葉がlast month「先月」（= 過去）⇒ come → came

(4) 第2段落3行目より，メアリーは日本食がとても好きである。主語がMary（= She），時制が現在⇒ like → likes
・like ～ very much「～がとても好きだ」

(5) 第1段落と第2段落より，メアリーはケンジの学校で英語を教える。主語がMary（= She），時制が現在⇒ teach → teaches

(6) 第2段落3行目より，メアリーは日本語を話さない。主語がMary（= She），時制が現在の一般動詞の否定文⇒ doesn't　・speak ～「～を話す」

2 【日本語訳】

ケンは毎日家で理科を勉強します。

今週，彼は月曜日に30分，火曜日に30分勉強しました。水曜日は20分，その翌日は1時間勉強しました。金曜日はまた1時間勉強したいと思っていましたが，英語の宿題をしなければならなかったので40分しか勉強しませんでした。毎週土曜日は通常，1時間勉強しますが，今週は月曜日のテストに備え，2時間勉強しました。今日は日曜日で，彼は1時間勉強しました。

今週彼は月曜日から日曜日までで6時間理科を勉強しました。

主語と時制から判断する。
主語がhe/she/it，時制が現在⇒ study → studies
時制が過去⇒ study → studied

① 主語がKen（= He）で，英文から現在の習慣と読み取れる。⇒ study → studies

②③④ 時を表す言葉がThis week「今週」とあるが，過去であると考える。⇒ study → studied

⑤ 主語がHe，時を表す言葉がevery Saturday「毎週土曜日」(=現在)⇒ study → studies

⑥ 時を表す言葉がlast Saturday「この前の土曜日」（= 過去）⇒ study → studied

⑦ 時を表す言葉がToday「今日」とあるが，過去であると考える。⇒ study → studied
現在でも過去でも使える言葉
・today「今日」
・this morning「今朝」
・this week「今週」
・this month「今月」

⑧ 月曜日30分＋火曜日30分＋水曜日20分＋木曜日1時間＋金曜日40分＋土曜日2時間＋日曜日1時間＝6時間　・from A to B「AからBまで」

Point!

2 進行形・疑問詞

基本問題 P.6～7

解答例

1 (1) playing　(2) lives　(3) was
(4) playing　(5) cooking〔別解〕making
(6) Where　(7) What　(8) Why

2 (1) I was running in the park at three yesterday.
(2) Was he listening to the music then?
(3) I am cooking curry and rice now.
(4) When is your birthday?
(5) Why were you late for school today?
(6) What time do you usually get up?

3 (1) When　(2) How　(3) Whose
(4) Who

4 (1) You are wearing a nice jacket
(2) What were you doing at three yesterday
(3) A cat is running after a mouse
(4) What color are you looking for
(5) Which do you have, fish or chicken

5 (1) Are they sleeping under the tree now?
(2) How many rabbits does that man have?
(3)疑問文…Who built the house?
答えの文…My father did.
(4) What time does his brother get up?

解説

1 進行形は〈be 動詞＋一般動詞の ing 形〉で表す。
一般動詞の ing 形は解答例・解説 P20 参照。
疑問詞は日本語から判断する。

(1) (　) の直前に be 動詞⇒一般動詞の ing 形。

(2) live「住んでいる」はふつう進行形にしない動詞。主語が Kate（= She）⇒ lives

(3) 過去の特定の時を表す言葉 then「その時」がある過去進行形の文。主語が He ⇒ was

(4) 現在進行形では，否定文でも一般動詞は ing 形にする。⇒ playing

(5) 現在進行形では，疑問文でも一般動詞は ing 形にする。⇒ cooking

(6) 「どこ」= Where

(7) 「何」= What

(8) 「なぜ」= Why

2 進行形の文と，疑問詞を使った文のつくり方は，ポイントを参照。

(1) 〈was/were ＋一般動詞の ing 形〉で過去進行形の文になる。

(2) 進行形の疑問文は be 動詞を主語の前に置く。

(3) cook の ing 形⇒ cooking

(4) ・When ～?「いつ～?」（時を尋ねる表現）

(5) ・Why ～?「なぜ～?」（理由を尋ねる表現）

(6) ・What time ～?「何時に～?」（時刻を尋ねる表現）

3 相手が何を答えているかで疑問詞を決める。

(1) last winter「去年の冬」とあるから，時を尋ねる When「いつ」が適切。

(2) by bike「自転車で」とあるから，手段を尋ねる How「どのように」が適切。

(3) my brother's「私の兄のもの」とあるから，持ち主を尋ねる Whose「だれの」が適切。

(4) 主語を尋ねる疑問文「だれが / 何が～しますか？」は，〈Who/What ＋動詞＋?〉
相手が Tom did.「トムがしました」と答えたから，人を尋ねる Who「だれ」が適切。

4(1) 現在進行形は〈am/are/is ＋一般動詞の ing 形〉

(2) 疑問詞 What の後は疑問文の語順。進行形の疑問文は be 動詞を主語の前に置く。

(3) (1)を参照。・run after ～「～を追いかける」
run の ing 形⇒ running　n を重ねることに注意。

(4) (2)を参照。・What ＋名詞 …?「どの～?」

(5) ・Which ～, A or B?「A と B のどちらを～しますか？」

5(1) 進行形の疑問文は be 動詞を主語の前に置く。

(2) ・How many ～?「いくつの～?」（数を尋ねる表現）に続く rabbit は複数形の rabbits にする。
・have ～「～を飼っている」

(3) 主語を尋ねる疑問文とその答え方は，ポイントを参照。・build ～「～を建てる」 build → built

(4) **2**(6)を参照。・get up「起きる」

応用問題 P.8

解答例

1 (1) walking (2) What are they doing

(3)① She stayed there for three days.

② They got pearls last year.

(4) 川がきれいになること。／真珠が採れること。

2 (1) What do you think about your future?

(2) I was watching TV in my room.

(3) How many people does Sendai have?

〔別解〕How many people are there in Sendai?

(4) Where did you go yesterday?

解説

1 【日本語訳】

先週，私は大阪にいる友人を訪ね，そこに３日間滞在しました。その２日目，私たちは川の近くを散歩していました。そして川で舟に乗っている数人の男性を見ました。

私は友人に「彼らは何をしているの？」と尋ねました。彼女は「彼らは川の中のイケチョウ貝の世話をしているのよ」と言いました。

彼女は「人々は長い間，川を利用したの。川はとても汚くなったわ。それで数人がプロジェクトを始めたのよ。彼らは川にイケチョウ貝を入れたの。１個のイケチョウ貝は１日に200リットルの水をきれいにすることができるのよ。それにイケチョウ貝は真珠を作ることもできるわ。去年，彼らはイケチョウ貝から真珠を採ったのよ。今では多くの人々がこのプロジェクトを通して川をきれいにすることに興味を持っているわ」とも言いました。

そのプロジェクトは私にとって興味深いものでした。私達は生活と環境のために川をきれいにしなければなりません。

(1) （　　）の直前にbe動詞（＝were）があるから過去進行形の文。⇒一般動詞をing形にする。

(2) 疑問詞Whatの後は疑問文の語順。進行形の疑問文はbe動詞を主語の前に置く。

(3)① 「ブラウン先生はどのくらいの間，大阪に滞在しましたか？」…第１段落１行目より，「３日間」が適切。How long～？「どのくらいの間～？」に対して，〈for＋期間〉「～の間」を使って答える。

② 「人々はいつ，イケチョウ貝から真珠を採りましたか？」…第３段落３～４行目より「去年」が適切。pearlsはthemでもよいが，主語のtheyと区別するため，解答例では代名詞にしていない。

(4) 第３段落２～３行目に，イケチョウ貝を川に入れることの２つのよい点が書かれている。

2 (1) What do you think about ～？「～についてどう考えていますか？」は相手の意見や考えを尋ねる表現。「どう」という日本語に対してHowを使いたくなるが，考えを尋ねる場合は，「こと／もの」を尋ねる疑問詞のWhatを使う。

(2) 過去進行形の文で答える。

(3) How many ～ do/does … have? ＝How many ～ are there in …?「…にはいくつの～がありますか？」How manyの後は複数名詞。

(4) 場所を尋ねるときはWhere～？「どこに～？」を使う。

Point!
3　助動詞

基本問題　P.10 ～ 11

解答例

1　(1) can　(2) will　(3) has　(4) may
(5) should　(6) Can　(7) won't
(8) must

2　(1) Paul can sing very well.
(2) John won't make a chair for you this afternoon.
(3) 疑問文…Must I go to school by bus?
答えの文…No, you don't have to.
(4) You should see a movie with Kyoko every month.

3　(1) 母のためにケーキを作りましょうか？―はい，そうしましょう。
(2) ドアを開けてもいいですか？―いいえ，開けてはいけません。

4　(1) エ　(2) ウ　(3) イ　(4) ア

5　(1) You must not go to school tomorrow
(2) George is going to be a famous singer
(3) What should we do next
(4) Ann has to study science right now
(5) It will be sunny tomorrow

6　(1) Kate doesn't have to help her mother.
(2) Shall we play soccer after school?
(3) Eita may forget us.

解説

1　日本語の述語から助動詞を決める。
(1)　・can ～「～することができる」(可能)
(2)　・will ～「～するつもりだ」(未来)
(3)　・have/has to ～「～しなければならない」
(　　) の直後に to，時制が現在，主語が Eita（= He）だから has にする。
(4)　・may ～「～してもよい」(許可)
(5)　・should ～「～すべきだ」(義務)
(6)　助動詞の疑問文は〈助動詞＋主語＋動詞の原形＋～？〉の語順。
(7)　will not = won't
(8)　・must not ～「～してはいけない」(禁止)

2　助動詞の文のつくり方はポイントを参照。
(1)　肯定文では助動詞は動詞の前に置く。また，主語が三人称単数であっても助動詞の後の動詞は原形。
(2)　will not = won't
(3)　Must ＋主語～？「～しなければなりませんか？」の質問に No で答えるときは，No, ～ don't/doesn't have to ～.
(4)　・should ～「～すべき」(義務)

3(1)　・Shall we ～？「(一緒に) ～しましょうか？」(勧誘)
(2)　・May I ～？「～してもいいですか？」(許可)

4　助動詞を使った疑問文への答え方を覚えよう。ポイントの〔助動詞を含む表現とその答え方〕を参照。
(1)　・May I ～？「～してもいいですか？」(許可)
代表的な答え方は Sure. や No, you can't.
(2)　・Shall we ～？「(一緒) ～しましょうか？」(勧誘)
代表的な答え方は Yes, let's. や No, let's not.
(3)　・Shall I ～？「(私が) ～しましょうか？」(申し出)
代表的な答え方は Yes, please. や No, thank you.
(4)　・Will you ～？「～してもらえませんか？」(依頼)
の代表的な答え方は Sure. や Sorry, I can't.

5(1)　**1**(8)を参照。
(2)　・be going to ～「～するでしょう」(未来)
(3)　疑問詞の後は疑問文の語順。　・next「次に」
(4)　・have/has to ～「～しなければならない」(強制)
(5)　助動詞 will の直後に be 動詞の原形がくる。

6(1)　・don't have to ～「～する必要がない」
主語が Kate（= She）⇒ doesn't
(2)　・Shall we ～？「(一緒に) ～しましょうか？」(勧誘)
(3)　・may ～「～かもしれない」(推量)

応用問題 P.12

解答例

1 (1) will／stay

(2) **レポートを書くこと。／インターネットを使うこと。／メールを送ること。**

(3) have／to／study

(4) **イ，エ**

2 (1) What are you going to do tomorrow?

〔別解〕What will you do tomorrow?

(2) May I use this dictionary?

〔別解〕Can I use this dictionary?

(3) must clean this room.

〔別解〕have to clean this room.

(4) Would you like a cup of coffee?

〔別解〕Would you like some coffee?

解説

1 【日本語訳】

茂雄：淳，明日カナダへ行くそうだね。
淳：うん。英語学習プログラムに参加するんだ。
茂雄：どのくらいの間，カナダにいるんだい？
淳：そこに３週間いるよ。
茂雄：それはいいな。これは淳へのプレゼントだよ。
淳：ありがとう，おじいちゃん。これはとても役立つだろうね。
茂雄：そう，これでレポートを書けるし，インターネットも使えるし，メールも送れるね。
淳：ありがとう。カナダで熱心に勉強しなくちゃ。

(1) ・will ～「～するつもりだ」（未来） 動詞を含む２語だから be going to ～は不適。

(2) 茂雄の４回目の発言から読み取る。

(3) ・have to ～「～しなければならない」（義務） 動詞を含む３語だから must ～は不適。

(4) ア「茂雄は淳がアメリカへ行くつもりだということを知っている」…淳が行くのはアメリカでなく，カナダ。

イ「淳はカナダに３週間滞在する予定だ」…淳の２回目の発言と一致。

ウ「淳は茂雄からノートをもらった」…ノートでインターネットを使ったり，メールを送ったりすることはできない。

エ「茂雄からのプレゼントはとても役立つだろう」…淳の３回目の発言と一致。

2 (1) 疑問詞の後は疑問文の語順。

(2) ・May I ～？＝Can I ～？「～してもいいですか？」（許可） May I ～？は立場に上下関係があるとき，Can I ～？は対等な立場のときによく使われる。

(3) ・You must/have to ～．「あなたは～しなければなりません」（強制）＝「～しなさい」

(4) ・Would you like ～？「～はいかがですか？」

〔ポイントに載っていない助動詞を含む表現〕

◆ Would you like ～？「～はいかがですか？」（提案）
→ Yes, please.「はい，お願いします」
→ No, thank you.「いいえ，けっこうです」

◆ I would like to ～．「～したい」（丁寧な願望）

◆ You mustn't ～．＝ Don't ～．
「～してはいけない」（禁止）

〔主な短縮形〕

is not	→	isn't
are not	→	aren't
was not	→	wasn't
were not	→	weren't
do not	→	don't
does not	→	doesn't
did not	→	didn't
will not	→	won't
would not	→	wouldn't
can not	→	can't
could not	→	couldn't
should not	→	shouldn't
must not	→	mustn't

Point! 4　形容詞・副詞・比較

基本問題　P.14～15

解答例

1 (1) good　(2) something cold
2 (1) (イ)　(2) (ウ)　(3) (ア)　(4) (ウ)
3 (1) happier　(2) fastest
(3) more beautiful
4 (1) Taro studies English harder than his brother.
(2) Jane plays the piano (the) best in her class.
(3) Hayato likes tea better than coffee.
(4) Tom is as tall as his sister.
(5) I can't play baseball as well as my friend.
5 (1) Kenta's mother did.
(2) His brother did.
6 (1) Mt. Asama is not as high as Mt. Fuji
(2) Which does he like better, apples or tomatoes
(3) Akiko can speak English a little
(4) He often plays baseball in the park
(5) I will eat something good
7 (1) I saw five blue birds today.
(2) Eita should study more.
(3) Is Kyoko the most famous in this town?
(4) Soccer is as popular as baseball.

解説

1 (　　) の前後の言葉から判断する。
(1) (　　) の直前に a，直後に名詞 (player)
⇒形容詞の原級 good「良い」が適切。
なお，well は「上手に」という意味の副詞。
(2) something (＝不定代名詞) を形容詞で修飾するときは something cold「何か冷たいもの」の語順。

2 形容詞，副詞を置く位置はポイントを参照。どの語句を修飾しているかに注意して答えを選ぶ。
(1) old (＝形容詞) は名詞の直前⇒(イ)
(2) 〈something＋形容詞〉の語順⇒(ウ)
(3) usually (＝頻度を表す副詞) は一般動詞の直前⇒(ア)
(4) always (＝頻度を表す副詞) は be 動詞の直後⇒(ウ)

3 (　　) の前後の言葉から判断する。比較級・最上級のつくり方は解答例・解説 P 9 を参照。
後ろに than ⇒比較級にする。
前に the，後ろに in/of ＋○○⇒最上級にする。
(1) (　　) の直後に than ⇒比較級にする。
happy → happier
(2) (　　) の直前に the，直後に in ＋○○⇒最上級にする。
(3) (　　) の直後に than ⇒比較級にする。
beautiful のような長いつづりの形容詞や副詞の比較級は，〈more ＋形容詞・副詞〉にする。
beautiful → more beautiful

4 〈比較級＋than＋○○〉，〈the＋最上級＋in/of＋○○〉，〈as ＋原級＋ as ＋○○〉，〈not as ＋原級＋ as ＋○○〉を使う。
(1) hard を比較級にする。hard → harder
(2) well「上手に」は不規則に変化する副詞。
well － better － <u>best</u>
(3) ・like A better than B「B より A の方が好き」
(4) ・as ＋原級＋ as ＋○○「○○と同じくらい～」
(5) 「友達は私より上手に野球ができる」＝「私は友達ほど上手に野球ができない」
・not as ＋原級＋ as ＋○○「○○ほど～ではない」

5 (1) 「一番多く魚を釣ったのはだれですか？」…9 匹釣った母。got を did にすることに注意。
(2) 「健太と同じくらい魚を釣ったのはだれですか？」…6 匹釣った兄。

6 (1) **4**(5)を参照。
(2) ・Which do you like better, A or B?「A と B ではどちらの方が好きですか？」
(3) ・a little「少し」(程度を表す副詞)
(4) often (＝頻度を表す副詞) は一般動詞の直前に置く。
(5) something good「何かおいしいもの」の語順

7 (1) ・five blue birds「5 羽の青い鳥」
〈数＋形容詞＋名詞〉の語順。
(2) 現状と比較する場合などでは，than ＋○○をつけないこともある。
・study more「もっと (たくさん) 勉強する」
・study harder「もっと (熱心に) 勉強する」
(3) famous → the most famous
(4) **4**(4)を参照。

応用問題　P.16

解答例

1　(1)① warmest　② coldest　③ warmer
(2) エ　(3) イ

2　(1) My sister often watches TV.
(2) It is one of the tallest buildings in Japan.
(3) Kenji is as rich as Bill.
(4) What is the most popular sport in your country?
〔別解〕What sport is the most popular in your country?

解説

1【日本語訳】

智彦は僕に彼の旅行について話してくれました。それは彼の初めてのカナダ旅行でした。まず，彼は飛行機で大阪からモントリオールへ行きました。カナダでは，人々はフランス語と英語を話します。彼は大学でフランス語を勉強したので，そこではそれを話そうとしました。彼は多くの観光地を巡るツアーに参加し，ガイドとフランス語で話をしました。その後，彼はトロントを訪れ，それからバンクーバーに来ました。彼は「モントリオールはトロントより寒かったよ。バンクーバーは３都市の中で一番暖かいよ」と言いました。僕は驚きました。僕はサンフランシスコとシアトル，そしてバンクーバーを訪れ，その３都市の中ではバンクーバーが一番寒く感じたからです。僕はサンフランシスコがシアトルよりも暖かくも感じました。智彦は，僕と話をした後，日本行きの便に乗るため空港へ行きました。

(1)①②　直前に the，直後に of ⇒最上級にする。
③　直後に than ⇒比較級にする。

(2)　１～４行目から読み取る。智彦は大阪からモントリオールへ行き，その後トロントを訪れ，そしてバンクーバーに来た。４行目の after that「その後」と and then「それから」に注意する。

(3)　イ「智彦はこの旅で英太と同じ数の都市を訪れた」…智彦は(2)の３都市を，英太はサンフランシスコ，シアトル，バンクーバーの３都市を訪れた。
ア「英太はこの旅ではいつもフランス語を話していた」…本文にない内容。
ウ「智彦はよくカナダを訪れていた」…１行目から読み取る。It was his first trip to Canada.「それは彼（智彦）の初めてのカナダ旅行でした」

2(1)　often（＝頻度を表す副詞）は一般動詞の前に置く。時制が現在，主語が三人称単数⇒ watches
(2)　tall「高い」を最上級 the tallest にする。
(3)　・as … as ～「～と同じくらい…」
(4)　popular「人気がある」を最上級 the most popular にする。

〔比較級・最上級のつくり方〕
（原級 − 比較級 − 最上級）

◆基本
比較級…語尾に er をつける。
最上級…　〃　est をつける。
（例）old − old**er** − old**est**

◆語尾が e
比較級…語尾に r だけをつける。
最上級…　〃　st だけをつける。
（例）larg**e** − large**r** − large**st**

◆語尾が＜子音字＋ y ＞
比較級…語尾 y を i にして er をつける。
最上級…　〃　est をつける。
（例）eas**y** − eas**ier** − eas**iest**

◆語尾が＜短母音＋子音字＞
比較級…語尾の子音字を重ねて er をつける。
最上級…　〃　est をつける。
（例）bi**g** − big**ger** − big**gest**

◆２音節以上の形容詞・副詞
比較級…more をつける。
最上級…most をつける。
（例）**famous** − **more** famous − **most** famous

◆不規則変化
good/well − **better** − **best**
many/much − **more** − **most**

Point!

5　to不定詞・動名詞

基本問題 P.18～19

解答例

1　①エ　②ウ　③ア　④イ

2　(1) listen　(2) to see　(3) swimming
(4) to watch　(5) inviting　(6) Beginning
(7) is

3　(1) reading　(2) cooking　(3) to speak
(4) to go　(5) watching　(6) to take

4　(1) He began walking slowly
(2) What sport do you want to play
(3) Do you have anything to eat
(4) It isn't bad for children to read manga
(5) I was surprised to see her
(6) He told me to come back in one hour

5　(1) Are you good at playing tennis?
(2) is interesting to talk about great people.
(3) I am happy to see Tom.
〔別解〕I am glad to see Tom.

6　(1) I will enjoy reading books in summer vacation.
〔別解〕I will enjoy reading books during summer vacation.
(2) I don't know how to get to the station.

解説

1　ポイントを参照。前置詞の to も出題されることがある。

①　方向を示す前置詞の to「～へ」
・from A to B「A から B まで」

②　to 不定詞の副詞的用法「～するために」の文。

③　to 不定詞の形容詞的用法「～するための」の文。

④　to 不定詞の名詞的用法「～すること」の文。

2　to 不定詞か動名詞かを選ぶ問題は直前の言葉や熟語に注目する。

(1)　to 不定詞〈to ＋動詞の原形〉の名詞的用法。
・like to ～「～することが好き」

(2)　to 不定詞の副詞的用法「～するために」の文。

(3)　enjoy の後の動詞は動名詞（ing 形）にする
・enjoy ～ ing「～して楽しむ」

(4)　・want ＋人＋ to ～「（人）に～してほしい」

(5)　前置詞の後の動詞は動名詞（ing 形）にする。
・Thank you for ～ ing「～してくれてありがとう」

(6)　begin「始める，始まる」の ing 形⇒ beginning

(7)　動名詞は単数名詞として扱う。pictures が複数形だからといって，are を選ばないように注意しよう。

3(1)　finish の後の動詞は動名詞（ing 形）にする。

(2)　前置詞の後の動詞は動名詞（ing 形）にする。
・be good at ～ ing「～するのが得意だ」

(3)　・it is … for ＋人＋ to ～「（人）にとって～することは…だ」

(4)　・where to ～「どこへ～すべきか」

(5)　・How about ～ ing?「～するのはどうですか？」

(6)　to 不定詞の形容詞的用法「～するべき」の文。

4(1)　・begin ～ ing ～＝ begin to ～「～し始める」

(2)　・what sport「どのスポーツ」
・want to ～「～したい」

(3)　・something/anything to eat「何か食べ物」

(4)　it is … for ＋人＋ to ～「～することは…だ」の否定文。

(5)　感情の理由を表す to 不定詞の副詞的用法。
・be surprised to ～「～して驚く」

(6)　・tell ＋人＋ to ～「（人）に～するよう言う」

5(1)　**3**(2)を参照。

(2)　**3**(3)を参照。〈for ＋人〉が入らない形。

(3)　感情の理由を表す to 不定詞の副詞的用法。
・be happy/glad to ～「～してうれしい」

6(1)　**2**(3)を参照。

(2)　・how to ～「～する方法」

応用問題 P.20

解答例

1 (1)**公園でスポーツをすること。／両親を手伝うこと。**

(2)**イ**

(3)**ストレッチ**

(4)**汗で失った水分を取り戻す必要があるから。**

(5)① To work well for a long time.

② No, it isn't.

解説

1 【日本語訳】

健康でいるためにはだれもが運動をしなければなりません。運動は若く健康な人々だけのものではありません。お年寄りや病気の人々も運動をするべきです。あなたも自分に適した運動を見つけることができます。あなたはどんな運動をしていますか？

毎日運動をするのは良いことですが，スポーツセンターへ行く必要はありません。公園でスポーツをしたり，両親を手伝ったりすれば十分です。

運動をすると体が熱くなります。体を冷やすために汗をかきます。筋肉は長時間活動するために酸素を必要とします。運動をすると，筋肉に酸素を送るため，呼吸が速くなります。この運動が人をより健康にするのです。

運動を始める前に筋肉を温めるのはよいことです。筋肉を温めると，筋肉はより動きやすくなります。ストレッチを行うべきです。こうすることで，体は動きやすくなります。

運動中は呼吸の仕方を意識しましょう。うまく呼吸ができないと，筋肉がすべての酸素を得ることができません。ゆっくりと，深呼吸をすべきです。

運動を終えた後，筋肉を冷ますのはよいことです。数分間ゆっくり走ったり，歩いたりしてみてください。そしてさらにストレッチをしてください。汗で失った水分を取り戻す必要もあります。だから，運動をした後，水分をとるのは大事なことです。

(1) 第2段落“You can play ... help your parents.”から読み取る。

(2) 下線部①の直後“to give the oxygen to your muscles”から読み取る。このto不定詞は理由・目的を表す副詞的用法「～するために」

(3) 下線部②の前のsome stretchesを指す。

(4) 理由はsoの前にある。第6段落最後の1文のYou also need ... in your sweatから読み取る。

(5)① 「なぜ筋肉は酸素を必要とするのですか？」…第3段落1～2行目より，長時間活動するため。このように理由を答える問題では，to不定詞の副詞的用法「～するために」を使って答えることができる。

② 「運動後に筋肉を温めることはよいことですか？」…第6段落1行目より，筋肉を冷ますことがよい。

◆後ろにくるのがto不定詞か，動名詞かで意味が変わる動詞

remember to ～「～することを覚えている」
remember ～ing「～したことを覚えている」

I remember to visit my friend.
私は友達を訪ねることを覚えています。
（まだ友達を訪ねてはいない）

I remember visiting my friend.
私は友達を訪ねたことを覚えています。
（もう友達を訪ねた）

forget to ～「～することを忘れる」
forget ～ing「～したことを忘れる」

I forgot to do my homework.
私は宿題をすることを忘れていました。
（まだ宿題をしていない）

I forgot doing my homework.
私は宿題をしたことを忘れていました。
（宿題をしたが，そのことを忘れていた）

try to ～「～しようとする」
try ～ing「試しに～してみる」

I try to study every day.
私は毎日勉強しようとしています。
（実際に勉強しているかはわからない）

I try studying every day.
私は試しに毎日勉強してみています。
（実際に勉強している）

stop to ～「～するために立ち止まる」
stop ～ing「～するのをやめる」

I stopped to talk with my friend.
私は友達と話すために立ち止まりました。

I stopped talking with my friend.
私は友達と話すのをやめました。

Point!

6 There・接続詞・間接疑問文

基本問題 P.22 ～ 23

解答例

1 (1) are　(2) weren't　(3) When
(4) before　(5) it is

2 (1) After　(2) If　(3) when　(4) because

3 (1) There are three pens on the desk
(2) There were two chickens in the garden
(3) If he comes, we can play baseball
(4) We went to the park before we went home
(5) He doesn't know where I live

4 (1) There are a lot of houses on the hill.
(2) Were there any watches on the table?
(3) Yes, there are.
(4) John was watching TV when his mother came home.
(5) My city has four schools.

5 (1) When ／ sleeping
(2) came〔別解〕went ／ because
(3) are ／ there
(4) London ／ has

6 (1) I think (that) he ate the cake.
〔別解〕I think (that) he had the cake.
(2) I know why he came.
(3) I was very surprised because it was beautiful.

解説

1 〈There + be 動詞〉の文では，時制と直後の名詞からbe動詞を決める。接続詞は，日本語の意味がヒントになる。間接疑問文では，疑問詞の後は肯定文の語順。

(1)（　　）の直後がthree apples（＝複数）⇒ are

(2)（　　）の直後がany students（＝複数）
⇒ weren't　・not any ～「～が1つもない」

(3)「私が家に帰った時，彼は料理をしていた」
英文の意味からwhenが適切。

(4)「雨が降る前に，家に帰ろう」前置詞during ～「～の間」の後に〈主語＋動詞〉が来ることはないから，接続詞beforeが適切。

(5) 間接疑問文だから肯定文の語順であるit isを選ぶ。

2 文の意味から，最適な接続詞を選ぶ。

(1)「夕食を食べた後に，あなたは歯を磨くべきだ」

(2)「もし明日早く起きたら，電車に乗れるだろう」

(3)「私が家に帰った時，雨が激しく降っていた」

(4)「私の姉はひどい風邪をひいたので寝ています」

3 接続詞の文は主語と動詞が2組あるので，日本語に注意して並べかえる。

(1)(2)〈There + be 動詞＋もの＋場所 .〉の語順。

(3) ifの直後の文は，未来のことであっても現在形で表す。

(4) 日本語では「帰る前」だが，全体が過去のことを表しているから英語は過去形で表す。
・before ＋主語＋動詞「～する前に」

(5) 間接疑問文。where I liveの語順。

4 (1) a lot of ～「たくさんの」は複数を表す言葉だから，isをareにして，houseの語尾にsをつける。

(2) 疑問文はbe動詞をthereの前に置く。
some → anyに注意。

(3) 疑問文への答えは〈Yes, there + be 動詞 .〉か〈No, there + be 動詞＋ not.〉

(4)〈過去進行形の文＋ when ＋過去形の文 .〉「～した時…していた」の文。

(5) ポイントのhave/hasを使った書きかえを参照。

5 (1)「眠っていました」は過去進行形で表す。

(2) 理由を表す接続詞はbecause「～だから」。

(3) ・How many ＋数えられる名詞の複数形＋ are there ＋場所？「(場所) に (もの) はいくつありますか？」(数を尋ねる表現)

(4)〈場所＋ have/has ＋もの〉「(場所) に (もの) がある」

6 (1) I think (that) の後は主語と動詞のある文にする。

(2) 間接疑問文。疑問詞whyを使う。時制に注意。

(3) because「～だから」を使って理由を表す。

応用問題 P.24

解答例

1 (1)① this group there were four members

② I think that they know the Beatles and their songs

(2) the ／ Beatles

(3) all ／ over ／ the ／ world

(4)① Yes, he does.

② They visited Japan in 1966.

③ She wants them to listen to the Beatles' songs.

(5) イ

解説

1 【日本語訳】

みなさん，こんにちは。私の大好きな音楽グループ，イングランド出身のザ・ビートルズについて話をします。このグループにはジョン，ポール，ジョージ，リンゴの４人のメンバーがいます。みなさんは彼らを知っていますか？彼らの曲を知っていますか？もし彼らについて知らなければ，ご両親に聞いてみてください。彼らはザ・ビートルズとその曲を知っていると思います。私の両親は彼らの大ファンです。それで私は車の中でよく彼らの曲を聴きます。すぐに私も彼らのファンになりました。

彼らには多くのヒット曲があります。それらは世界中の人々の間で人気があります。ビートルズはイエスタデイ，ヘルプなどの人気の曲を作りましたが，私はレット・イット・ビーが一番好きです。そのメロディはとても美しいです。私は彼らの曲を何曲か歌うことができます。英語の曲を覚えることは英語の練習に適しています。

1966 年，彼らはコンサートをするため，日本を訪れました。若者の多くが彼らの音楽に熱狂しました。ザ・ビートルズは1970年に解散しました。しかし，今でも世界中の人々がザ・ビートルズの曲を愛しています。みなさんが彼らの曲を聴いてくれたらうれしいです。ご清聴ありがとうございました。

(1)① 基本は〈There + be 動詞 + もの + 場所 .〉だが，〈場所〉が最初に来ることもある。

② ・think (that) 〜「〜だと思う」

(2) 前文の their は them と同様，ザ・ビートルズを指す。

(3) 「世界中」という表現は，３語なら around the world，４語なら all over the world。

(4)① 「藍子の父親はザ・ビートルズが好きですか？」…第１段落４行目 “My parents are big fans of them” から読み取る。

② 「ザ・ビートルズはいつ，コンサートをするために日本を訪れましたか？」…第３段落１行目より，1966 年。

③ 「藍子は他の生徒たちにどうしてほしいと思っていますか？」…第３段落３行目から読み取る。

(5) ア「藍子は家に帰る途中の電車の中でザ・ビートルズの曲を聴いています」…そのような記述はない。
イ「藍子は英語の曲を覚えることが英語を練習するよい方法だと思っています」…第２段落３行目と一致。
ウ「藍子はいつビートルズが日本でコンサートをしたかを知りません」…第３段落１行目より，藍子はビートルズが 1966 年に日本でコンサートをしたことを知っていた。

Point!

7　受動態・動詞②

基本問題　P.26 ～ 27

解答例

1　(1) spoken　(2) found　(3) cooked
(4) eating　(5) taken　(6) seen

2　(1) A pizza is eaten by Yusuke every day.
(2) The dog is loved by everyone.
(3) Were you helped with your homework by your mother?
(4) Her dictionary wasn't used by her.
(5) This book was read by him many years ago.

3　(1) Tom broke the windows.
(2) Did Jane write the letter?
(3) My mother didn't cook this fish.

4　(1) When was his cap found
(2) I bought my brother a pen yesterday
(3) He called her Eri ten years ago
(4) They helped me do my homework
(5) Will you show me your notebook

5　(1)もち　(2)腕時計

6　(1) The cake was made by my mother.
(2) The music made me excited.
(3) The desk was made of wood.
(4) Mt. Fuji is covered with snow.
(5) Her mother made her stay home.

解説

1　文の意味を考えて判断する。〈be 動詞＋一般動詞〉は２種類ある。①「～される（た）」という意味が自然なら過去分詞（＝受動態の文）にする。②「～している（た）」という意味が自然なら ing 形（＝進行形の文）にする。

(1)　English は「話される」が自然⇒過去分詞にする。過去分詞は解答例・解説 P20 ～ 21 参照。

(2)　the key は「見つけられた」が自然⇒過去分詞にする。

(3)　this miso soup は「作られた」が自然⇒過去分詞にする。

(4)　He はオレンジを「食べていない」が自然。これは現在進行形の否定文。⇒ ing 形にする。

(5)　these pictures は「撮られた」が自然⇒過去分詞にする。

(6)　this bird は「見られる」が自然⇒過去分詞にする。

2　能動態→受動態の書きかえ。否定文・疑問文は，肯定文を作ってから作るとミスが減る。

(1)(2)　受動態の基本は〈be 動詞＋過去分詞＋ by ○○〉。時制は be 動詞を現在形や過去形にして表す。

(3)　受動態の疑問文は be 動詞を主語の前に置く。最初に肯定文 You were helped with your homework by your mother. を作ってから were を前に出す。

(4)　受動態の否定文は be 動詞の直後に not を置く。最初に肯定文 Her dictionary was used by her. を作ってから，was → wasn't にする。

(5)　文末に many years ago「何年も前に」があるので過去形にする。read や put など原形と過去形が同じ動詞は時制がわかりづらい。

3　受動態→能動態の書きかえ。by の直後の人を主語にする。be 動詞の時制に注意して書きかえよう。

(1)　were があるから時制は過去。break を過去形にする。break － <u>broke</u> － broken

(2)　Was があるから時制は過去。能動態の疑問文を作るので文頭は Did。written → write（原形）

(3)　wasn't があるから時制は過去。能動態の否定文は一般動詞の前に didn't を置く。cooked → cook（原形）

4(1)　疑問詞の後は疑問文の語順。

(2)　・buy ＋人＋もの「（人）に（もの）を買う」

(3)　・call ＋人＋呼び名「（人）を（呼び名）で呼ぶ」

(4)　・help ＋人＋一般動詞の原形「（人）が～するのを助ける」

(5)　・show ＋人＋もの「（人）に（もの）を見せる」

5(1)　「それは伝統的な日本の食べ物です。それは元日に食べられます。『それは丸い』と言う人もいれば，『それは四角い』と言う人もいます」→もち

(2)　「それは私たちに時刻を示します。それは多くの人々に身につけられます。とても高価なものもあればとても安価なものもあります」→腕時計（時計は×）

6　受動態の英作文は時制と主語によって be 動詞が変化することに注意しよう。

(1)　by ～「～によって」で動作をする人を表す。

(2)　・make ＋人＋状態「（人）を（状態）にする」

(3)　・be made of ～「～から作られる」(材料を表す)
・be made from ～「～から作られる」(原料を表す)

(4)　・be covered with ～「～で覆われている」

(5)　・make ＋人＋動詞の原形「人に～させる」

応用問題 P.28

解答例

1　(1)① of pizza was made in 1889

② A famous chef was asked

(2)平らなパンの上にトマトとハーブをのせて焼いた新しい料理を食べるため。

(3)色がイタリアの国旗と同じ赤，白，緑だった。

(4)① They came from South America.

② Yes, there were.

解説

1　**【日本語訳】**

　ピザはイタリアが発祥だと思っている人は多いことでしょう。しかし実は，それはギリシャで初めて作られたのです。1～2世紀ごろ，ギリシャの人々は，大きくて平らなパンを焼いてハーブ，玉ねぎ，その他の野菜を上にのせました。16世紀の初め，旅行者たちは南アメリカからヨーロッパへトマトをもたらしました。多くの人がトマトを食べるのは危険だと思っていましたが，ナポリの貧民たちは空腹のあまり，それを食べてしまいました。彼らはトマトとハーブを平らなパンにのせて焼きました。17世紀には，この新しい食べ物を食べるために人々はナポリの貧民街を訪れました。

　現代のようなピザは1889年に作られました。イタリアの女王マルゲリータはボローニャを訪れていました。ある有名なシェフが彼女のために夕食を作るよう頼まれました。彼は特別なピザを作ることにしました。その色は赤，白，緑のイタリア国旗と同じでした。シェフはこの新しい料理をピザ・マルゲリータと呼びました。それは女王の大好物の1つとなり，イタリアの人々はそれを楽しみ始めました。イタリアの他の地方の人々も違う種類のピザを作りました。魚や肉，チーズや他の野菜ののったピザもありました。

(1)①　「(現代の種類の) ピザは1889年に作られた」という文を作る。

・the modern kind of ～「現代の種類の～」

・in 1889「1889年に」「月／季節／年」を表すときにはinを使う。「日付／曜日」にはon,「時間」にはatを使う。右段の前置詞の使い方参照。

②　「有名なシェフが頼まれた」という文を作る。

・ask＋人＋to ～「(人) に～するよう頼む」の受動態。

(2)　第1段落の最後の2文から読み取る。tryは「食べてみる」や「試着する」などの意味もあるので，前後の文章に合わせて日本語にする。

(3)　第2段落3行目から読み取る。赤はトマト，白はチーズ，緑はハーブ (バジル) の色。

(4)①　「トマトはどこからヨーロッパに来ましたか？」…第1段落3～4行目から読み取る。「旅行者がトマトを南アメリカからヨーロッパにもたらした」→「トマトは南アメリカから来た」

②　「1889年以降，イタリアでは多くの種類のピザがありましたか？」…第2段落5～6行目から読み取る。

◆前置詞の使い方

・「月／季節／年」の前につける in

I will visit my grandparents in August.

私は8月に祖父母を訪ねるつもりです。

He goes skiing in winter.

彼は冬にスキーに行きます。

We got married in 2020.

私たちは2020年に結婚しました。

・「日付／曜日」の前につける on

The sports festival will be held on October 5th.

体育祭は10月5日に行われるでしょう。

She plays the piano on Wednesdays.

彼女は毎週水曜日にピアノを弾きます。

・「時間」の前につける at

The train leaves at 10:30.

その電車は10時30分に発車します。

Point!
8　現在完了

基本問題　P.30～31

解答例

1　(1) been　(2) have known　(3) has
(4) for　(5) read

2　(1) finished　(2) been　(3) heard
(4) has　(5) worked

3　(1) have／known　(2) has／never
(3) have／just　(4) long／lived
(5) never／been

4　(1) They have just arrived at school
(2) I have been studying English for three hours
(3) He has not been at home for three days
(4) They have never heard about Africa
(5) I have been to Hawaii once
(6) How long have you been playing tennis

5　(1) has／wanted／since
(2) Have／you／yet

6　(1) I have been to Tokyo Tower twice.
(2) I have lived in Izu for a long time.
(3) Have you ever seen Mt. Fuji?

解説

1　have/has の後ろの動詞は過去分詞にする。
主語が he/she/it ⇒ has
(1)（　　）の直前が have ⇒過去分詞にする。
be － was/were － been
(2)　since last year「去年から」は現在完了“継続”
⇒ have known
(3)（　　）の直前が She ⇒ has
(4)（　　）の直後が five years「5年」⇒ for
for の後には期間を表す英語，since の後には過去を表す英語が来る。
(5)（　　）の直前が Have you ever ⇒過去分詞にする。　read［ri:d］（リード）の過去分詞は read［red］（レッド）で，同じスペルだが発音が違う。

2(1)（　　）の直前が has just ⇒過去分詞にする。
just より現在完了“完了”の文。
(2)（　　）の直前が have ⇒過去分詞にする。
現在完了“継続”の文。
(3)〈Have＋主語＋ever＋過去分詞＋～?〉「(主語) は～したことがありますか？　hear－heard－heard
(4)「徳川家康は400年間ずっと死んでいる」→「徳川家康は400年前に亡くなった」主語(Tokugawa Ieyasu ＝ He) ⇒ have → has
(5)　he の前に has ⇒過去分詞にする。現在完了“経験”の頻度を尋ねる疑問文。

3　現在完了は過去の出来事が現在に影響しているという意味。
(1)「私は10年前に彼を初めて知り，今でも知っている」＝「私は10年間彼を知っている」(継続)
(2)「ケンは日本語で手紙を書く機会がなかった」＝「ケンは一度も日本語で手紙を書いたことがない」(経験)
(3)「私は数分前に夕食を食べ始めた。ちょうど今，食べ終えた」＝「私はちょうど夕食を食べたところだ」(完了)
(4)「メアリーは今，中国に住んでいる。彼女はいつそこに住み始めたの？」＝「メアリーはどのくらいの間，中国に住んでいるの？」(継続)
(5)「ヨウコはディズニーランドへ行く機会がなかった」＝「ヨウコは一度もディズニーランドへ行ったことがない」(経験)「(場所) に行ったことがある」は〈have been to ＋場所〉で表す。〈have gone to ＋場所〉は「(場所) に行ってしまった」という意味なので，ここでは不可。

4　現在完了でよく使われる表現を語順に注意して並べかえる。
(1)〈have just ＋過去分詞〉「ちょうど～したところ」
(2)　現在完了進行形〈have been ＋一般動詞の ing 形＋ for …〉「…の間ずっと～している」
(3)　現在完了継続の否定文。
(4)〈have never ＋過去分詞〉「一度も～したことがない」
(5)〈have ＋過去分詞＋ once〉「一度～したことがある」
(6)〈How long have ＋主語＋ been ＋一般動詞の ing 形?〉「どのくらいの間，(主語) は～していますか？」

5(1)〈has ＋過去分詞＋ since…〉「…以来ずっと～している」last year は過去を表すから since が適切。
(2)〈Have ＋主語＋過去分詞＋ yet?〉「もう (主語) は～してしまったの？」

6(1)〈have ＋過去分詞＋ twice〉「二度～したことがある」
(2)「長い間」＝ for a long time
(3)〈Have you ever ＋過去分詞＋～?〉「あなたは～したことがありますか？」

応用問題 P.32

解答例

1 (1) **this ／ hot ／ weather**

(2) **I have never seen it before**

(3) ③ **イ** ④ **カ** ⑤ **ア**

(4) **使わないときは折りたたんでかばんに入れて持ち運べる点。**

(5) **ウ**

解説

1 【日本語訳】

ヒル先生：この部屋の中はすごく暑いわね。本当にこの暑い気候がいやだわ。

教子：そうですね。私も好きではありません。だから私はいつもこれを持ち歩いていますよ。

ヒル先生：それは何？一度も見たことがないわ。

教子：これは折りたたみ式のうちわです。日本語では扇子と言います。

ヒル先生：どうやって使うのか，教えてくれるかしら？

教子：はい，こうやって使います。わかりましたか？やってみてください。

ヒル先生：まあ！すてきだわ。

教子：使わないときは折りたたんでかばんに入れて持ち運べます。だから便利です。

ヒル先生：そうね。そのすてきな絵も好きだわ。それは富士山かしら？

教子：ええ，日本には様々な扇子があります。絵や言葉，香りまでついた扇子もあるんですよ。

ヒル先生：本当？それなら私は，絵が描かれた扇子が欲しいわ。日本を去る前にアメリカの友達にもいくつか買っていきたいわ。

教子：お友達はきっと先生の贈り物を気に入ってくれると思います。

ヒル先生：そうなるといいわね。

教子：それぞれの扇子に何か言葉を書いてはどうですか？

ヒル先生：それはいいわね！そうしたら『ファン・レター』になるわね。

(1) itは直前にヒル先生が好きではないと言った「この暑い気候」を指す。

(2) 〈have never＋過去分詞〉「(1度も)～したことがない」

(3)③ 直後に教子が使い方を見せているので，使い方を見せてもらえるか尋ねるイが適切。

④ 直後の文の代名詞itは扇子に描かれた絵を指すから，カが適切。

⑤ 教子が「彼ら（ヒル先生の友達）が先生の贈り物を気に入ってくれると思う」と言ったのでヒル先生は「そうなるといいわね」と言った。

(4) 教子の4回目の発言を日本語でまとめる。

(5) ア「部屋の中は涼しい」…ヒル先生の1回目の発言と不一致。

イ「教子はヒル先生に扇子の使い方を教えなかった」…ヒル先生は教子に扇子の使い方を教わったので，不一致。

ウ「ヒル先生はアメリカにいる友達に扇子を買うつもりだ」…ヒル先生の6回目の発言と一致。

Point!
9 分詞・関係代名詞・仮定法

基本問題 P.34～35

解答例

1 (1) drawn (2) spoken (3) reading
(4) used (5) sleeping (6) playing
(7) has (8) are

2 (1) who (2) which (3) which

3 (1) This is the train which goes to Tokyo
(2) There was a boy who worked at the festival
(3) I wish it were sunny today
(4) Look at the blue bird singing on the tree

4 (1) who／wrote (2) bought／by
(3) running／in (4) who／likes
(5) father／gave

5 (1) covered／are (2) woman／waiting
(3) that／were

6 (1) If she were my teacher, I would study hard.
(2) The cookies (which) you gave me were delicious. (下線部は that でもよい)
(3) I want to talk with the person who found this dog.
(4) Ran is the dog (which) Tom has. (下線部は that でもよい)
(5) If I had wings, I could fly.

解説

1 (1)～(6)は，（　　）の直前の名詞と動詞の意味から，(7), (8)は，時制と関係代名詞の直前の名詞から判断する。
(1) picture「絵」は描かれたもの⇒過去分詞にする。draw － drew － drawn
(2) languages「言語」は話されるもの⇒過去分詞にする。speak － spoke － spoken
(3) man「男性」が a difficult book「難しい本」を読んでいる，が自然⇒現在分詞にする。
(4) car「車」は使われたもの⇒過去分詞にする。
(5) cat「ネコ」が眠っている，が自然⇒現在分詞にする。
(6) girl「女の子」が guitar「ギター」を弾いている，が自然⇒現在分詞にする。
(7) 前の名詞が bus だから，has にする。
(8) 英文の意味と直後の studying から判断する。「図書館で勉強している少年が３人いる」

2 （　　）の直前の名詞と直後の単語から判断する。ポイントの表参照。
(1) 直前の名詞が boy（人），直後が is（動詞）⇒ who
(2) 直前の名詞が book（もの），直後が shows（動詞）⇒ which
(3) 直前の名詞が picture（もの），直後が my brother（名詞）⇒ which

3(1) 「東京行きの電車」＝「東京へ行く電車」＝ the train which goes to Tokyo
(2) 〈There ＋ be 動詞＋～〉「～がいる（いた）」「お祭りで働く少年」＝ a boy who worked at the festival
(3) 仮定法〈I wish ＋主語＋動詞の過去形～ .〉の形。be 動詞は were を使う。
(4) 「木の上で鳴いている青い鳥」＝ the blue bird singing on the tree

4(1) 「私はその男性を知っています。彼はこの本を書きました」＝「私はこの本を書いた男性を知っています」
(2) 「これは CD です。私はそれをその店で買いました」＝「これはその店で私に買われた CD です」
(3) 関係代名詞の文を〈名詞＋現在分詞＋語句〉に書きかえる。
(4) 「メアリーは少女です。彼女は本が大好きです」＝「メアリーは本が大好きな少女です」
(5) 「これは父によって私に与えられた腕時計です」＝「これは父が私に与えた腕時計です」…関係代名詞が省略された文に書きかえる。

5(1) 「雪で覆われた山」＝ Mountains covered with snow　現在形，主語が複数（Mountains）⇒ be 動詞は are を使う。
(2) 「バス停で待っていた女性」＝ A woman waiting at the bus stop
(3) 直前の名詞が人と動物（a boy and a dog）⇒関係代名詞は that を使う。

6(1) 仮定法の文。be 動詞は were を使う。
(2) 「君が僕にくれたクッキー」＝ the cookies（which/that）you gave me
(3) 「この犬を見つけた人」＝ the person who found this dog
(4) 「トムが飼っている犬」＝ the dog（which/that）Tom has
(5) 仮定法の文。過去形の had と could を使う。

応用問題 P.36

解答例

1 (1)① **They were different from the umbrellas we use today**

④ **umbrellas were left in**

(2) **（人々が）開いたり閉じたりできる傘。**

(3) **当時，雨が降っている時に傘を使うのは女性だけだったから。**

(4)① **No, they weren't.**

② **Because they are cheap.**

③ **Yes, there are.**

解説

1 【日本語訳】

　雨が降っているとき，私たちはよく傘を使います。しかし大昔，傘は雨のために使われることはありませんでした。古代エジプトでは，権力を持つ人だけが太陽の強い光を防ぐために傘を使っていました。それらは私たちが今日使っている傘とは違いました。当時の傘は常に開いた状態だったのです。13 世紀になり，ヨーロッパの人々は新しい種類の傘を作りました。それは開いたり閉じたりできる傘でした。

　18 世紀になると，ヨーロッパの女性たちが雨の中，傘を使い始めましたが，男性たちは使いませんでした。男性たちは雨の日に帽子をかぶりました。後にロンドンのある男性が雨の中，傘を使い始めました。当時は雨の時に傘を使うのは女性だけだったので，人々はその男性を奇妙だと思いました。約 30 年後，他の男性たちも彼のように雨の中，傘を使うようになりました。

　今日，多くの種類の傘がありますが，日本では多くの人々がビニール傘を買います。それらは安いのでよく売れます。日本では毎年 1 億 3000 万本もの傘が売れます。しかしバスや電車，その他の場所に放置される傘が多いです。これは問題です。例えば東京では 1 年のうちにたくさんの傘が放置されましたが，取りに来た人はほんの少しでした。バスや電車，その他の場所に放置される傘がなくなって欲しいです。

(1)①　we use today が umbrellas を修飾している。umbrellas の後ろに関係代名詞 which/that が省略されている。

・be different from ～「～と違う」

④　受動態〈be 動詞＋過去分詞〉の文。

leave － left － <u>left</u>

(2)　下線部②の直後の文 "It was ... and close." で傘の特徴が述べられている。

(3)　下線部③の文の前半 "At that time ... it was raining" から読み取る。

(4)①「傘は古代エジプトで多くの人々に使われましたか？」…第 1 段落 2 行目より，傘を使ったのは権力者だけだった。

②「なぜビニール傘は日本でそんなに人気があるのですか？」…第 3 段落 2 行目より，ビニール傘は値段が安いからよく売れる。

③「東京では，放置された傘がたくさんありますか？」…第 3 段落より，Yes, there are. と答える。

英語付録 1

動詞の活用

1．規則変化

動詞の語尾に注目しよう。

(1) 主語が三人称・単数（he / she / it などに置きかえられる）で，時制が現在の s

語尾	s のつけ方	例
通常	s をつける	play → plays, like → likes
s, o, x, ch, sh	es をつける	go → goes, wash → washes
子音字＋y	y を i にして es をつける	study → studies, try → tries

(2) 過去形・過去分詞

語尾	ed のつけ方	例
通常	ed をつける	play → played, look → looked
子音字＋y	y を i にして ed をつける	study → studied, try → tried
短母音+子音字	子音字を重ねて ed をつける	stop → stopped
e	d をつける	live → lived, like → liked

(3) ing 形（現在分詞）

語尾	ing のつけ方	例
通常	ing をつける	play → playing, look → looking
発音しない e	語尾の e をとって ing をつける	come → coming, have → having
短母音+子音字	子音字を重ねて ing をつける	swim → swimming, begin → beginning

2．不規則変化

過去形・過去分詞が上記のルールとは違う変化をする動詞。1つ1つ覚えよう。

(1) AAA 型 （原形 / 過去形 / 過去分詞がすべて同じ）

意味	原形	過去形	過去分詞
～を置く	put	put	put
～を読む	read [riːd]（リード）	read [red]（レッド）	read [red]（レッド）

(2) ABA 型 （原形と過去分詞が同じ）

意味	原形	過去形	過去分詞
～になる	become	became	become
来る	come	came	come
走る	run	ran	run

(3) ABB 型 （過去形と過去分詞が同じ）

意味	原形	過去形	過去分詞
～を持ってくる	bring	brought	brought
～を買う	buy	bought	bought
～を教える	teach	taught	taught
～を聞く	hear	heard	heard
～を作る	make	made	made
～を伝える	tell	told	told
～を建てる	build	built	built
～を去る	leave	left	left
～を意味する	mean	meant [ment]（メント）	meant [ment]（メント）
～を見つける	find	found	found
～を持っている	have	had	had
～に会う	meet	met	met
～を手に入れる	get	got	got（gotten）
～と言う	say	said［sed］（セッド）	said［sed］（セッド）
～に勝つ	win	won［wʌn］（ワン）	won［wʌn］（ワン）

ABC 型の過去分詞って
最後に n がつくものが
多いんだね

(4) ABC 型 （原形 / 過去形 / 過去分詞がすべて違う）

意味	原形	過去形	過去分詞
～である	be	was / were	been
～を食べる	eat	ate	eaten
～を与える	give	gave	given
～を見る	see	saw	seen
～（言語）を話す	speak	spoke	spoken
～を持っていく	take	took	taken
～を書く	write	wrote	written
～をする	do	did	done
行く	go	went	gone
～を始める	begin	began	begun
～を知っている	know	knew	known

英語付録2

入試によく出る表現

(1)　be 動詞や一般動詞を含む表現

表現	意味	表現	意味
be good at ～	～が得意だ	agree with ～	～に賛成する
be interested in ～	～に興味がある	go to bed	寝る
be famous for ～	～で有名だ	go shopping	買い物に行く
be born	生まれる	go fishing	釣りに行く
be different from ～	～と異なる	get up	起きる，起き上がる
be afraid of ～	～を恐れる	give up	あきらめる
be surprised at ～	～に驚く	would like to ～	～したい(丁寧な言い方)
be proud of ～	～を誇りに思う	be sure that ～	～だと確信している
be afraid that ～	残念ながら～	think of ～	～について考える
look at ～	～を見る	turn on ～	～をつける
look for ～	～を探す	turn off ～	～を消す
look like ～	～に似ている	try on ＋名詞 (try＋代名詞＋on)	～を試着する
look forward to ～ ing	～することを楽しみに待つ		
take care of ～	～の世話をする	stand up	立ち上がる
take a message	伝言を預かる	sit down	すわる
take part in ～	～に参加する	listen to ～	～を聴く

(2)　会話表現

表現	意味	表現	意味
Of course.	もちろん。	Excuse me.	すみません。
That's right. =You're right.	その通り。	Just a minute. =Wait a minute.	ちょっと待って。
I see.	わかりました。	See you (later).	またね。
That's too bad.	お気の毒に。	Thank you (for ～).	(～を)ありがとう。
Don't worry.	心配しないで。	Let's see.	ええと。
(That) Sounds good.	それはいいね。	All right.	わかった。大丈夫。
Here you are.	はい，どうぞ	What's wrong?	どうしたの？

(3)　数量を表す表現

表現	意味	表現	意味
a few＋数えられる名詞	(数が)少しの～	more than ～	～以上
a little＋数えられない名詞	(量が)少しの～	a lot of ～［形容詞］	(数・量が)たくさんの～
not ～ any … =no …	…が1つも～ない	a lot［副詞］	おおいに
no one	だれも～ない	most of ＋代名詞 most of the＋名詞	～のほとんど

(4) 時間を表す表現

表現	意味	表現	意味
after a while	しばらくして	after school	放課後
all day	一日中	at first	まず，第一に
every day	毎日	one day	ある日
these days	最近	some day = someday	いつか
in the morning/ afternoon/evening	午前中(午後／夕方)に	for a while	しばらくの間
in the future	将来	as soon as ～	～するとすぐに
for a long time	長い間		

(5) 場所を表す表現

表現	意味	表現	意味
all over the world =around the world	世界中に	(2つ) between A and B (3つ以上) among ～	AとBの間に ～の中で
in front of ～	～の前に	next to ～	～のとなりに
on the way to ～	～へ行く途中に	on ～'s left/right	左／右側に
over there	向こうに		

(6) その他の表現

表現	意味	表現	意味
one another = each other	お互いに	not ～ at all	全く～ない
both A and B	AとBの両方とも	～ and so on	～など
not A but B	AではなくB	by the way	ところで
not only A but also B	AだけでなくBも	even if ～	たとえ～だとしても
in need= in trouble	困って	a kind of ＋名詞	～の一種
in peace	平和に	too … to ～	…すぎて～できない
… enough to ～	～するには十分…	so … that ～	とても…なので～
～ as well = ～ , too	～も	for example	たとえば
because of ～	～のために	instead of ～	～のかわりに

社　会

Point! 1　地理①　アジア・アフリカ・ヨーロッパ

基本問題　P.2〜3

解答例

1　(1)A．**韓国**　B．**中国**　C．**フィリピン**
D．**タイ**　E．**マレーシア**　F．**インドネシア**
G．**インド**　H．**サウジアラビア**
(2)㋐**黄河**　㋑**長江**　㋒**メコン川**
㋓**チャオプラヤ川**　㋔**エーヤワディー川**
㋕**ガンジス川**　㋖**インダス川**　㋗**ヒマラヤ山脈**
(3)①**経済特区**　②**一人っ子政策**
(4)**ヒンドゥー教**

2　(1)**c**　(2)**サハラ砂漠**
(3)コートジボワール…**ウ**　ナイジェリア…**イ**
ボツワナ…**ア**　(4)**モノカルチャー経済**

3　(1)㋐**ライン川**　㋑**アルプス山脈**
㋒**ピレネー山脈**　㋓**北大西洋海流**
(2)**フィヨルド**
(3)［記号／国名］　A.［**エ／イギリス**］
B.［**ア／フランス**］　C.［**ウ／ドイツ**］
D.［**イ／イタリア**］　E.［**オ／スペイン**］

解説

1(1)　国名・位置・首都まで覚えておきたい。

(2)　東南アジア・南アジアを流れる河川の河口付近には，**三角州(デルタ)**が広がり，稲作などが盛んに行われている。

(3)①　**経済特区**では，**外国企業が進出しやすくなる**ように，関税の免除などの優遇措置がとられている。進んだ**先進国の技術をとり入れて，工業化を進める**ことが目的であった。**安価な労働力**を大量に確保できるため，多くの外国企業が経済特区に進出したことで，沿海部は工業化に成功し，内陸部から仕事を求めて人々が移動し，**沿海部への人口集中**が進んだ。その結果，**内陸部と沿海部の経済格差が拡大した**ため，中国政府は内陸部を開発する**西部大開発**や**一帯一路**構想を計画した。

②　人口増加を抑えるために，漢族の夫婦一組につき子どもは一人までとする計画生育政策を**一人っ子政策**という。この政策によって，**少子高齢化**が急激に進んだこと，男子を望む家庭が増え，男子の割合が増えたことなどの弊害も生まれた。2016年から，一人っ子政策は二人っ子政策に改められた。

2(1)　アフリカ大陸の赤道通過地点は，中央部にある**ビクトリア湖**を目安にするとよい。

(2)　**サハラ砂漠**は，東西約4800km，南北約1800kmに広がる世界最大の砂漠で，南部の**サヘル地帯**では現在でも砂漠化が進んでいる。

(3)　コートジボワールはカカオ豆，ナイジェリアは原油，ボツワナはダイヤモンドの輸出に依存した**モノカルチャー経済**である。

(4)　アフリカ大陸には，16世紀から19世紀にかけて，欧米人が進出し，交易が始まった。その際，多くのアフリカ人がヨーロッパや南北アメリカに連れていかれる**奴隷貿易**が行われたために，アフリカの発展は遅れた。19世紀から20世紀にかけて，アフリカのほとんどの国でヨーロッパ諸国の**植民地支配**を受け，**プランテーション**とよばれる大農園で現地の労働者が働かされた。1960年以降に多くの国が独立したが，ほとんどの国で特定の鉱産資源や農作物に頼るモノカルチャー経済が続いている。これらの国の労働者を自立させるために，適正な価格で農作物や製品を取引する**フェアトレード**が推進されている。

3(1)　ライン川は，複数の国を流れ，航行が自由な**国際河川**である。ピレネー山脈はフランスとスペインの国境となっている。暖流である北大西洋海流と偏西風の影響で，高緯度にもかかわらず西ヨーロッパの冬の気温は低くない。

(2)　フィヨルドは，スカンディナビア半島の他，デンマーク，南アメリカ大陸の南部パタゴニア地方などにもみられる。

(3)　ア.「**ヨーロッパ最大の農業国**」＝フランス　「**EUの穀倉**」とも呼ばれる。

イ．南北の経済格差からイタリアを導く。

ウ.「**ヨーロッパ最大の工業国**」＝ドイツ

エ.「**本初子午線**」,「**世界最初の産業革命**」,「**EU離脱**」などからイギリスを導く。

オ.「南アメリカ大陸の国々を支配」からスペインを導く。

応用問題 P.3～4

解答例

(1)①**先進国の技術をとり入れて工業化を進めるため。**
②記号…**A**　選んだ理由…**一人っ子政策によって，人口増加の割合が低くなっているから。**
(2)①**暑い気候の中で，熱や湿気がこもらないようにするため。**　②**ウ**
(3)①**ヨーロッパ諸国の植民地支配を受けたときに，地図上で緯線や経線を利用した。**
②**カカオ豆の輸出に依存した経済であり，国際価格の変動や不作によって，安定した収入が見込めない点。**　(4)マドリード…**オ**　パリ…**ア**

解説

(1)①　中国の経済特区は，アモイ・シェンチェン・スワトウ・チューハイ・ハイナン島の５か所である。中国は，スマートフォンやパソコンなどで**世界生産に占める割合が高く**，多くの製品を世界に輸出しているため，「**世界の工場**」と呼ばれる。

②　グラフが人口を表しているのではなく，増加率を表していることに注意する。**AはBより傾きが小さいから増加率が低い**ことが読み取れる。中国は一人っ子政策によって人口増加率を下げることができたが，インドではいまだに出生率が高く人口増加が続いているので，Aが中国と判断する。人口増加の続くインドは，2030年頃には中国の人口を抜いて世界一になると予測されている。

(2)①　床を高くする理由を問われるのは，熱帯地域と寒帯・冷帯地域の２つの場合がある。熱帯地域の場合は，「**熱と湿気をこもらせないようにする**ため」，寒帯・冷帯地域の場合は，「**建物からの排熱によって永久凍土が溶け，建物が傾くのを防ぐ**ため」と答えよう。

②　タイでは，国民のほとんどが仏教徒であることから，ウと判断する。イスラム教徒の割合が多いアはインドネシアである。インドネシアの人口は約2.7億人だから，インドネシアのイスラム教徒の数は，$2.7 \times 0.87 = 2.349$（億人）になる。したがって，**インドネシアは世界で最もイスラム教徒が多い国**である。キリスト教徒の割合が多いイはフィリピンである。フィリピンはカトリック国であるスペインの植民地支配を受けたために，キリスト教徒（特にカトリック）の割合が高くなっている。ヒンドゥー教徒の割合が高いエはインドである。インドの人口は約13.5億人だから，インドのヒンドゥー教徒の数は，$13.5 \times 0.80 = 10.8$（億人）になる。ヒンドゥー教徒の数は，キリスト教徒・イスラム教徒に次いで多いが，インド周辺にしか広まっていないために，世界三大宗教には数えられない。

(3)①　ヨーロッパの植民地支配を受けたこと，地図上で引かれた国境線であることの２つを盛り込んだ解答をつくること。地図上で引いた国境線を利用したことの問題点として，民族別に分けられていないので**民族間の対立**が起きることを覚えておきたい。また，**同じ国内に複数の民族が存在し，それぞれが独自の言語を持っているので，植民地時代の旧宗主国の言語を公用語としている**国が多いことも問題点と言える。

②　「安定した収入が見込めない」の部分は「収入が不安定になる」でもよい。**モノカルチャー経済**から脱出するためには，**フェアトレードを推進する**こと，**欧米諸国・中国・日本などが技術的・経済的な援助をする**ことが必要である。

(4)　マドリードは，夏に乾燥し冬にまとまった雨が降る**地中海性気候**のオが正しい。パリは，１年を通して気温と降水量の変化が小さい**西岸海洋性気候**のアが正しい。イは**冷帯気候**のペキン，ウは**砂漠気候**のカイロ，エは**サバナ気候**のバンコクの気温と降水量のグラフである。

Point!
2　地理②　南北アメリカ・オセアニア

基本問題　P.6〜7

解答例

1　(1)㋐**ロッキー山脈**　㋑**アパラチア山脈**
㋒**ミシシッピ川**
(2)㋓**太平洋**　㋔**大西洋**　㋕**メキシコ湾**
(3)A. **ア**　B. **ウ**　C. **オ**　D. **エ**　E. **イ**
(4)①**適地適作**　②**サンベルト**
③**シリコンバレー**

2　(1)㋐**アンデス山脈**　㋑**アマゾン川**　(2)**パンパ**
(3)A. **スペイン語**　B. **ポルトガル語**
(4)**メスチソ**〔別解〕**メスティーソ**

3　(1)オーストラリア…**アボリジニ**　ニュージーランド…**マオリ**
(2)**以前は農産物の割合が高かったが，現在は鉱産資源の割合が高くなっている。**
(3)**以前はイギリスやアメリカの割合が高かったが，現在は中国や日本などアジアの割合が高くなっている。**

解説

1(1)　**新期造山帯の環太平洋造山帯**に属する**ロッキー山脈は高く険しい**山が多く，**古期造山帯**に属する**アパラチア山脈は低い**山が多いことを覚えておきたい。

(2)　メキシコ湾には油田があり，メキシコ湾沿岸の都市では石油化学産業が盛んである。

(3)　アメリカの農業区分はしっかりと覚えておきたい。小麦地帯は，**南北に飛び地**になっていることがポイント。暖かい南部では冬に種を蒔いても育ち，寒い北部では春を待ってから蒔くことになる。㋩…春小麦，㋶…酪農，㋫…冬小麦，㋣…とうもろこし，㋱…綿花，として，「**アメリカンははらふとめ**(腹太め)」と覚えたらどうでしょう。

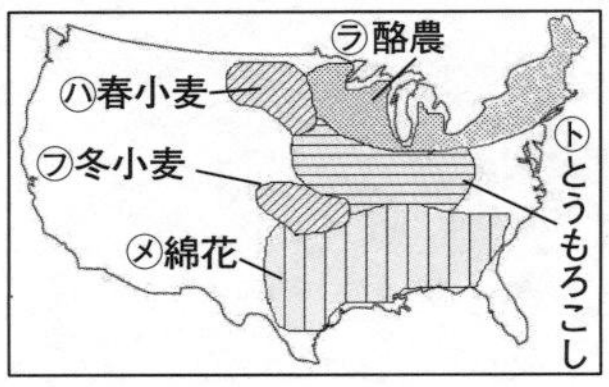

(4)①　アメリカでは大型機械を使って特定の作物を少ない人数で栽培する企業的な農業を行っている。

②　サンベルトは，**気候が温暖**で，**土地が安く手に入り**，**賃金の比較的安い労働力が豊富**なので，多くの企業が進出し，工業が発達した。サンフランシスコ郊外の**シリコンバレー**では**ICT産業**(情報通信技術産業)が発達し，ヒューストンやフロリダ半島では航空宇宙産業が発達している。

③　シリコンバレーでは，大学と企業が協力して高度な技術開発を進めている。インド・中国をはじめ世界中から専門の研究者が集まり，最新の技術を研究している。

2(1)　南アメリカ大陸は，太平洋側に高い**アンデス山脈**，大西洋側になだらかな**ブラジル高原**や**ギアナ高地**が広がる。**アマゾン川**は，**世界最大の流域面積**をもつ。

(2)　アルゼンチンを流れる**ラプラタ川**流域に広がる草原を**パンパ**という。パンパでは**小麦・とうもろこし・大豆の栽培や牛の放牧**が盛んに行われている。

(3)　大航海時代の16世紀にスペイン人，ポルトガル人が南アメリカ大陸にたどり着くと，スペイン人はアンデス地方に進出し，先住民の文明を滅ぼして植民地化し，ポルトガル人は南アメリカ大陸の東部を植民地化し広大な土地を開拓していった。そのため，現在でも東部のブラジルだけがポルトガル語を公用語とし，それ以外の国のほとんどがスペイン語を公用語としている。

(4)　インディオとヨーロッパ系の混血を**メスチソ**(**メスティーソ**)，アフリカ系とヨーロッパ系の混血を**ムラート**，インディオとアフリカ系の混血を**サンボ**という。

3(1)　**アボリジニ**の聖地である**ウルル**(エアーズロック)は世界遺産に登録されている。**マオリ**の伝統舞踊である**ハカ**が，ラグビーW杯で話題になった。

(2)　オーストラリアは，以前は「**羊の背に乗った国**」と言われるほど羊の飼育がさかんであったが，**品質の良い鉱産資源が豊富**なので鉱業が重要な輸出産業として発達した。東部には**石炭**，北西部には**鉄鉱石**，北部や南西部には**金・銅・ボーキサイト・ウラン**などの鉱山が分布している。

(3)　オーストラリアでは，20世紀前半から1970年代にかけて，ヨーロッパ系以外の移民を制限する**白豪主義**がとられていた。しかし，1970年代以降，アジアとの結びつきが強まると，白豪主義にかえて**多文化(共生)主義**がとられ，ヨーロッパ系以外の移民も受け入れるようになり，貿易相手国も中国・日本・韓国など，アジア諸国が多くなった。

応用問題　P.7〜8

解答例

1　(1)**イ，オ**　(2)**A**

(3)①㋐**ヒスパニック**　㋑**プランテーション**

②**サンベルト**　③**エ**

2　(1)**イ**　(2)**ウ**　(3)**イ**

解説

1(1)　イとオが誤り。イ．アパラチア山脈は，**環太平洋造山帯**(**新期造山帯**)には属さず，**古期造山帯**に属する。オ．国連本部のあるニューヨークは，アメリカの首都ではない。アメリカの首都は**ワシントンD.C.**である。

(2)　Aのカリフォルニア州が正しい。アジア系の移民は，ハワイ州を除けば，カリフォルニア州＞ニュージャージー州＞ニューヨーク州の順に多い。**シリコンバレー**は，カリフォルニア州の**サンフランシスコ郊外**にある。Bはモンタナ州，Cはアイオワ州，Dはミシシッピ州，Eはニューヨーク州である。

(3)①㋐　スペイン語を話す中南米からの移民およびその子孫を**ヒスパニック**という。アメリカ国民に占めるヒスパニックの割合は，15％におよぶ。また，ヒスパニックは，**メキシコ国境に接する**カリフォルニア州・ニューメキシコ州・アリゾナ州・テキサス州や南部のフロリダ州に多い。

㋑　**奴隷貿易**によって，アフリカから連れてこられた人々が，**南部の綿花栽培の大農園**で働かされたのが，アメリカにおける**プランテーション**の歴史である。

②　北緯37度以南を**サンベルト**，以北の五大湖周辺をスノーベルト(フロストベルト)という。

③　エが正しい。ヒスパニックはメキシコとの国境を越えて移動してきた移民およびその子孫を意味するので，CはⅠがあてはまる。

五大湖沿岸や東部**メガロポリス**で産業が発達すると，南部の綿花地帯で働いていたアフリカ系の子孫は，仕事を求めて北部スノーベルトに移動したので，AはⅡがあてはまる。

北部の五大湖沿岸や東部メガロポリスの産業の発達が弱まると，**気温が温暖で，広大な安い土地を手に入れることができ，賃金の比較的安い労働力が豊富**な南部**サンベルト**への企業の進出が起きたから，BはⅢがあてはまる。

2(1)　イが正しい。ブラジルは，1970年代には**コーヒー豆**の輸出が多かったが，ブラジル高原を開発し，**大豆やサトウキビの生産**が増え，**大豆は重要な輸出品**となっている。ブラジルでは**サトウキビ由来のバイオエタノール**を使った自動車が普及しているので，サトウキビは国内で消費され，輸出量は多くない。また，輸出相手国にアルゼンチンがあることからもイがブラジルと判断できる。アは，輸出品目の上位が銅鉱・銅であることからチリ，ウは**NAFTA**(**北米自由貿易協定**)を結んでいるアメリカ・カナダが貿易相手国の上位にあることからメキシコと判断できる。なお，NAFTAに代わって，2020年７月に**USMCA**(**米国・メキシコ・カナダ協定**)が発効している。

(2)　ウが正しい。文章中の「**環太平洋造山帯**に属する」「先住民の**マオリ**」からニュージーランドと判断する。よって，資料２からウを選ぶ。アはペルー，イはオーストラリアの輸出品目とその割合のグラフである。オーストラリアは，環太平洋造山帯に含まれず，ほとんどが**安定陸塊**で東部の一部に**古期造山帯**があることは覚えておきたい。

(3)　イがキトの気温と降水量のグラフである。**赤道はアマゾン川河口付近を通る**ことから，地図中でキトとマナオスがほぼ赤道直下にあるとわかる。**低緯度地域ほど１年の温度差が小さくなり，標高が高いほど平均気温は低くなる**ので，アがブエノスアイレス，イがキト，ウがマナオスと判断する。

Point!
3　地理③　日本地理（国土・人口）

基本問題 P.10

解答例

1　(1)Ⓐ**千島海流**〔別解〕**親潮**
Ⓑ**日本海流**〔別解〕**黒潮**　Ⓒ**対馬海流**
(2)①**石狩川**　②**信濃川**　③**利根川**　④**筑後川**
⑤**琵琶湖**
(3)㋐**日高山脈**　㋑**奥羽山脈**　㋒**飛驒山脈**
㋓**木曽山脈**　㋔**赤石山脈**　㋕**紀伊山地**
㋖**中国山地**　㋗**四国山地**　㋘**九州山地**

2　(1)**東京／9**　　(2)**1／30／午前3**
(3)**やませ**　　(4)島の名称…**沖ノ鳥島**　　守る理由…**日本の排他的経済水域の減少を防ぐため。**
(5)①**竹島**　②**北方領土**　③**尖閣諸島**
(6)那覇市…**オ**　鹿児島市…**ウ**　高松市…**エ**
新潟市…**カ**　松本市…**イ**　札幌市…**ア**

解説

1(1)　**対馬海流**と**日本海流**（**黒潮**）が暖流，**千島海流**（**親潮**）が寒流である。

(2)　日本の河川は，**長さが短く流れが急**であるという特徴がある。

(3)　日本の山地山脈は，中央部にある**フォッサマグナ**によって東西に分けられ，東側の山地山脈は南北に，西側の山地山脈は東西に連なっている。

2(1)　**経度差15度で1時間の時差**が生じる。日本は東経135度の経線を標準時子午線とし，イギリスは経度0度の本初子午線を標準時子午線としているから，経度差は，135－0＝135（度），時差は135÷15＝9（時間）になる。**東経の値が大きいほど時刻は進んでいる**から，東京が9時間進んでいることになる。

(2)　東経と西経の経度差は経度の和で求められる。東京とロサンゼルスの経度差は，135＋120＝255（度），時差は255÷15＝17（時間）になる。**西経の値が大きいほど時刻は遅れている**から，ロサンゼルスの時刻は東京の時刻より17時間遅いことになる。したがって，時差の分が－17時間，飛行時間が＋10時間だから，合計で－17＋10＝－7（時間）になる。よって，ロサンゼルスの到着時間は，1月30日午前10時の7時間前の1月30日午前3時になる。時差の計算方法については，下の□内を参照。

(3)　夏の東北地方太平洋側に吹く**やませ**は，稲の生長を妨げる**冷害**をもたらす。

(4)　**排他的経済水域**は，沿岸から**200海里**以内で，領海を除く水域である。経済水域では資源の管理ができ，沖ノ鳥島が水没すると約40万㎢の経済水域を失うことになる。豊富な水産資源や海底に眠る鉱産資源を守るために護岸工事が行われた。

(5)①　**竹島**は韓国名で独島とよばれ，1952年から韓国が実効支配している。

②　**歯舞群島・色丹島・国後島・択捉島**をまとめて**北方領土**という。現在はロシアが実効支配しているが，日本政府はわが国固有の領土として，返還を主張している。

③　日本が実効支配している**尖閣諸島**は，2012年に国有化されてからも，中国船などが領海内に入るなどの海洋問題が頻発している。

(6)　アは，冬の気温が0℃を下回り，寒さが厳しいこと，6月の降水量が最も少なく梅雨がないことなどから，**北海道の気候**の札幌市である。イは，降水量が1年を通じて少ないこと，夏と冬の気温差が大きいことなどから，**内陸の気候**の松本市である。ウは，夏の降水量が多く比較的温暖なことから，**太平洋側の気候**の鹿児島市である。エは，降水量が1年を通して少ないこと，冬の寒さが厳しくないことから，**瀬戸内の気候**の高松市である。オは，降水量が1年を通して多いこと，気温が1年中高いことから，**南西諸島の気候**の那覇市である。カは，冬の降水量が多いことから**日本海側の気候**の新潟市である。

時差の求め方

東経と東経，西経と西経の場合は，**（経度の差）÷15**
東経と西経の場合は，**（経度の和）÷15**
で時差が求められる。
これに飛行時間が含まれる問題では，進んだ時間や経過した時間をプラス，遅れている時間をマイナスで表して計算するとよい。**2**(2)の問題では，
1月30日午前10時－17時間＋10時間＝1月30日午前10時－7時間＝1月30日午前3時となる。

応用問題　P.11～12

解答例

1　(1)イ　(2)①**知床半島**　②**観光と環境保全**
(3)**根室市は，寒流の千島海流と季節風の影響を受けて，夏の気温が札幌市ほど上がらない。**

2　(1)ウ　(2)**リアス海岸**　(3)ア　(4)**太平洋側の稲の収量が少ないことから，夏にやませが吹き冷害が起きたこと。**

3　(1)ア，エ　(2)**コンクリートやアスファルトに覆われ，地表に雨水がたまりやすいから。**
(3)**冬に信号機に積もった雪の重みで信号機が壊れたり，雪が積もって信号機が見えなくなったりすることを防ぐため。**

4　(1)記号…㋑　連絡橋の名称…**瀬戸大橋**
(2)**松江市**　(3)**瀬戸内地方の県は，1年を通して降水量が少ないので，農業用水を確保するためのため池が多い。**　(4)エ

解説

1(1)　イが誤り。Bは**日高山脈**である。

(2)①　日本で世界自然遺産に登録されているのは，**知床**(北海道)，**白神山地**(秋田県・青森県)，**屋久島**(鹿児島県)，**小笠原諸島**(東京都)の4件。

②　**エコツーリズム**は，自然環境を観光資源とし，その観光資源を損なうことなく，体験したり学んだりする観光のあり方である。

(3)　暖かく湿った夏の南東季節風が，冷たい親潮(千島海流)に冷やされることで発生した霧が，根釧台地を覆うため，夏の根室市・釧路市あたりでは，気温が低くなる。そのため，畑作や稲作に向かないので，**根釧台地一帯は酪農地帯**となっている。

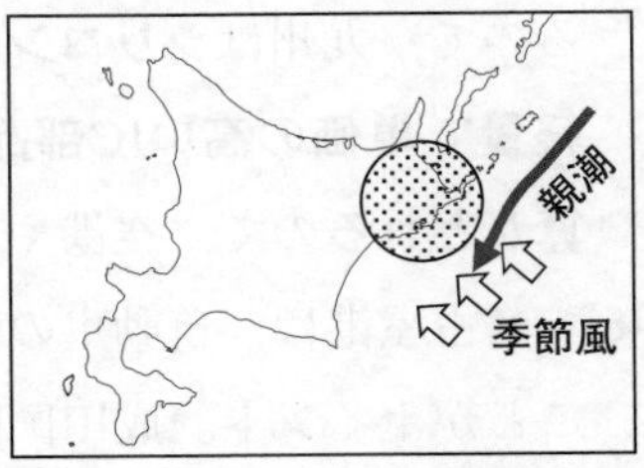

2(1)　秋田県の男鹿半島あたりを通る北緯40度線が，イタリアのローマ，スペインのマドリード，中国の北京あたりを通ることは覚えておきたい。

(2)　**リアス海岸**は，**沈降した山地の谷の部分に海水が入り込むことで形成される**入り組んだ海岸地形である。湾内は**波が穏やかで養殖に適している**。日本では，東北地方の三陸海岸，三重県の志摩半島，福井県の若狭湾などに見られる。

(3)　A－B間には，A側からB側に向かって出羽山地・奥羽山脈・北上高地があるから，アが正しい。奥羽山脈は2000m以下の山々が500kmに渡って南北に連なる山脈である。

(4)　稲の収量の少ない地域が，青森県から岩手県・宮城県の太平洋側に集中していることから，**やませによる冷害**が起きたと判断する。

3(1)　アとエが正しい。「樫ぐね」が防いでいるのは冬の季節風だから，北と西を覆う必要がある。**北西季節風が，暖流である対馬海流上空を通過する際に，大量の水蒸気を含み，越後山脈をこえる際に大雪を降らせる。**大雪を降らせた空気は，**乾燥した風にかわって**関東平野に吹きこむ。この風をからっ風という。

(2)　都市部では，地表をコンクリートやアスファルトで覆っているために，雨水は下水道や雨水管で地下に排出することになる。下水道や雨水管は，排出する能力が決まっているので，その能力を超える大雨が降ると，水があふれて洪水の被害が起きることがある。

(3)　冬の積雪対策には，縦型の信号機やロードヒーティングなどがある。ロードヒーティングは，地中に電熱線や排水管をめぐらせ，電熱や温水の力で雪を溶かすシステムである。

4(1)　本州四国連絡橋は，㋐**明石海峡大橋・大鳴門橋**，㋑**瀬戸大橋**，㋒**瀬戸内しまなみ海道**の3つがあり，瀬戸大橋だけに鉄道が走っている。

(2)　中国四国地方で世界文化遺産に登録されている県は，島根県(**石見銀山**)・山口県(**萩反射炉・松下村塾跡**など)・広島県(**原爆ドーム・厳島神社**)の3つであり，そのうち，県名と県庁所在地名が異なるのは島根県である。

(3)　夏は南東季節風が南四国に雨を降らせたあとの乾燥した風が，冬は北西季節風が山陰地方に雪を降らせたあとの乾燥した風が，それぞれ瀬戸内地方に吹きこむので，1年中雨が少ない。

(4)　福岡県は，**朝鮮半島から近いために韓国からの旅行者が多い**から，エを選ぶ。アは東京都，イは京都府，ウは広島県。

Point!

4 地理④ 日本地理(産業)

基本問題 P.14

解答例

(1)**イ**　(2)**オ**　(3)**夏の冷涼な気候を利用して，愛知県や千葉県の出荷量が少なくなる夏に多くのキャベツを出荷している。**

(4)青森県…**イ**　新潟県…**ウ**

(5)原子力発電…**エ**　太陽光発電…**ウ**　(6)**ウ**

解説

(1)　**中京工業地帯**は，**機械の割合が高く，製造品出荷額等も最も多い**からイを選ぶ。ウは**金属・機械・化学の割合に差がない**から，**阪神工業地帯**である。アは京浜工業地帯，エは化学の割合が高いから京葉工業地域。

(2)　オが正しい。中小規模事業所：大規模事業所の値は，事業所数がおよそ**99：1**，従業者数がおよそ**7：3**，製造品出荷額等はおよそ**1：1**と覚えておこう。

(3)　**冷涼な気候を利用して出荷時期を遅らせる**のが**抑制栽培**，**温暖な気候を利用して出荷時期を早める**のが**促成栽培**である。

(4)　**青森県はりんごの収穫量が全国1位**だから，果実の割合が最も高いイ，**新潟県は米の収穫量が全国1位**だから，米の割合が最も高いウを選ぶ。野菜の割合が高いアは，**近郊農業**のさかんな茨城県，畜産の割合が高いエは，北海道である。

(5)　原子力発電はエ，太陽光発電はウである。着実に発電量を伸ばしてきた原子力発電だが，**2011年の東日本大震災による福島原子力発電所の事故**によって，全国の原子力発電所が稼働停止となった。**二酸化炭素を排出しない再生可能エネルギーである太陽光発電**は，2000年以降に普及し始めた。アは水力発電，イは火力発電である。

(6)　1973年の**第一次石油危機**(**オイルショック**)によって，**原油の価格が上昇**したこと，1970年代後半に世界各国が**排他的経済水域を設定**したことによって，日本の**遠洋漁業は衰退**した。多くの遠洋漁業従事者が沖合漁業にシフトし，イワシの豊漁もあって沖合漁業の生産量は増えたが，その後の不漁によって生産量は減少していった。養殖漁業は，少しずつ数を増やしている。以上のことからウを選ぶ。

応用問題 P.15〜16

解答例

(1)①**カ**　②**エ**　③**オ**　④**コ**　⑤**ク**　⑥**キ**　⑦**イ**　⑧**ア**　⑨**ウ**　⑩**ケ**　(2)**東日本大震災で原子力発電所が稼動停止され，その電力不足を火力発電で補ったから。**　(3)**ウ**　(4)**石油危機によって燃料費が値上がりし，世界各国が排他的経済水域を設定したから。**　(5)**ウ**　(6)米…**エ**　肉類…**ウ**

(7)**空港や高速道路の近くに立地していること。**

(8)名古屋港…**イ**　成田国際空港…**ア**　(9)**他県の出荷量が少なく価格が高い冬から春にかけて出荷していること。**　(10)**日本国内で生産せず，海外での生産量を増やしている。**

解説

(1)　1位と2位の都道府県を覚えて，どの農産物かを判断するようにしよう。

(3)　**中京工業地帯の機械**，**京葉工業地域の化学**に注目すれば，ウと判断できる。

(5)　**愛知県**は機械工業がさかんだから，**第2次産業人口の割合が高くなる**ので，ウと判断する。アは東京都，イは青森県，エは沖縄県。

(6)　米はほぼ100％のエ，肉類は約50％のウである。アは小麦，イは野菜。

(7)　九州は**各県に空港があり，その近くにIC工場が建設されている**。多くのIC工場が九州に建設されているので，九州は**シリコンアイランド**と呼ばれる。**小型軽量で単価の高いIC部品は，飛行機で輸送しても採算がとれる**ので，空港や高速道路沿いに立地する。

(8)　名古屋港は，自動車の輸出量が多く輸出総額も多いことがポイント。成田国際空港は，小型軽量で単価の高い半導体部品や医薬品の輸出入が多く，輸出入総額が多いことがポイント。ウは東京港，エは横浜港。

(9)　促成栽培の問題で，平均価格が表されているので，「**他県の出荷量が少ない時期に出荷することで高値で取引される**」という工夫が書かれていればよい。

(10)　グラフ1から日本の国内生産量は減少していること，グラフ2から日本の自動車生産量は世界一であることから，日本の自動車会社は，日本国内ではなく海外で生産していることがわかる。

Point!
5　歴史①　歴史上の重要人物1

基本問題　P.18

解答例

(1)**卑弥呼**　(2)**ワカタケル**　(3)**推古天皇**
(4)**小野妹子**　(5)**天智天皇**　(6)**中臣鎌足**
(7)**天武天皇**　(8)**持統天皇**　(9)**聖武天皇**
(10)**行基**　(11)**桓武天皇**　(12)**坂上田村麻呂**
(13)**藤原道長**　(14)**藤原頼通**　(15)**白河上皇**
(16)**平清盛**　(17)**イ→ウ→ア**　(18)**源頼朝**
(19)**地頭**　(20)**後鳥羽上皇**

解説

(1)　**『魏志』倭人伝**に**卑弥呼**と**邪馬台国**の記述がある。

(2)　**江田船山古墳**と**稲荷山古墳**から出土した鉄刀・鉄剣に「**ワカタケル**」の文字があったことから，当時のヤマト王権の勢力範囲は，**九州から関東北部に広がっていた**ことがわかる。ワカタケルは雄略天皇・倭王武と同一人物と言われている。

(3)　**推古天皇**は，**聖徳太子**のおばである。

(5)　**大化の改新**を始めた**中大兄皇子**が**天智天皇**として即位するのは**白村江の戦い**に敗れた後である。

(7)　天智天皇の死後，天智天皇の弟である**大海人皇子**と，天智天皇の息子である**大友皇子**による**壬申の乱**が起きた。勝利した大海人皇子は**天武天皇**として即位し，律令制度をはじめ多くの政策を計画した。

(8)　天武天皇の皇后である**持統天皇**は，飛鳥浄御原宮から**藤原京**に都を移した。藤原京は道路がマス目状になった**条坊制**の都であった。

(11)　奈良時代，政治に介入する僧が現れ，政治が混乱したために，**桓武天皇**は**仏教勢力を切りはなす**目的で，都を奈良から**長岡京・平安京**へと移した。

(13)　**藤原道長**の「**望月の歌**」が知られている。

(15)　天皇が位を子どもに譲って上皇となって政治を行うことを**院政**という。院政は確実に自分の息子に位を譲るために行われた。

(19)　**源頼朝**が朝廷に設置を認めさせた**守護**と**地頭**のうち，国内の**軍事警察**を担うのが守護，**年貢の取り立て**を行うのが地頭である。

(20)　**後鳥羽上皇**は，**『新古今和歌集』**を作らせたことでも知られる。

応用問題　P.19～20

解答例

(1)**エ**　(2)①**邪馬台国**　②**中国に日本の王と認めてもらうことで，周りの国より優位に立つため。**
(3)①**聖徳太子**　②**隋との対等な立場での外交。**
(4)①**蘇我氏**　②**イ→ア→ウ**　③**土地と人民を朝廷が支配し管理する方針。**　(5)**ウ**　(6)**桓武天皇は，奈良の仏教勢力を政治から切りはなしたかったから。**　(7)**菅原道真は，唐が衰退している上に，唐への航海は危険だと考えたから。**　(8)**自分の娘を天皇に嫁がせ，生まれた男子を天皇に立て，その外戚として摂政や関白の地位を独占した。**
(9)**ウ→イ→エ→ア**　(10)戦いの名称…**壇ノ浦の戦い**　記号…**エ**　(11)①**源頼朝**　②**三方を山に囲まれ，前方に海を臨む鎌倉は，敵から守りやすい地形だったから。**　(12)①上皇…**後鳥羽上皇**　執権…**北条義時**　②**六波羅探題**　(13)①**北条泰時**　②**守護**

(1)　エが正しい。**奴国**の王が金印を授かったことが**『後漢書』東夷伝**に書かれていて，「**漢委奴国王**」の称号を受け取ったと言われている。

(2)②　弥生時代は，**王の地位を認められることで周りの国より優位に立つ**こと，古墳時代は，**朝鮮半島諸国に対して優位に立ち，鉄を確保すること**が目的であった。

(4)②　白村江の戦いに敗れた中大兄皇子は，唐と新羅の攻撃に備えて**水城・山城**を整備し，**防人**を配置した。その後，都を大津宮に移して天智天皇として即位し，**戸籍**をつくるなどの改革を進めた。

(5)　ウが正しい。大津皇子は天武天皇の皇子である。

(6)　平城京では多くの寺院が見られるのに，平安京には東寺と西寺しかないことから考える。

(12)　**承久の乱**は，**後鳥羽上皇**が，執権である**北条義時**追討を掲げて挙兵したことから始まった。**六波羅**は，平清盛の邸宅があった場所であった。

(13)　資料５中に，「京都の警備」「犯罪人を取り締まること」とあることから，軍事・警察を担当した守護と判断する。

Point!
6　歴史②　歴史上の重要人物２

基本問題　P.22

解答例

(1)**後醍醐天皇**　(2)**足利尊氏**　(3)**足利義満**
(4)**足利義政**　(5)**織田信長**　(6)**豊臣秀吉**
(7)**徳川家康**　(8)**徳川家光**　(9)**天草四郎**
(10)**徳川綱吉**　(11)**田沼意次**　(12)**徳川吉宗**
(13)**松平定信**　(14)**ラクスマン**　(15)**大塩平八郎**
(16)**水野忠邦**　(17)**ペリー**　(18)**ハリス**
(19)**井伊直弼**　(20)**吉田松陰**

解説

(1)　**建武の新政**は天皇に権力を集中させたために，武士だけでなく公家の反感も買った。

(2)　**足利尊氏**が幕府を開いた京都に**北朝**が，**後醍醐天皇**が移った奈良の吉野に**南朝**が開かれた。

(3)　**足利義満**は，**金閣**の建立，**勘合貿易**の開始，**南北朝の統一**で知られる。

(8)　**参勤交代**は，大名を１年おきに江戸と領地に住まわせる制度であった。

(9)　**島原・天草一揆**によって，鎖国体制が強化された。

(10)　**徳川綱吉**の時代を**元禄時代**という。

(11)　**田沼意次**の時代は，わいろ政治が横行していた。

(12)　**享保の改革**を進めた**徳川吉宗**は，江戸幕府の８代将軍であった。

(14)　**ラクスマン**が根室に現れると，幕府は函館に入港させ，長崎への入港許可証を交付したが，ラクスマンは長崎に行かなかった。

(15)　**天保のききん**が起こり，各地で一揆や打ちこわしが起きると，人々の苦しむ姿を見かねた元役人の**大塩平八郎**が救民を掲げて挙兵した。

(16)　**水野忠邦**の政策はあまりに厳しすぎたので，大名や大商人の反感を買い，わずか２年余りで失脚した。

(17)　1853年に**浦賀**に到着した**ペリー**は，翌年再び来日し，**日米和親条約**を結んだ。

(18)　**日米修好通商条約**は，**関税自主権がなく**，**領事裁判権を認めた**不平等条約であった。

(19)　幕府に反対した大名や公家を処罰し，**吉田松陰**らを処刑した**井伊直弼**は，**桜田門外の変**で暗殺された。

応用問題　P.23〜24

解答例

(1)**後醍醐天皇の政治は，天皇に権力を集中させたので，武士や公家の反感を買ったから。**　(2)①㋐**倭寇と正式な貿易船を区別する**　㋑**勘合**　②**ウ**
(3)**下の身分の者が，上の身分の者を実力でたおして，権力をにぎること。**　(4)**鉄砲が数多く使われていること**　(5)㋐**その土地を耕作している農民の名前**　㋑**荘園**　(6)X．**外様**　Y．**譜代**　Z．**親藩**
(7)①**徳川家光**　②**ウ→イ→エ→ア**
(8)①享保の改革…**徳川吉宗**　寛政の改革…**松平定信**　天保の改革…**水野忠邦**　②享保の改革…**ウ，オ，カ，ケ**　寛政の改革…**イ，ク**　天保の改革…**ア，エ，キ**
(9)①東インド艦隊司令官の名前…**ペリー**　県名…**神奈川県**　②**ア，オ**　(10)①**井伊直弼**　②**ア，イ，エ，カ，ケ**

解説

(1)　建武の新政は，武家のしきたりを無視し，天皇に権力を集中させたために，武士だけでなく公家の反感も買い，わずか２年余りで崩れた。

(2)②　南北朝の統一と朝鮮建国は1392年に起きた。清教徒革命は1642年，第一回十字軍の遠征は1096年，ルターによる宗教改革の開始は1517年。

(4)　「Y の方が騎馬隊で戦っていること」でもよい。

(5)　豊臣秀吉の行った**刀狩・太閤検地**は，農民を農業に専念させ，武士と農民の身分をはっきりと分ける**兵農分離**を目的とした。

(6)　江戸から遠い地域に配置され，規模が大きいのが**外様**大名。重要な地点に配置され，規模が小さいのが**譜代**大名。**尾張**（愛知県）・**紀伊**（和歌山県）・**水戸**（茨城県）の**御三家**を中心に配置されるのが**親藩**。

(7)①　**参勤交代**は，将軍と諸大名の主従関係の確認のために行われた。

②　スペイン船の来航禁止（1624年）→日本人の帰国・海外渡航禁止（1635年）→島原・天草一揆（1637年）→ポルトガル船の来航禁止（1639年）

(9)②　アの函館とオの下田を開港した。

(10)②　アの函館，イの新潟，エの横浜，カの神戸，ケの長崎を開港した。

7 歴史③ 戦争・内乱

基本問題 P.26

解答例

(1)**白村江の戦い** (2)**壬申の乱** (3)**承久の乱**
(4)**元寇(文永の役・弘安の役)** (5)**応仁の乱**
(6)**長篠の戦い** (7)**関ヶ原の戦い**
(8)**島原・天草一揆** (9)**アヘン戦争** (10)**戊辰戦争**
(11)**西南戦争** (12)**日清戦争** (13)**日露戦争**
(14)**第一次世界大戦** (15)**米騒動** (16)**満州事変**
(17)**五・一五事件** (18)**二・二六事件** (19)**日中戦争**
(20)**太平洋戦争**

解説

(1) 唐と新羅軍の攻撃に備えて，**水城**や**大野城**などの**山城**を建設し，**防人**を対馬や北九州に配置した。

(2) 勝利した**大海人皇子**は**天武天皇**として即位した。

(3) **承久の乱**に勝利した鎌倉幕府は，**朝廷の監視と西国の武士を統制する**目的で，**六波羅探題**を設置した。

(4) 一度目の**文永の役**では，元軍の**集団戦法**と**火器**に苦しめられ上陸を許したが，二度目の**弘安の役**では，**防塁**を建設したことで本土上陸を許さなかった。

(5) **応仁の乱**で**山名宗全**率いる西軍が陣取った場所から，西陣の名が残り，現在の西陣織に伝えられている。

(7) **関ヶ原の戦い**に勝利した**徳川家康**は，1603年に征夷大将軍に任じられ，江戸幕府を開いた。

(8) **島原・天草一揆**を鎮圧した江戸幕府は，ポルトガル船の来航を禁止し，オランダ商館を出島に移して鎖国体制を完成させた。

(9) **アヘン戦争**はイギリスが勝利し，**南京条約**でイギリスに有利な不平等条約が結ばれた。

(11) **西南戦争**が鎮圧されると，武力による反乱はなくなり，言論による自由民権運動が展開された。

(12) **日清戦争**の**下関条約**では，**台湾・澎湖《ポンフー》諸島・リヤオトン半島**を獲得し，約３億１千万円の**賠償金**を得た。

(13) **日露戦争**の**ポーツマス条約**では，**賠償金を得ることができなかった**ので，**日比谷焼き打ち事件**が発生した。

(15) **米騒動**の責任をとって寺内内閣が退陣し，初めての本格的な**政党内閣**である**原敬内閣**が発足した。

(17) **五・一五事件**で**犬養毅**首相が暗殺され，原敬から始まった**政党政治**が途絶えることになった。

応用問題 P.27～28

解答例

(1)**外国船を打ち払うことから，水や食料を与えて帰らせる法令に改めた。** (2)**イ→ア→エ→ウ**
(3)①外務大臣の氏名…**陸奥宗光** 改正の内容…**領事裁判権を撤廃した。** ②講和条約の名称…**下関条約** 官営工場の名称…**八幡製鉄所**
③返還された地域…**リヤオトン半島** 記号…**イ**
(4)①**ウ** ②**ポーツマス条約** ③**戦費も死者も日清戦争より多かったのに，賠償金を得ることができなかったから。** (5)①**ベルサイユ条約** ②**戦争による船舶や鉄鋼の受注が増え，重工業が急成長したから。**
(6)**イ→ア→ウ→エ** (7)①**リットン調査団** ②事件の名称…**五・一五事件** 殺害された首相の氏名…**犬養毅** ③**国際連盟を脱退した。** (8)事件の名称…**盧溝橋事件** 記号…**イ** (9)**大人の男性は出征し，労働力が不足していたから。** (10)**ウ→エ→ア→イ**

解説

1(1) 大国である清が敗北したことに衝撃を受けた江戸幕府は，**異国船打払令**を**薪水給与令**に改めた。

(2) 薩英戦争(1863年)→薩長同盟(1866年)→版籍奉還(1869年)→廃藩置県(1871年) 薩英戦争に敗れた薩摩藩は**攘夷**から**倒幕**に切り替え，**坂本龍馬**の仲立ちで薩長同盟を結んだ。

(3)① 領事裁判権の撤廃は**陸奥宗光**，関税自主権の回復は**小村寿太郎**が成功した。

② 中国からの**鉄鉱石の輸入**と，**石炭の供給**に便利な北九州の八幡に製鉄所が建設された。

③ イが正しい。アは朝鮮半島，ウは山東半島，エは台湾である。

(4)① 日露戦争は1904年，韓国併合は1910年，辛亥革命は1911年，日英同盟は1902年，二十一か条の要求は1915年のことである。

② アメリカの仲介で**ポーツマス条約**が結ばれた。

(5)① **ベルサイユ条約**は**パリ講和会議**で締結された。

(6) ロシア革命(1917年)→原敬内閣発足(1918年)→国際連盟発足(1920年)→関東大震災(1923年)

(10) 東京大空襲(３月10日)→アメリカ軍の沖縄上陸(３月末)→広島への原爆投下(８月６日)→ソ連軍の満州侵攻(８月９日)

Point!
8　公民①　日本国憲法と人権

基本問題　P.30

解答

(1)**象徴**　(2)**国事行為**　(3)**内閣の助言と承認**
(4)**法律の範囲内**　(5)①**総議員**　②**３分の２**
(6)**国民主権**　(7)**基本的人権の尊重**　(8)**平和主義**
(9)**９**　(10)**最高法規**　(11)①**納税**　②**勤労**（①と②は順不同）　(12)①**もたず**　②**もちこませず**
(13)**法の下に平等**　(14)①**健康**　②**文化的**
(15)**男女雇用機会均等法**
(16)**男女共同参画社会基本法**　(17)**労働基準法**
(18)**プライバシーの権利**　(19)**知る権利**
(20)**公共の福祉**

解説

(1)　天皇の地位は，主権者から**象徴**にかわった。

(2)　**国事行為**には，**国会の召集・内閣総理大臣や最高裁判所長官の任命・法律や条約の公布**などがある。

(4)　大日本帝国憲法では，**法律の範囲内**で自由権が認められた。**臣民**とは君主に支配された国民を意味する。

(5)　日本国憲法の改正は，第96条に規定されている。各議院の**総議員**の**３分の２以上**の賛成で，国民の承認を得るために**憲法改正の発議**をする。承認のために満18歳以上の日本国民を有権者とする**国民投票**が行われ，**有効投票の過半数**の賛成が得られれば，**天皇**が**国民**の名において憲法改正の公布をする。

(6)　**国民主権**は，国民によって選ばれた**代表者**（国会議員など）によって政治のあり方を間接的に決める場合と，憲法改正のように国民が直接投票できる場合がある。したがって，投票することは自分の意思を決定し表現することであり，重要なことである。

(8)(9)　日本国憲法第９条は，確実に覚えておきたい。第１項では，「…**国権の発動たる戦争**と，**武力による威嚇又は武力の行使**は，…永久にこれを**放棄**する。」の部分。第２項では，「陸海空軍その他の**戦力**は，これを**保持しない**。国の**交戦権**は，これを**認めない**。」の部分は覚えたい。

(10)　すべての裁判所は，成立した一切の法律・命令・規則などが，国の最高法規である日本国憲法に違反していないかどうかを審議する**違憲立法審査権**（**法令審査権・違憲審査権**）をもつ。中でも，最高裁判所は，すべての法律や行政機関の行為が憲法に違反していないかどうか，また人権が保障されているかどうかについて，最終的な決定権をもっていることから，「**憲法の番人**」と呼ばれている。

違憲判決が下され，法律が改正された例

●尊属殺重罰規定

旧刑法では，親などの殺害を**尊属殺人**として，一般の殺人より重い刑罰としていたが，**法の下の平等**に反するとして，尊属殺人罪の規定は1995年に刑法から削除された。

(11)　国民の**義務**のうち，**勤労**は**権利**でもある。

(12)　**非核三原則**を唱えた当時の内閣総理大臣である**佐藤栄作**は，後にノーベル平和賞を受賞した。

(13)　日本国憲法第14条は，**平等権**を規定している。

(14)　日本国憲法第25条は，**生存権**を規定している。**健康で文化的な最低限度の生活を営む権利**は，必ず暗記しよう。

(17)　**労働基準法**では，労働時間を１日**８時間以内**，１週間**40時間以内**とし，１週間に**最低１回の休日**を与えることなどを規定している。

(18)　**プライバシーの権利**を受けて，集められた個人情報が悪用されたり流出したりすることがないように，**個人情報保護法**が制定された。

(19)　**知る権利**を受けて，多くの地方公共団体では**情報公開制度**が設けられている。これは個人の情報を知るための制度ではなく，国や地方公共団体がもつ情報や報告内容を公開するための制度である。

(20)　**公共の福祉**とは，社会全体の利益と福祉を意味し，自由権の一部は，公共の福祉の制限を受ける場合がある。例えば，医師や看護師の免許制は，**職業選択の自由**を制限するもの，感染症による入院・隔離は**居住・移転の自由**を制限するものといえる。

応用問題　P.31～32

解答例

(1)**イ→エ→ア→ウ**　(2)①**ア**　②**エ**　(3)A．**オ**　B．**カ**　C．**ク**　D．**ケ**　E．**イ**　(4)①**イ**　②ⅰ．**イ**　ⅱ．**手すりが設けられていること。／スロープが設けられていること。**　ⅲ．**バリアフリー**　③**ウ**　(5)①**プライバシーの権利**　②**ウ**

解説

(1)　権利章典(1689年)→人権宣言(1789年)→ワイマール憲法(1919年)→世界人権宣言(1948年)
権利章典は，イギリスの名誉革命が起きたときに制定された法典で，**国王の権力を制限し**，**議会の権利を承認**した**法の支配**を認めたものであった。人権宣言は，フランス革命で発表されたものである。ワイマール憲法は，第一次世界大戦後のドイツで制定された憲法で，世界で初めて**社会権**を規定したことで知られる。世界人権宣言は，基本的人権を尊重するものとして1948年に発表されたが，法的な拘束力を持たなかったため，法的拘束力をもった**国際人権規約**が，1966年の国連総会において採択された。

(2)①　どちらも正しい。日本国憲法は白紙の状態からつくられた憲法ではなく，大日本帝国憲法を改正して制定した憲法である。政府は，国民の権利や議会の権限の拡大を盛り込んだ大日本帝国憲法の改正案をGHQ(連合国軍総司令部)に提出したが，天皇の統治権が変わらないなどの内容を指摘され，GHQが独自で改正案をつくって日本政府に提出した。この改正案をもとに改めて憲法改正案をつくり国民に発表したものが日本国憲法である。憲法改正の審議は，満20歳以上の男女による普通選挙で選ばれた国会議員を含む帝国議会で審議・修正されたので，国民の意見が十分に反映されたものと判断できる。

②　エが誤り。日本国憲法に自衛隊は規定されていない。自衛隊を自衛のための必要最小限度の実力と説明しているのは，それぞれの時代の内閣である。

(3)　憲法改正の手順はしっかりと覚えておきたい。特に各議院の**総議員**の**3分の2以上**の賛成，国民投票における**有効投票**の**過半数**の賛成は必ず覚えておきたい。気をつける言葉として，過半数は，半分を越えた数という意味だから，過半数以上としないこと。

(4)①　イが**生命・身体の自由**にあたる。アは**請求権**の中の裁判を受ける権利，ウは政治に参加する権利である**参政権**，エは**平等権**にあたる。

②　ⅰ．文章中に「差別や不自由を解消」とあることから平等権を導く。
ⅱ．生活の中で様々な**バリアフリー**に気がつくようにしよう。例えば，駅の改札が車いすでも通りやすく広くなっていることや，自動販売機のお金の投入口や商品購入のボタンが低い位置にあることなどもバリアフリーにあたる。

③　**勤労の権利**は**社会権**にあたり，社会権は**生存権**を含むからウが正しい。社会権とは，より人間らしく生きるための権利である。アは**平等権**，イは**国民主権**，エは**自由権**に関係する。

(5)①　芸能事務所所属タレントにも，個人としてプライバシーを守る権利はあるとして，出版の差し止めを求めたものである。

②　ウが正しい。出版社側は，「著名人という社会的地位を求めて芸能活動をしているのだから，その生活は周囲から注目を浴び，多くの人々が知りたい情報なので，私生活上に関する記事の公表もやむを得ない」として，**表現の自由**を主張した。この裁判は，実際に1998年に多くの若手男性タレントが所属する事務所が出版社を訴えたもので，所属タレントのプライバシーの保護が認められ，書籍の出版は差し止められた。

Point!
9 公民② 民主政治(国会・内閣・裁判所・地方自治)

基本問題 P.34

解答例

(1)①最高 ②立法 (2)①与党 ②野党
(3)マニフェスト (4)①自由民主 ②55年
(5)①普通 ②平等 (6)①秘密 ②直接
(7)小選挙区比例代表並立制 (8)衆議院の優越
(9)①25 ②4 (10)閣議 (11)①衆議院の解散
②内閣総辞職 (12)議院内閣制 (13)①民事
②原告 ③被告 (14)①起訴 ②検察官
(15)司法権の独立 (16)①家庭 ②高等(①と②は順不同) (17)①控訴 ②上告 (18)裁判員制度
(19)条例 (20)10万人

解説

(3) **マニフェスト**は**政権公約**と訳される。

(4) **55年体制**は，政権を担当するのが自由民主党で，野党第１党が日本社会党の体制である。1993年の総選挙で自民党が敗れ，日本新党に所属する細川護熙《もりひろ》内閣が発足し，55年体制が終わった。

(7) 衆議院は**小選挙区比例代表並立制**，参議院は**選挙区制**と**比例代表制**をとっている。

(8) 衆議院の優越は，**内閣総理大臣の指名・予算の議決・条約の承認・法律案の再議決・内閣不信任決議権・予算の先議権**がある。下線部については，衆議院と参議院が異なる議決をし，**両院協議会**を開いても意見が一致しなければ衆議院の議決が国会の議決となる。

(9) **参議院議員**の被選挙権は**満30歳以上**，任期は**６年**である。

(10) **閣議**は**全会一致**を原則としている。

(15) 裁判所がほかの機関から独立していることを**司法権の独立**，裁判官は**良心**に従い，**憲法と法律にのみ拘束**されることを**裁判官の独立**という。

(16) 下級裁判所の中では，**高等裁判所**が最も上位に位置する。第一審が地方裁判所であれば，第二審が高等裁判所，最終審が最高裁判所になる。

(20) 首長・議員の解職請求(リコール)・議会の解散請求は，有権者の**３分の１以上**の署名を，条例の制定・改廃請求，監査請求は，有権者の**50分の１以上**の署名を集めて，請求しなければならない。

応用問題 P.35〜36

解答例

(1)①審議を慎重に行い，国民のさまざまな意見を反映させるため。 ②両院協議会 ③衆議院の優越によって，衆議院の議決が国会の議決となる。
④ⅰ．記号…X 選んだ理由…解散によって選挙が行われているから。 ⅱ．195 判断した理由…10月22日の総選挙から30日以内に召集されているから。 ⑤2 (2)①ウ ②㋐与党 ㋑連立政権
(3)①ア ②検察官 ③高等 ④ウ (4)㋐オ ㋑エ
(5)エ

(1)① 二院制の長所をいかすために，衆議院と参議院は，議院の定数や任期，被選挙権，選挙区などに違いをもたせて，国民の意見を広く反映させようとしている。衆議院は，小選挙区と全国を11ブロックに分けた比例代表区で争われ，**任期は４年で解散があり**，被選挙権は**満25歳以上**である。参議院は，選挙区と全国を１つとした比例代表区で争われ，**任期は６年で解散はなく**，被選挙権は**満30歳以上**である。参議院は，衆議院のいきすぎを抑えるための**良識の府**としての機能をもつと言われている。

② **両院協議会**を必ず開かなければならないのは，予算の議決・内閣総理大臣の指名・条約の承認において，衆議院と参議院が異なる議決をした時であり，これらについて両院協議会を開いても意見が一致しない時は，衆議院の議決が国会の議決となる。また，予算の議決と条約の承認においては，参議院が，衆議院の可決した議案を受け取ってから30日以内に議決しない時も**衆議院の議決が国会の議決**となり，内閣総理大臣の指名においては，衆議院の指名から10日以内に参議院が議決しないと衆議院の議決が国会の議決となる。

③ ②の解説を参照。衆議院の優越は，予算の議決・内閣総理大臣の指名・条約の承認のほかに，**法律案の議決**，**予算の先議権**，**内閣不信任決議権**がある。法律案の議決については，参議院が衆議院と異なる議決をした時，衆議院で**出席議員の３分の２以上の賛成**で再可決すれば，その法律案は法律となる。予算の先議権については，予算案は必ず先に衆議院に提出して審議しなければならないことを意味する。

内閣不信任決議権とは，内閣の行う政治に信頼がおけない時に議決する権利で，内閣不信任決議が可決された時，または内閣信任決議が否決された時は，**10日以内に衆議院を解散しなければ，内閣総辞職**となる。

④ ｉ．Ｘの３回の選挙がいずれも解散によって行われていること，Ｙの３回の選挙が３年ごと定期的に行われていることから判断する。 ⅱ．**特別会**は，衆議院議員総選挙から30日以内に召集される国会である。平成29年の総選挙は10月22日だから，11月22日までに開かれた国会が特別会と判断できる。第193回国会は１月に召集され，会期終了が６月と長いことから**常会**と判断できる。第194回国会は９月に召集され１日で終了していることから，臨時会が召集され，その冒頭で**衆議院の解散**が宣言されたものと考えられる。９月28日から40日以内の10月22日に総選挙が実施されていることからも想像できる。

⑤ ドント方式は，政党の得票数を÷１，÷２，…と計算していき，その商が大きい順に議席を配分するものである。右表の○番号は議席を獲得した順番を意味している。

	A党	B党	C党
得票数	9000	6600	4200
得票数÷1	9000 ①	6600 ②	4200 ④
得票数÷2	4500 ③	3300 ⑤	2100
得票数÷3	3000 ⑥	2200	1400
得票数÷4	2250	1650	1050
獲得議席	3	2	1

(2)① ウが誤り。**閣議**は，多数決ではなく**全会一致**を原則としている。国務大臣は閣議にしたがって統一的な行動をとる必要があるので，全会一致が必要である。

② 衆議院の議員定数の過半数，または３分の２以上を１つの政党で占めることができない場合は，他の政党を含めて**連立政権**とする場合がある。2020年における政権は，自由民主党と公明党による連立政権となっている。

(3)① **検察官**が裁判所に被疑者を訴えることが**起訴**，被告人又は検察官が，第１審に不服がある場合に第２審を求めることを**控訴**，第２審に不服がある場合に第３審を求めることを**上告**という。このように審議を慎重に行い，被疑者の人権を守るために**三審制**がとられている。

② 刑事裁判において，検察官は，警察官の協力を得て慎重に調べ，犯罪の疑いが確実で，刑罰を科すに値すると判断したときは，裁判所に起訴する。起訴すると，検察官が原告で，被疑者が被告人となって刑事裁判が始まる。刑事裁判では，必要な証拠を提出したり，証人を呼んだりして審議し，法律に基づいて有罪か無罪かを決定する。被告人は，**有罪が判決によって確定するまでは無罪**と推定される（推定無罪の原則）。

④ ウが誤り。**裁判員裁判は，重大な刑事裁判の第一審**（基本的に地方裁判所）で行われるので，最高裁判所で裁判員裁判が行われることはない。

(4) 右図を参照。

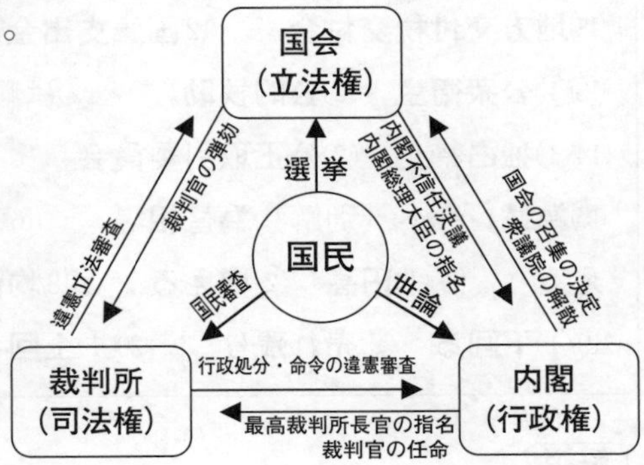

(5) エが正しい。有権者の数が40万人より少ない地方公共団体では，条例の制定・改廃の請求は，有権者の50分の１以上の署名を集めて，首長に請求することになる。有権者の50分の１以上の署名が必要なのは，**条例の制定・改廃の請求と監査請求**であり，３分の１以上の署名が必要なのは，**議会の解散請求と議員・首長の解職請求（リコール）**である。条例の制定・改廃は首長に，監査請求は監査委員に，議会の解散請求と議員・首長の解職請求は選挙管理委員会に請求する。

Point!
10　公民③　暮らしと経済

基本問題　P.38

解答例

(1)**社会資本**　(2)**所得の再分配**　(3)**累進課税制度**
(4)**景気変動**〔別解〕**景気循環**
(5)①**インフレーション**　②**デフレーション**
(6)①**財政政策**　②**増税**　(7)①**金融政策**
②**公開市場操作**　(8)①**直接税**　②**間接税**
(9)**社会保障関係費**　(10)**国債費**
(11)**地方交付税交付金**　(12)**国庫支出金**
(13)①**公衆衛生**　②**公的扶助**(①と②は順不同)
(14)①**独占禁止**　②**公正取引委員会**
(15)**為替レート**〔別解〕**為替相場**　(16)①**円安**　②**増える**　(17)①**円高**　②**増える**　(18)**均衡価格**
(19)①**下回る**　②**売れ残り**　(20)①**上回る**　②**品不足**

解説

(2)　「富の再分配」でもよい。

(3)　所得に応じて税率が高くなる**累進課税**に対して，**消費税**のように一定の税率を適用させることで，所得が低い人ほど所得に占める負担の割合が高くなることを**逆進性**という。

(5)　「インフレ」「デフレ」でもよい。

(6)(7)　好況時には，市中に出回る資金を減らし，市場の動きが鈍くなるような政策が行われる。また，不況時には，市中に出回る資金を増やし，市場が活発になるような政策が行われる。

(8)　**直接税**には所得税・法人税・相続税など，**間接税**には消費税・酒税・関税などがある。

(9)　高齢化が進むとともに**社会保障関係費**が増えている。

(15)　以前は固定為替相場であったが，現在は需要と供給によって変動する**変動為替相場**となっている。

(16)(17)　ドルに対して円の価値が下がると「**円安ドル高**」という。円安ドル高は，日本の輸出産業，外国人の日本への旅行に有利にはたらく。ドルに対して円の価値が上がると「**円高ドル安**」となる。円高ドル安は，日本の輸入産業，日本人の海外旅行に有利にはたらく。

(19)(20)　均衡価格より市場価格が高くなると，利益が増えるので供給量が増え，低くなると買いやすいので需要量が増える。

応用問題　P.39〜40

解答例

(1)**エ**　(2)**ウ**　(3)**ア**　(4)**2012年**
(5)A．**税率が高くなる**　B．**累進課税**
(6)**社会保険／エ**　(7)**歳入に占める公債金の割合が増加し，国債残高も増加しているので，将来の世代に負担が先送りされていること。**　(8)**ウ**

解説

(1)　2010年から2015年にかけて通貨量を増やすことで流通を活発化させ，物価上昇を引き起こさせようとしていると考えられる。したがって，価格が下がり続ける**デフレーション**からの脱出を試みていることになる。

(2)　ウが正しい。高所得者には高負担低福祉，低所得者には低負担高福祉な政策をすることで，**所得の再分配**が行われる。

(3)　アが正しい。Aは東京都の方が極端に多いことから**地方税**である。逆にCは東京都にないことから**地方交付税交付金**である。地方交付税交付金は，地方公共団体間の税収の格差を補うためのものだから，税収が最も多い東京都には交付されない。

(4)　日本の輸入企業に有利にはたらくのは**円高**だから，最も円高の進んだ2012年を答えればよい。

(6)　**生存権**は，**社会保険**・**社会福祉**・**公的扶助**・**公衆衛生**のすべてに反映されている。高齢化に対応しているのは，社会保険・社会福祉である。40歳以上の人の加入が義務付けられている**介護保険**は，社会保険である。以上のことから，社会保険を導き，エを答える。アは公的扶助，イは公衆衛生，ウは社会福祉の説明である。

(7)　**国債**は国の借金であり，これらの費用は最終的に国民の税金でまかなうのだから，国債残高が増え続けることは，将来の世代に負担を先送りしていることになる。

(8)　ウが正しい。**需要量**は買い手が買おうとする量だから，需要量が**供給量**を上回るのは，**市場価格**が**均衡価格**より低くなる時である。そうすると，供給量が追いつかず品不足となるので，価格が上昇して，均衡価格に近づいていく。

さらにレベルアップ
Point! プラス1　歴史

覚えておきたい文化・宗教

時代	この時代の生活の変化	文化名	キーワード・関連項目	宗教関係
縄文	竪穴住居・縄文土器・抜歯・屈葬	縄文	貝塚・土偶	
弥生	稲作の始まり・弥生土器 貫頭衣	弥生		
古墳		古墳	前方後円墳	儒教伝来 仏教伝来
飛鳥	富本銭の製造	飛鳥		法隆寺 釈迦三尊像
奈良	中国風の衣服 和同開珎の使用	天平	『古事記』『日本書紀』 『万葉集』『風土記』	東大寺・大仏 唐招提寺
平安	十二単・束帯 寝殿造	国風	かな文字 『源氏物語』（紫式部） 『枕草子』（清少納言）	真言宗・天台宗 浄土信仰 平等院鳳凰堂 中尊寺金色堂
鎌倉	米と麦の二毛作が始まる 宋銭の使用 定期市が始まる	鎌倉	『平家物語』 『徒然草』（兼好法師）	浄土宗（法然）・浄土真宗（親鸞） 時宗（一遍）　・日蓮宗（日蓮） 臨済宗（栄西）・曹洞宗（道元）
室町	米と麦の二毛作が広まる 牛馬耕・草木灰の使用 定期市が月６回に 宋銭・明銭（永楽通宝）の使用 馬借・問丸の活躍 土倉・酒屋による高利貸し 座＝同業者の団体，惣による寄合	室町文化（北山文化）	能（観阿弥・世阿弥） 狂言	金閣（足利義満） 銀閣（足利義政）
		室町文化（東山文化）	書院造 水墨画（雪舟） お伽草子	
戦国	治水・かんがい工事	南蛮	天文学・航海術・活版印刷・鉄砲	キリスト教伝来
安土桃山	有田焼・萩焼←朝鮮人陶工 小袖が一般的な服装になる	桃山	『唐獅子図屏風』（狩野永徳） 天守（姫路城） わび茶（千利休） かぶき踊り（出雲の阿国） 三味線・（人形）浄瑠璃・将棋・囲碁・すごろく	天正遣欧少年使節 バテレン追放令
江戸	１日３食に変化する ひな祭り・端午の節句・盆踊り （年中行事） 行灯の普及 商品作物栽培（綿花・藍・紅花） 寛永通宝の使用 農具の発達 （備中ぐわ・千歯こき・唐箕・からさお） 肥料の発達（干鰯・油かす） 百姓一揆・からかさ連判状	元禄	『奥の細道』（松尾芭蕉） 『風神雷神図屏風』（俵屋宗達） 『曽根崎心中』（近松門左衛門） 『見返り美人図』（菱川師宣）	島原・天草一揆 絵踏み 宗門改め
		化政	『東海道五十三次』（歌川広重） 『富嶽三十六景』（葛飾北斎） 『解体新書』（前野良沢・杉田玄白） 『南総里見八犬伝』（滝沢馬琴） 『東海道中膝栗毛』（十返舎一九） 浮世絵師 東洲斎写楽・喜多川歌麿	
明治	鉄道開通（新橋・横浜間） ガス灯・ランプ・人力車の出現 郵便制度（前島密） 太陽暦（１日 24 時間・１週間７日） の採用 地租改正 大逆事件・足尾銅山鉱毒事件	文明開化	『舞姫』（森鴎外） 『こころ』（夏目漱石） 『学問のすゝめ』（福沢諭吉） 『たけくらべ』（樋口一葉） 『君死にたまふことなかれ』 （与謝野晶子） 『青鞜』（平塚らいてう）	**憲法関係** 自由民権運動＝板垣退助 大日本帝国憲法 第１回衆議院議員総選挙 （納税条件を満たす満 25 歳以上の男子）
大正	ラジオ放送開始 成金の出現・財閥の発達 労働争議・小作争議・職業婦人		『羅生門』（芥川龍之介） 民本主義（吉野作造）	普通選挙法（満 25 歳以上の男子） 治安維持法

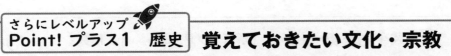

基本問題　Point!　プラス1　歴史

解答 ⇨ P.43　　正解数 ／23

次の各問いに答えなさい。

(1)　稲作が伝わり，ムラとムラの間で土地や水をめぐる争いが生じるようになったのは，いつの時代か。書きなさい。

(2)　儒教や仏教が伝わったのはいつの時代か。書きなさい。

(3)　奈良時代に成立した歴史書を２つ書きなさい。

(4)　奈良時代，聖武天皇の治世の頃に発達した，国際色豊かな仏教文化を何というか。書きなさい。

(5)　空海が日本にもたらした仏教の宗派と建立した寺院の名称を書きなさい。

宗派　　寺院の名称

(6)　紫式部が書いた長編小説は何か。書きなさい。

(7)　念仏を唱えれば死後に極楽に行けると法然が説いた仏教の宗派を書きなさい。

(8)　室町時代に高利貸しを営んだ職業を２つ書きなさい。

(9)　室町時代，営業を独占するために組織された同業者による団体を何というか。書きなさい。

(10)　東求堂同仁斎や銀閣に取り入れられた，江戸時代の武家住宅の基本となった建築方式を何というか。書きなさい。

(11)　17世紀後半から18世紀初頭にかけて，上方と呼ばれる大阪や京都の町人らによって生み出された文化は何か。書きなさい。

(12)　江戸時代,『見返り美人図』を描いた，浮世絵の祖と呼ばれた人物は誰か。書きなさい。

(13)　江戸時代,『富嶽三十六景』を描いた浮世絵師は誰か。書きなさい。

(14)　江戸時代，杉田玄白と前野良沢らが，オランダ語で書かれた解剖書を翻訳して出版したものは何か。書きなさい。

(15)　第１回衆議院議員選挙のときの選挙権を説明しなさい。

(16)　明治時代，地価を定め，地券を与えられた土地所有者に，地価の３％を現金で納めさせた制度を何というか。書きなさい。

(17)　足尾銅山で発生した公害問題の解決に全力を注ぎ，天皇に直訴するなどの反対運動を行った人物は誰か。書きなさい。

(18)　日露戦争に出征した弟を思って『君死にたまふことなかれ』という詩を発表した人物は誰か。書きなさい。

(19)　雑誌『青鞜』を創刊し，女性に対する古い習慣や考え方を批判する活動を行った人物は誰か。書きなさい。

(20)　1925年に成立した普通選挙法における，選挙権を説明しなさい。

応用問題　Point!　プラス1　歴史

解答 ⇨ P.43

次の年表や資料をみて，各問いに答えなさい。

年表

時代	できごと
奈良	墾田永年私財法が出される……………A
平安	遣唐使が停止される…………………………B
鎌倉	新たな仏教が広まる…………………………C
室町	足利義満が勘合貿易を始める…………D
安土桃山	楽市・楽座令が出される…………………E
江戸	生類憐みの令が出される…………………F
明治	高崎—横浜間に鉄道が開通する………G

(1)　**年表**中**A**について，次の各問いに答えなさい。

①　**A**が出された時の天皇は，東大寺を都に，国分寺を諸国に建てたことで知られる。この天皇の名前を書きなさい。

②　①の天皇の治世の頃に栄えた文化に最も関係が深いものを，次の**ア**～**エ**から1つ選び，記号を書きなさい。

ア

イ

ウ

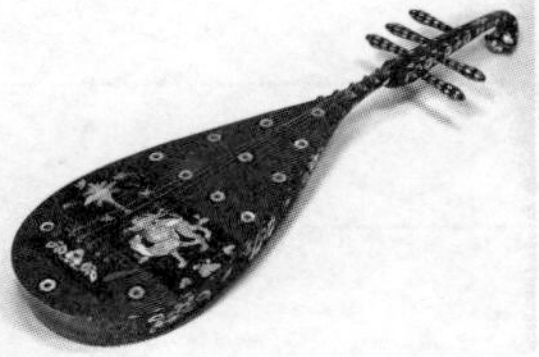

エ

③　**A**の法令を出した理由を，「**人口**」「**口分田**」の語句を使って書きなさい。

(2)　**年表**中**B**について，次の各問いに答えなさい。

①　**年表**中**B**の頃から，唐風の文化を基礎にして，日本の貴族の生活や好みに合わせた，日本独自の文化がみられるようになった。この文化を何というか。書きなさい。

②　次の文章は，①の文化について書いたものである。文章中の（　㋐　）～（　㋓　）にあてはまる語句を書きなさい。

> この頃になると，漢字の読みを助けるために，漢字をくずしてつくった（　㋐　）や漢字の一部を使ってつくった（　㋑　）が使われるようになった。これらによって日本語の細やかな表現が可能になり，㋐や㋑は，『源氏物語』を著した（　㋒　）や『枕草子』を著した（　㋓　）のように，特に女性の間に広まった。

㋐　　㋑　　㋒　　㋓

③　**資料1**は，**年表**中**B**の時代の，阿弥陀仏にすがる浄土信仰が広まった時期の建築物である。建築物の名称とそれを建てた人物の名前を書きなさい。

資料1

建築物の名称　　人物名

(3)　**資料2**は，**年表**中**C**の頃に開かれた仏教の様子である。**資料2**に関して述べた文として最も適切なものを，次の**ア**～**エ**から1つ選び，記号を書きなさい。

資料2

ア　法然は，南無阿弥陀仏と念仏を唱えれば死後に極楽に行けると説いた。
イ　親鸞は，自分の罪を自覚した悪人ことが救われると説いた。
ウ　日蓮は，南無妙法蓮華経と題目を唱えれば日本も人々も救われると説いた。
エ　一遍は，念仏の札を配りながら，人々に念仏信仰を広めた。

(4)　**年表**中**D**について，次の各問いに答えなさい。

①　**年表**中**D**の時代の様子としてあてはまらないものを，次の**ア**～**エ**から１つ選び，記号を書きなさい。

ア　茶の産地をあてる会が行われるなど，茶の湯の流行が起きた。

イ　人々が集まって和歌の上の句と下の句を次々によむ連歌が楽しまれた。

ウ　西日本で，干鰯《ほしか》を肥料にして綿花を栽培するようになった。

エ　物資の陸上輸送を扱う馬借や運送業と倉庫業を営む問が活動した

②　**資料３**は，**年表**中**D**の時代に起きた土一揆に関する資料である。当時の農民たちはどのようなことを要求したか。**資料３**を参考にして書きなさい。

資料３

正長元年より
さきは神戸四箇
郷に負い目ある
べからず

(5)　**資料４**は，**年表**中**E**に関する法令の一部である。**資料４**中の（　㋐　）には，この法令を出した人物が城を築いて，全国統一の拠点とした地名があてはまる。（　㋐　）にあてはまる地名を書きなさい。

資料４

一．この（　㋐　）の町は楽市としたので，いろいろな座は廃止し，さまざまな税や労役は免除する。

一．京都に行き来する商人は，（　㋐　）を通っていない街道の通行を禁止する。必ず（　㋐　）に寄って泊まるようにせよ。

(6)　**年表**中**F**について，次の各問いに答えなさい。

①　**年表**中**F**の法令を出したと言われている江戸幕府第五代将軍は誰か。書きなさい。

②　①の将軍の治世の頃に流行した文化にあてはまる人物と作品の正しい組み合わせを，次の**ア**～**カ**からすべて選び，記号を書きなさい。

ア　滑稽本『東海道中膝栗毛』－十返舎一九

イ　紀行文『奥の細道』－松尾芭蕉

ウ　浮世草子『好色一代男』－近松門左衛門

エ　屏風絵『燕子花図《かきつばたず》』－尾形光琳

オ　風景画『富嶽三十六景』－葛飾北斎

カ　浮世絵『見返り美人図』－歌川広重

(7)　**年表**中**G**について，高崎―横浜間の鉄道は，全国でも比較的早い時期に開通した。その目的を，**地図**と**資料５**を参考にして書きなさい。

地図

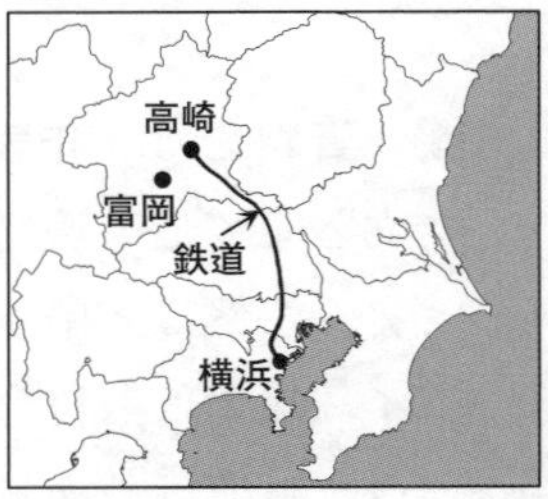

資料５　明治時代の輸出品とその割合

	1865 年		1885 年		1899 年	
1 位	生糸	79.4%	生糸	35.1%	生糸	29.8%
2 位	茶	10.5%	茶	18.0%	綿糸	13.3%
3 位	蚕卵紙	3.9%	水産物	6.9%	絹織物	8.1%

Point! プラス1 歴史

基本問題

解答例

(1)**弥生時代**　(2)**古墳時代**　(3)**古事記・日本書紀**
(4)**天平文化**　(5)宗派…**真言宗**　寺院の名称…**金剛峯寺**　(6)**源氏物語**　(7)**浄土宗**　(8)**酒屋・土倉**
(9)**座**　(10)**書院造**　(11)**元禄文化**　(12)**菱川師宣**
(13)**葛飾北斎**　(14)**解体新書**　(15)**直接国税を15円以上納める満25歳以上の男子**　(16)**地租改正**
(17)**田中正造**　(18)**与謝野晶子**　(19)**平塚らいてう**
(20)**満25歳以上の男子**

応用問題

解答例

(1)①**聖武天皇**　②**ウ**　③**人口の増加によって口分田が不足してきたため。**　(2)①**国風文化**　②㋐**ひらがな**　㋑**カタカナ**　㋒**紫式部**　㋓**清少納言**　③建築物の名称…**平等院鳳凰堂**　人物名…**藤原頼通**
(3)**エ**　(4)①**ウ**　②**これまでの借金の帳消し。**
(5)**安土**　(6)①**徳川綱吉**　②**イ，エ**　(7)**富岡製糸場で生産された生糸を輸出するための輸送路を確保するため。**

応用問題の解説

(1)①　**聖武天皇**と**光明皇后**は，**仏教の力で国を治めようとして**，全国に**国分寺**と**国分尼寺**を，奈良の都に**東大寺**と**大仏**をつくらせた。

②　聖武天皇の治世の頃に栄えた，**国際色豊かな仏教文化**を**天平文化**という。天平文化を代表する品々は，シルクロード・唐などを経由して伝来し，東大寺の正倉院に収められた。ウの螺鈿紫檀五弦琵琶には，ヤシの木・ラクダなどの西アジアの様子が描かれている。アは**東大寺南大門**にある**金剛力士像**(鎌倉文化)，イは**雪舟**が描いた秋冬山水図(室町文化)，エは大阪府にある**大仙古墳**(古墳文化)である。

③　飛鳥時代に300〜400万人であった人口は，奈良時代には550万人程度に増えたと言われている。

(2)①　以前の**国風文化**の説明は，「遣唐使が廃止されたことで，日本独特の文化が栄えた」とされていたが，現在では「**唐風の文化を日本の風土や生活に合わせてつくりかえた文化**」とされている。

②　国風文化を代表するものは，**かな文字(ひらがな・カタカナ)・十二単《じゅうにひとえ》・寝殿造**である。かな文字を使った文学として，**紫式部**の『**源氏物語**』，**清少納言**の『**枕草子**』，**紀貫之**の『**土佐日記**』がある。

③　**浄土信仰**(**浄土の教え**)とは，「**念仏を唱えて阿弥陀仏にすがれば，死後に極楽浄土に生まれ変わることができる**」とした考えである。

(3)　エが正しい。**一遍**は**踊念仏**で**時宗**を広めた僧である。アの**法然**は**浄土宗**，イの**親鸞**は**浄土真宗**，ウの**日蓮**は**日蓮宗**(**法華宗**)を開いた。

(4)①　ウが誤り。**干鰯**を肥料にしたのは江戸時代からである。

②　資料３の中の「**負い目**」のことばに注目する。負い目とは借金を意味するので，「正長元年より以前の神戸の４つの村の借金は破棄された」という意味になる。

(5)　資料４は，**織田信長**が出した**楽市令**である。同業者の団体である**座**の特権を廃止し，自由な売買を可能にすることで商工業を発展させようとしたものである。

(6)①　**徳川綱吉**の治世では，金の含有量が低い**元禄小判**を発行し，物価上昇が起きたことが知られている。

②　徳川綱吉の治世の頃に，**上方**(**京都・大坂**)**の町人を中心として栄えた文化**を**元禄文化**という。元禄文化を代表するものとして，**俵屋宗達**の『風神雷神図屏風』，**尾形光琳**の『燕子花図屏風』，**菱川師宣《もろのぶ》**の『見返り美人図』，**松尾芭蕉**の『奥の細道』などがある。その他，浮世草子で知られた**井原西鶴**，歌舞伎や人形浄瑠璃の脚本で知られた**近松門左衛門**などが活躍した。アの『東海道中膝栗毛』を書いた**十返舎一九**は**化政文化**の時代に活躍した。ウの浮世草子『好色一代男』は井原西鶴が書いた。オの『富嶽三十六景』を描いた**葛飾北斎**は化政文化の時代に活躍した。カの**歌川広重**は化政文化の時代に『東海道五十三次』を描いた浮世絵師である。

(7)　19世紀後半の輸出品の第１位が常に生糸であることと，高崎の近くに富岡があることから，**富岡製糸場**で生産された生糸を輸出するための輸送路と関連付ける。

国語

Point! 1 漢字

基本問題 P.1～2

解答例

1 (1)した (2)つらぬ (3)かか (4)お (5)す (6)こ (7)せんりつ (8)ひろう (9)ほうこう (10)しゅんびん (11)しゅりょう

2 (1)射 (2)群 (3)養 (4)親 (5)築 (6)境界 (7)負担 (8)簡単 (9)絶景 (10)快晴 (11)胃腸 (12)独創

解説

1 漢字は、まず**音読みと訓読み**をしっかり覚えよう。訓読みは、どこから**送り仮名**になるのかもおさえておくこと。新しい漢字を習ったとき、自分の間違いに気づいたときなどは、漢和辞典を引いてみよう。その漢字を使った熟語にどのようなものがあるか、どのような文脈で使われるのか、**熟語や用例**の項目も読んでおくとよい。辞書を活用し、語彙力を高めよう。

2 雑な字を書いて不正解になるのはもったいない。**とめ、はね、はらい**など、最後の一画まできちんと書くこと。不要な線や点を加えるなどの間違いを防ぐためにも、普段から**正しい筆順**で書こう。また、――線部だけを見て答えると、**読みが同じで意味の違う漢字**と間違えてしまうことがある。一文を読み、意味を理解したうえで答えよう。

応用問題 P.2

解答例

1 (1)①設備 ②ふんいき ③届 ④ふく (2)イ (3)①十 ②こころ〔別解〕したごころ (4)うなが

解説

1(1) 意味はわかるが漢字が思い出せない、読みを間違えて覚えている、二字熟語のうち1つの漢字が思い出せない、などの経験はないだろうか。よく使っている言葉でも、いざ試験になると細部が不安になることがある。間違えたことがある漢字はよく復習しておこう。

(2) 「機械」と「器械」の違いをおさえておこう。「機械」は、規模が大きく、動力を使って操作する装置。「器械」は、人力で操作する小規模な装置や道具。

(3)① しんにょう（辶）は3画。総画数だけでなく、筆順も確認しておこう。

② 漢字のどの部分が部首なのか、正しく判断できるように覚えておこう。部首の名前は、口頭で漢字を説明する際などにも必要な知識。部首の持つ意味を知っておくと、漢字の成り立ちの理解が深まる。

(4) 「促す」は、送り仮名を間違えやすい漢字の1つ。他に、「暖《あたた》かい」「誤《あやま》る」「著《あらわ》す」「現《あらわ》す」「著《いちじる》しい」「敬《うやま》う」「補《おぎな》う」「幼《おさな》い」「省《かえり》みる」「試《こころ》みる」「断《ことわ》る」「耕《たがや》す」「費《つい》やす」「率《ひき》いる」なども送り仮名を間違えやすいので、気をつけよう。

Point!
2 熟語・語句

基本問題 P.3～4

解答例

1 (1)ウ　(2)オ　(3)カ　(4)イ　(5)ウ　(6)エ
(7)オ　(8)ア

2 (1)ウ　(2)オ　(3)エ　(4)ア　(5)イ

3 (1)オ　(2)エ　(3)イ　(4)ア　(5)ウ

4 (1)機　(2)道　(3)故　(4)深　(5)霧

5 (1)腹　(2)肝　(3)額　(4)歯　(5)鼻

6 (1)ウ　(2)ア　(3)エ　(4)イ

解説

1(1)　新人は**‘新しく加わった人’**なので、上の漢字が下の漢字を修飾する関係。

(2)　観劇は**‘劇を観る’**なので、下の漢字が上の漢字の目的や対象を表す関係。

(3)　未知は**‘未《ま》だ知らない’**と、上の漢字が下の漢字を打ち消している。

(4)　進退は**‘進む’**と**‘退く’**なので、反対の意味の組み合わせ。

(5)　激減は**‘激しく減る’**なので、上の漢字が下の漢字を修飾する関係。

(6)　国立は**‘国が設立する’**なので、主語と述語の関係。

(7)　帰郷は**‘故郷に帰る’**なので、下の漢字が上の漢字の目的や対象を表す関係。

(8)　豊富は**‘豊かな’**と**‘富んだ’**なので、同じような意味の組み合わせ。

3(1)　拡大（広げて大きくすること）⇔縮小（縮めて小さくすること）

(2)　必然（必ずそうなること）⇔偶然（予期していないことが起こること、たまたまそうなること）

(3)　革新（新しく変えること）⇔保守（古くからの制度や考え方などを尊重すること）

(4)　疎遠（交際が途絶えがちで関係が薄いこと）⇔親密（親しく交際していること）

(5)　過失（不注意などによる失敗）⇔故意（わざとすること）

4(1)　心機一転は、あることをきっかけに気持ちがすっかり変わること。**‘心気’などと書かないよう注意。**

(2)　言語道断は、言葉で言い表せないほどの、とんでもないこと。**‘言語’の読み（＝ごんご）にも注意。**

(3)　温故知新は、過去から学んで、新しい知識や見解をひらくこと。「故《ふる》きを温《たず》ねて新しきを知る」と訓読する。

(4)　意味深長は、奥深い意味をもっているさま。**‘慎重’などと書かないよう注意。**

(5)　五里霧中は、５里（距離を表す）にもわたる霧の中にいて方向がわからなくなることから、判断がつかず、どうしたらいいか迷うこと。**‘夢中’などと書かないよう注意。**

6(1)　弘法大師（空海）は書道の達人とされる。その道の名人でも、時には失敗することがあるというたとえ。「**猿も木から落ちる**」も同じような意味。

(2)　手ごたえがないさま。「豆腐にかすがい」も同じような意味。

(3)　不運が重なることのたとえ。

(4)　専門家が、自分の身に関してはかえって気にかけないものであるというたとえ。

応用問題 P.4

解答例

1　イ

2　(1)否　(2)無　(3)未　(4)非

3　(1)一心不乱　(2)付和雷同　(3)一網打尽
(4)自業自得　(5)徹頭徹尾

解説

1　新年度は‘新しい年度’、悪天候は‘悪い天候’、短距離は‘短い距離’、再出発は‘再び出発する’、上機嫌は‘よい機嫌’で、□＋□□という成り立ち。科学者は‘科学を専門にする者’で、□□＋□。

3　選択肢のうち使わなかった四字熟語の漢字と意味も確認しておこう。「いくどうおん」は**‘異口同音’**で、多くの人が口をそろえて同じことを言うこと。「じがじさん」は**‘自画自賛’**で、自分で自分をほめること。‘自我’などと書かないように注意。「いっとうりょうだん」は**‘一刀両断’**で、すみやかに決断し、断固たる処置をすること。

Point! 3 文法

基本問題 P.5～6

解答例

1 (1)私の／趣味は／旅行と／テニスです。
(2)ひとつに／決めずに／いろいろな／可能性を／考えて／みよう。 (3)何か／ありましたら／いつでも／携帯に／電話を／して／ください。

2 (1)この／本／は／私／が／読ん／だ／本／の／中／で／最も／難しい。 (2)雨／が／降り／そうだっ／た／ので／急い／で／家／に／帰っ／た。
(3)机／の／中／から／小学生／の／時／の／日記／が／出／て／き／て／なつかしかっ／た。

3 (1)**カ** (2)**ウ** (3)**イ**

4 (1)**オ** (2)**エ** (3)**イ** (4)**ウ** (5)**キ**
(6)**ケ** (7)**コ** (8)**ア** (9)**ク** (10)**エ**
(11)**カ** (12)**イ**

5 (1) **サ／変格／連用**
(2) **ア／上一段／連体**
(3) **カ／変格／連用**
(4) **ラ／五段／未然**
(5) **カ／下一段／連用**
(6) **ラ／五段／仮定**

解説

1 文節の区切りには「**ネ**」を入れることができる。文節の先頭は必ず自立語になり、**一文節に自立語は１つだけ**。自立語は、単独で意味のわかる単語（名詞・動詞・形容詞・形容動詞・連体詞・副詞・接続詞・感動詞）。付属語（助詞・助動詞）は、単独では一文節になることはできない。(1)は、いずれの文節も名詞＋付属語で分け易い問題。(2)の「考えて／みよう」、(3)の「して／ください」の区切り方に注意。「考えてみよう」の‘みる’は、‘考える’という主な意味に、補助的な意味を加えている動詞。「してください」の‘ください’も、‘電話をする’という動作に、お願いの意味を加えている動詞。この‘みる’や‘ください’のように、動詞本来の意味がうすれて付属的なはたらきをする動詞を、補助動詞という。また同様に、「暑くない」「来てほしい」の‘ない’や‘ほしい’のように、直前の言葉を補助するはたらきをする形容詞を、補助形容詞という。**文節に区切る問題では、補助動詞や補助形容詞に注意する。補助的なはたらきではあるものの、動詞や形容詞の一種であり、自立語なので、上の文節と分けること。**

2 単語は、文節内をさらに細かく区切った言葉の最小単位。活用がない品詞（名詞・連体詞・副詞・接続詞・感動詞・助詞）は、判断しやすいが、**活用がある品詞（動詞・形容詞・形容動詞・助動詞）は、どこまでがその単語の活用語尾なのか**を判断しなければならない。動詞・形容詞・形容動詞・助動詞は、活用の仕方をしっかり覚えておこう。

(1) 「読んだ」の「読ん」は、動詞‘読む’（マ行五段活用）の連用形の撥音便《はつおんびん》。「だ」は、過去の助動詞‘た’が音便につながって濁音になったもの。

(2) 「降りそうだった」の「降り」は、動詞‘降る’（ラ行五段活用）の連用形。「そうだっ」は、様態の助動詞‘そうだ’の連用形。「た」は、過去の助動詞。「急いで」の「急い」は、動詞‘急ぐ’（ガ行五段活用）の連用形のイ音便。「で」は、接続助詞‘て’が濁音になったもの。「帰った」の「帰っ」は、動詞‘帰る’（ラ行五段活用）の連用形の促音便。「た」は、過去の助動詞。

(3) 「出てきて」の「出」は、動詞‘出る’（ダ行下一段活用）の連用形。「き」は、動詞‘くる’（カ行変格活用）の連用形。2つの「て」は、いずれも接続助詞。「なつかしかった」の「なつかしかっ」は、形容詞‘なつかしい’の連用形。「た」は、過去の助動詞。

3(1) 「帰宅後」どうしたのか。この文の主語は「ぼくは」、述語は「話した」。主語と述語を中心に、‘いつ’‘何を’‘誰に’話したのか、という文の構造をとらえる。

(2) この文全体の主部は「その人は」、述部は「信じていた」。その人が信じていたこと、「彼は絶対に約束を守ると」の中にも、主語と述語の関係がある。

(3) 「いつか」会える、「また」会える、というつながり。「いつか」と「また」は並立の関係。

4(1) 直後の「急な」の程度を表している副詞。副詞は、自立語で活用がなく、主に動詞や形容詞、形容動詞を修飾する。

(2) 形容動詞‘急だ’の連体形。

(3) 動詞‘登る’（ラ行五段活用）の連用形の促音便。

(4)　形容詞‘苦しい’の連用形。

(5)　逆接の接続詞。接続詞は、自立語で活用がなく、前後の文や文節、単語をつなぎ、関係を表す。

(6)　場所を表す格助詞。助詞は、格助詞・接続助詞・副助詞・終助詞に分類される。それぞれの助詞の用法を識別できるように復習しよう。

(7)　過去の助動詞。助動詞は、意味だけでなく、活用も覚えよう。

(8)　「美しい」という形容詞の語幹に「さ」がついて名詞になったもの（転成名詞）。形容詞ではないので注意。形容詞は活用するが、名詞は活用しない。

(9)　感動詞。感動詞は、自立語で活用がなく、他の文節とは比較的独立して用いられる。感動や呼びかけ、あいさつなどに用いられる。

(10)　形容動詞‘きれいだ’の終止形。

(11)　連体詞。連体詞は、自立語で活用がなく、名詞を修飾する。「～な」という形から、形容動詞の連体形だと判断しないように注意しよう。形容動詞ならば終止形が「～だ」だが、「大きだ」とはならない。また、「大きい」ならば形容詞だが、形容詞に「～な」という活用形はない。

(12)　動詞‘さけぶ’（バ行五段活用）の連用形の撥音便。

5 (1)　「し・さ・せ／し／する／する／すれ／しろ・（せよ）」と活用する。「て」に接続しているので連用形。

(2)　「い／い／いる／いる／いれ／いろ・（いよ）」と活用する。名詞に接続しているので連体形。

(3)　「こ／き／くる／くる／くれ／こい」と活用する。

(4)　「ら・ろ／り・っ／る／る／れ／れ」と活用する。

(5)　「け／け／ける／ける／けれ／けろ・（けよ）」と活用する。「た」に接続しているので連用形。

(6)　「ら・ろ／り・っ／る／る／れ／れ」と活用する。「ば」に接続しているので仮定形。

応用問題　P.6

解答例

1　(1)ウ　(2)イ　(3)ウ　(4)ア　(5)イ

解説

1 (1)　「開店するそうだ」と「嵐になるそうだ」は、他から伝え聞いたことを表す、**伝聞**の助動詞。「楽しそうだ」「降りそうだ」「起きそうだ」は、そのような様子であることを表す、**様態**の助動詞。

(2)　「嫌われる」と「呼ばれる」は、他から動作を受ける意味を表す、**受け身**の助動詞。「行かれる」は、行くことができるという意味を表す、**可能**の助動詞。「思い出される」は、自然にそのような気持ちになることを表す、**自発**の助動詞。「話される」は、対象を敬う気持ちを表す、**尊敬**の助動詞。

(3)　「食べない」と「知らない」は、直前の動詞を打ち消すはたらきをしている、助動詞。**打ち消しの助動詞は、動詞の未然形に接続し、「食べ‘ぬ’」のように、‘ぬ’や‘ず’に置きかえることができる。**「寒くない」「パンがない」「若くはない」は、形容詞。「パンがない」は、**‘ある’か‘ない’か**、の‘ない’。「寒くない」「若くはない」は、直前の形容詞を打ち消すはたらきをしている、補助形容詞。**補助形容詞の場合は、「寒く‘は’ない」などのように、‘ない’の前に‘は’や‘も’を入れることができる。**「ない」については他に、「危ない」「せつない」のように、**形容詞の一部**の場合もある。

(4)　「父の撮った」と「ひまわりの咲く」は、**主語を示す格助詞**で、「父‘が’」のように、**‘が’に置きかえることができる。**「家の前」は、直後の名詞を修飾している、**連体修飾語を示す格助詞。**「歩くの」は、「歩く‘こと’」のように、**‘こと’や‘もの’に置きかえることができる格助詞。**「メニューなのに」の「なのに」は、断定の助動詞の連体形「な」に、**接続助詞の「のに」**がついたもの。

(5)　「きれいだ」と「静かだ」は、**形容動詞の一部。**「発売日だ」は、**断定の助動詞。**形容動詞の‘だ’と、名詞＋断定の助動詞‘だ’を見分けるには、‘とても’を入れてみるとよい。「‘とても’きれいだ」とは言えるが、「‘とても’発売日だ」とは言えない。「飲んだ」は、直前に動詞の連用形の撥音便があるので、**過去の助動詞‘た’が音便につながって濁音になったもの。**「壊れているようだ」は、**不確かな断定を表す助動詞。**

Point!

4　説明的な文章

基本問題　P.7～10

解答例

1　(1)ウ　(2)イ　(3)**流行を取り入れた手軽な安心や一日で成果が現れるような手近な行為を選択するのではなく、自分が本当に好きなものは何かという基準で選択をすること。**　(4)**自由**　(5)**エ**

2　(1)**イ**　(2)**エ**　(3)**「感情」**〔別解〕**感情**　(4)**ア**　(5)**ウ**

解説

1(1)　ａは、今の若者たちについて、自由を求めるというよりも「『支配』を求めているようにさえ感じることがある」というつながり。ｂは、自分で自分の姿を見るために洋服を選ぶのではない＝「他人にどう見られたいのか、ということがファッションの主たる動機」だということ。

(2)　傍線部①は、直前の「それ（＝流行）に従っていれば、誰かに文句を言われないで済む」ということ。流行に従っていれば他人から変なファッションだと思われる危険も少ないので、気が楽であるという意味。**「流行」というものは、従わなければならないものではなく、従っても従わなくてもいいものだが、みな従ったほうが無難だと思って同じような着こなしをする**ので、「緩やかな『支配』」だと表現していることを読みとる。

(3)　自分の可能性を小さくする危険がある行為とは、ファッションでは、自分で考えずに「手軽な安心の選択」として流行を取り入れること。ブログでは、ブログに書きやすいように「今日一日で成果が現れるような手近な行為を選択する」こと。このような習慣を見直す必要があると述べている。「**自分が本当に欲しいもの、自分が本当に好きなものは何か**」を考え、「ものを買うとき、選ぶとき、他者からどう思われるか」を判断基準にするのではなく、**自分の基準で判断する**ことが大事だということ。

(4)　筆者は、流行のファッションに左右されたりブログに書きやすい毎日を過ごしたりすることを「支配」だと述べ、それらから意識的に離れてみることを提案している。支配を受けずに自分の本当の気持ちに従って行動することなので、「自由」。

(5)　本文最初の段落で「はたしてそうだろうか？」と、当然そう思われているであろうこと（＝小さな身の回りの自由は普通にみんなが持っているはずだということ）に疑問を投げかけている。その後、ファッションとブログの例をあげ、他人の目を気にするあまり自分が本当に好きなものを見失ってしまう危険性を指摘して、そうならないための方法を提示している。この流れに、エが一致する。

2(1)　ａは、「当たり前のことじゃないか」と思うかもしれないが、「実際には、このあたりを誤解」している人が多いというつながり。ｂは、本文最初の段落で述べたことを受けて、その理由の考察へと導いている。ｃは、続く部分に「～としても」とあり、仮定していることから判断する。

(2)　傍線部①のある段落で「物事を決めるとき、客観的・冷静な判断ができず、『かわいい』『かわいそう』『なんとなく好き』といった理由で決定する傾向がある」「**『分析や理屈』より『感情』が人びとの意識を決定している**」と述べていることから読みとる。

(3)　傍線部②の直前で「自分自身のものですらなく」と述べているのと同じものを指している。

(4)　傍線部③に「非言語的な」（＝**言葉を用いない**）とあること、また、直前に「**『言葉』を信頼せずに**」とあることから、「言葉」であるものが不適。傍線部③のある一文に出てくる「ゲーム」は、「腹の（感情の）探り合い」のこと（傍線部③の６～10行前を参照）。

(5)　最後から２段落目で「**あくまで感情ではなく『言葉』によって意思や思考を伝え**、ギリギリまで理屈で理解しようとする、そんなコミュニケーションの基本をもう一度、思い出してみるべきだ」と述べていることに、ウが一致する。本文では、最近の社会が「感情優位」で動いていること、「周りの人たちはこれが好きか、嫌いか」で動いていることの弊害をテーマにしており、ア、エのようなことは述べていない。また、筆者は、「相手が発する非言語的なサインや記号に過剰に注意を払い～当てようとする」ことは、コミュニケーションのあるべき姿ではないと考えていることから、イも不適。

応用問題　P.11 〜 14

解答例

［1］ (1)**貴重な種を含む細菌や菌類の生きている場所。** (2)**さまざまな種を利用したり、研究したりする** (3)**つながり**　(4)**イ**　(5)**エ**　(6)**ア**

［2］ (1)**ア**　(2)①**自分の言語感覚**　②a．**つぶやき**　b．**社会的に共有されるようになった「○○は誤用」という情報**　(3)**どんなことばや言い方でも、意思疎通の役に立っているならば、立派な存在理由があり、一概に否定することはできないということ。**　(4)⑱

解説

［1］(1)　傍線部①のある一文「いわば、まだ〜」が、その直前までの内容を比喩的に述べたものであることを読みとる。「中身を見ないまま、どんどんつぶしてしまっている」ものは、「その多くを見出しもしないままに〜失っている」ものだから、「貴重な種を含む細菌や菌類」が「生きている場所」のこと。

(2)　傍線部②の直前に着目する。まず、「生物多様性を残し、継続させていくということは、つぎの世代、将来の世代を考えるという意味でも重要となる」とある。この「将来の世代を考える」について、**将来の世代が何をするための可能性を残しておくべきだ**と述べているのか読みとる。傍線部②の３行前の「つぎの世代がそれ（＝さまざまな種）を利用したり、研究したりできる選択肢を残しておく」こと。

(3)　［ a ］を含む一文を、直後の一文で「外部の環境変化に対処するために、生物多様性が生まれ、**ネットワーク**がつくられてきた」と言いかえている。よって［ a ］には「ネットワーク」と同じ意味の四字の言葉が入る。本文４行目で、生物のあいだにつくりあげられたネットワークを「生態系のなかの**つながり**」と述べている。

(4)　傍線部③のある段落の最後で「**人間が生息地を開発したり、移動にともなってそれまでにはいなかった生物を運びこんだり**といったことによって、ネットワークにほころびが見えはじめている」と述べていることから、イが適切。

(5)　傍線部④の前までは、生物にとって多様性が重要であることを説明してきた。そして、傍線部④の段落では、その**多様性というものが、人間の社会においても重要**だということを述べている。

(6)　名詞で終わる「体言止め」には、**余韻や余情をもたせる**効果がある。ここまでに述べてきた**「多様性」の必要性や重要性を、もう一度読者に思い起こさせる**ようなはたらきをしているので、アが適切。

［2］(1)　Ａは、「どちらがより古い意味かは、実はよく分かっていません」、だから「後者を軽々しく『誤用』と批判することはできない」というつながり。Ｂは、「情報がネットで一気に拡散する〜簡単に『誤用認定』できるようになりました」ということに、「その〜情報の中には〜本当は誤用とは言えないものが多く含まれています」ということを付け加えている。

(2)①　⑫段落に「メディアがまだ『ことばの誤用』をそれほど話題にしなかった頃、**年配者は自分の言語感覚に基づいて**、若い人のことば遣いに注意を与えていました」とある。

②a．「インターネットの掲示板やＳＮＳに投稿された」ことばなので、「つぶやき」（⑪段落１行目）。

b．「情報」「社会的」の２つの言葉を含む表現を探すと、⑬段落に「メディアの発達と共に、『**○○は誤用』という情報が社会的に共有されるようになりました**〜相手のことばを簡単に『誤用認定』できるようになりました」とある。

(3)　傍線部②の直前の「ことばには『〜だけが正しい』ということはありません。少数派の言い方であっても〜意思疎通の役に立っているならば〜立派な存在理由があります。どんなことばでも、一概に否定することはできません」という内容をまとめる。

(4)　教子さんは、情報番組で「誤用」だと紹介していたことを**うのみにするのではなく**、「私自身は、普段から〜使っているが、**これは誤用か？」と思って過去の用例を調べた**。筆者が⑱段落で「安易に誤用として捨て去るべきではありません〜過去の文学作品など〜検索できます。実は伝統的な表現だったと、すぐに分かる場合もあります。本当に誤用かどうか、立ち止まって考える慎重さが必要です」と主張した内容を実行したといえる。

Point!
5　文学的な文章

基本問題　P.15 ~ 20

解答例

1　(1)[い]　(2)**しんせつ**　(3)**イ**　(4)**手を焼くような熱さを我慢する**　(5)**ウ**

2　(1)**魚とりに行きたいという気持ちで心がいっぱいになっている状態。**　(2)**「いた！」と叫ぶ儀式**　(3)**ウ**　(4)Ⅰ．**面喰らった**　Ⅱ．**ア**　Ⅲ．**心平と魚は**

3　(1)**一文字ずつの表音文字を指でたどって読む**　(2)**イ**　(3)**ウ**　(4)a．**紙質や季節、その日の湿気や読む人の手の状態**　b．**空気が乾燥してきて紙が乾き、手も汗をかかなくなり、点字が指に馴染んで指がよく滑る**

解説

1(1)　入る一文の「このとき」は、百姓の家のほどよい厚さの茶わんを持ったときのことであり、殿さまはふだん薄い茶わんに悩まされていることを「なんという煩《わずら》わしいことか」と思った。[い]の２行後の「なんというううるさいばかげたことか」も同じ気持ち。

(2)　**百姓が心をこめて殿さまをもてなす気持ち**や、**茶わんを造る者が使う人のことを考えてほどよい厚さにする気持ち**。「世間にいくら名まえの聞こえた陶器師でも、その[　a　]な心がけがなかったら、なんの役にもたたない」と、最後から２段落目の「いくら上手に焼いても、**しんせつ**心がないと、なんの役にもたたない」が同じ内容であることが手がかりとなる。

(3)　傍線部①の直後で「この茶わんは、なんというものが造ったのだ」と聞き、その理由を[う]の直前で「**こんな調法ないい茶わん**を使ったことはない。それで、だれがこの茶わんを造ったか～ききたいと思ったのだ」と言っていることから、ほどよい厚さの茶わんの造り手をほめたい気持ちが読みとれる。

(4)　本文最初の段落に「三度のお食事に殿さまは、**いつも手を焼くような熱さを、顔にも出されずに我慢**をなされました」とある。

(5)　傍線部③の２～５行後「**言葉静かに～と諭されました**」から、熱い物を入れても安心して持てる茶わんがよいということを、穏やかに話して聞かせている様子がうかがえる。アの「名人となる方法を」、イの「強く反省を迫る」、エの「厳しい態度で示す」は不適。

2(1)　心平にとっての「川」は、何よりも楽しみにしている魚とりの場所。「水汲《く》み仕事」をすっぽかしていることからも、魚とりに行くことばかりを考え、他のことに気が回らない様子が読みとれる。

(2)　傍線部②の４～５行後に「『**いた！』と叫ぶ儀式**や、ヤスを構えることさえできなかった」とある。魚のあまりの大きさに「面喰《めんく》らった」ため、**いつもしていること（＝儀式）**ができなかったということ。

(3)「ヤスを構えることさえできなかった」状態だったのが、手に力を入れてヤスを持ち、自分の手の震えにも気づいたことから、面喰らった状態から少し冷静になり、我に返ったことがうかがえる。

(4)Ⅱ．「尖《とが》った大きな**面構《つらがま》え**だった。**頭**から**背**にかけては～。**体側**には～。～優雅に**身体**をくねらせて」と、部分から全体へ視線が移っていく。

Ⅲ．段落の最後の「心平と魚は、互いにじっとみつめあっていた」が、‘心の出会い’を思わせる。

3(1)　点字を読む際にどのように読んでいるかを書いている部分を探す。３段落目に「一文字ずつの表音文字を指でたどって読む点字での読書」とある。

(3)　３段落目に「**自分が読書好きだとも思っていなかった**」「**必ず枕元に何冊か本をおいている**し、**乗り物のなかでもいつも何か読んでいる**のよ」とある。これらの内容に、ウが一致する。最後から３段落目に「街で見かける～点字は鉄片やテープに書いてある～むしろ特殊なものである」とあるので、アは不適。イの「幼いころ点字に慣れていなかった」「周囲の人々に読書をすすめられるうちに本を読みたいと思うようになった」という内容は本文にない。５段落目の内容から、筆者は通学途中の電車でもいつも本を読んでいたということがわかるので、エは不適。

(4)a．紙に書かれた点字は、何によって感触が変わるものなのか。最後から２段落目に「紙に書いた点字は、**紙質や季節、その日の湿気や読む人の手の状態**によってさまざまに変化する」とある。

b．秋はなぜ「読書が快調に進む」のかを、最後の段落の内容をもとにまとめる。

応用問題　P.21～24

解答例

1 (1)**製品の見た目がちがう気がして、測定し直したが、すべて公差の範囲で収まっていたということ。**　(2)**エ**　(3)**心の、マシニングセンタを使えば製品の仕上がりが違うことはないという考えにあきれ、もの研では人の技術を追求することに意味があると考えている。**
(4)**心はぴくり**　(5)**ウ**

2 (1)**d→b→c→a**　(2)**ウ**　(3)**大学をやめたいという自分の気持ちを伝えることで、父の怒りを買うのではないかと不安に感じていたから。**
(4)**兄が、自分の本心を言わずに、大学をやめる言い訳として、親の手助けや祖母の世話の話を持ち出したから。**

解説

1(1)「首をひねる」は、納得できずに考えこむ様子。傍線部①の前までに具体的に書かれているとおり、心は、個々の製品の仕上がりがちがって見えたので測定器で測ってみたが、すべて公差の範囲に収まっていた。**製作図どおりにつくられているのに見た目がちがうので、理解に苦しんでいる**ということ。傍線部①の３～４行後で、原口に「製品の見た目がちがうみたいな気がして、もう一度測定してみてたんです。でもすべて公差の範囲でした」と言っている部分がまとまっているので、ここに着目して書く。

(2)　傍線部②の直前の「その雑な言い方」で不愉快になっている。「その雑な言い方」とは、その直前の一文の「**詰め寄る心の勢いをかわすような軽さで**」という原口の答え方。「そんなのおかしいです～そんなことがあっていいんでしょうか」と熱くせまる心に対して、**原口が本気で向き合わず軽くあしらったの**で、いらだちを覚えたということ。

(3)　傍線部③の「そんなこと」とは、心が言った、マシニングセンタでつくること。傍線部③の直後で、原口は「もの研は、コン研とちがってコンピューター任せの部活やない。**人の技術を追求するため**の部活なんっちゃ」と言っている。コンピューター制御のマシニングセンタでつくるなど、もの研部員にとってはあり得ないことだということ。

(4)　心は、製作者によって仕上がりがちがうようなことがあってはならないと、原口に詰め寄っていた。しかし小松さんが製作者を言い当てるのを見て、傍線部④のように感じ始めた。小松さんが「お、これは原口～こっちのまだまだは吉田」と言ったことに反応して、「**心はぴくりと眉を寄せた**」とある。

(5)「手放したくはない」と思ったこと、「そっとなでてみた」という行動から、心の気持ちを読みとる。心は、同じ製品をつくるならマシニングセンタのほうがいいと思いこんでいたが、**人の手でものをつくることの意味を理解し始めている**ということ。

2(1)　aはこの場面における現在、b～dはかつてお母さんに『お休み券』をあげた経緯を説明したもの。兄が『お休み券』をつくろうと言いだした→使い方を決めた→お母さんが受け取った、の順。

(2)　前書きにあるような兄の気持ちを理解し、母は「たまには休んでいいのよ」と言った。優しく受け止めてくれる母に対して、兄は自分のふがいなさが身にしみ、申し訳ないような、気がとがめるような心情になったということ。**「目をそらした」（＝まともに見ることができなかった）**という態度からも、うしろめたさがうかがえる。

(3)　兄は「わたし」の言葉など聞いていない様子。お父さんにマボロシの『お休み券』をあげるというほのぼのとしたやりとりに同調せず、別のことを考えている。兄は、傍線部②の直後で「大学やめて、帰ってきて、こっちの大学受け直す」と言っている。これからどうするつもりなのかは、兄にとって最も重要な問題。これを表明するにあたり、**父の反応を想定して、真剣に考えていた**ということ。

(4)　傍線部③の直後「ひとのことを言い訳につかうのはやめなさい！」という気持ち。「言い訳」とは、兄が「おばあちゃんの具合が悪いわけでしょ、これから大変でしょ、お父さんもお母さんも」「ちょっとでもウチのことやりたいっていうか、役に立ちたいっていうか」などと言ったこと。「わたし」も「違うよ、と言いたかった。お兄ちゃん、それ違う。絶対に違う」と思っている通り、**それが本心でないことは、両親も見抜いていた。**

Point!
6 古文

基本問題 P.25～26

解答例

1 (1)ア　(2)**といたまえ**　(3)**身の用ならぬ物**

2 (1)**おしえける**　(2)**藤のこぶはすでに取り尽くされていて近くにはなかったから。**　(3)ウ

3 (1)イ　(2)エ　(3)**よろづの道**

解説

1(1)　皇帝は「たとえ私一人が、千里《せんり》の馬に乗って、千里を行ったとしても、**付き従う部下がいなければ、その益がないことだ**」と思っている。

(2)　古文で言葉の先頭にない「はひふへほ」は、「わいうえお」に直す。

(3)　皇帝は「付き従う部下がいなければ、その**益がないことだ**」と思い、千里の馬を返した。**自分には不用である**ということ。本文最後で「唐《とう》の皇帝ほどの人でも、やはり、**自分に必要のない物**は持たずに、返す」とまとめていることに着目する。

【古文の内容】

唐の太宗《たいそう》皇帝の時代に、外国から千里の馬（＝1日に千里を走りぬく名馬）を献上した。皇帝は、これ（＝千里の馬）を手に入れても喜ばず、自身で思うことには、「たとえ、私一人が、千里の馬に乗って、千里を行ったとしても、付き従う部下がいなければ、その益がないことだ」。そのため魏徴《ぎちょう》をお呼びになって、このことについて質問なさったところ、魏徴が言うことには、「皇帝のお気持ちと同じです」と。それで、その馬に黄金と絹織物とを背負わせて、献上した人にお返しになられた。今ここで言いたいのは、唐の皇帝ほどの人でも、やはり、自分に必要のない物は持たずに、返すということだ。

2(2)　「あまりに取り尽くして（藤《ふじ》のこぶが）近くになかったので」とある。**僧が何にでも「藤のこぶを煎《せん》じて召せ」と言い、言われた通りにしていたので、近くに藤のこぶがなくなってしまった**ということ。

(3)　本文最後で「これも**信心のおかげ**である」と述べていることから考える。

【古文の内容】

ある人が、山寺の僧を信じて、何事につけても深く頼りにして、病気になることがあれば薬についても聞いた。この僧は、医術の心得もなかったので、どんな病気にも、「藤のこぶを煎《せん》じて飲みなさい」と教えていた。これを信じて飲んでみると、どんな病気でも治らないものはなかった。

ある時、（僧を信じている人の）馬がいなくなってしまい、「どうしたらよいでしょう」と聞くと、（僧は）例によって「藤のこぶを煎じて飲みなさい」と言う。納得がいかなかったが、わけがあるのだろうと信じて、あまりに取り尽くして（藤のこぶが）近くになかったので、山の麓《ふもと》を探していると、谷のほとりで、いなくなった馬を見つけたのであった。これも信心のおかげである。

3(1)　「人をおしはかって」の意。

(2)　「自分の専門とすることを人が知らないのを見て、自分はすぐれていると思いこんだりするのは」とある。**自信過剰になっている**ということ。

(3)　この一文で取り上げた2つの例は、自分を過大に評価してしまう、「つたなき人」と「**よろづの道の匠《たくみ》**」である。

【古文の内容】

道理のわからない人が、人をおしはかって、その人の知恵を知ったと思うのは、まったく当たるはずはない（＝見当違いだ）。

平凡な人間で、碁を打つことばかりに機敏で上手な人が、利口な人で、この芸（＝碁を打つこと）に未熟な人を見て、自分の知恵には及ばないと決めつけたり、それぞれの専門家が、自分の専門とすることを人が知らないのを見て、自分はすぐれていると思いこんだりするのは、大間違いである。教典の研究や解釈にだけつとめて、悟りの道に暗い僧と、座禅などの実践にだけ精を出し、教典の研究に暗い僧が、互いにおしはかって、（相手は）自分には及ばないと思っているのは、どちらも見当違いだ。

自分の専門の範囲でないものについて、争うべきではないし、とやかく言ってはいけない。

応用問題 P.27 ～ 28

解答例

1 (1)**くちおしき**　(2)**イ**　(3)**判官**〔別解〕**義経**　(4)**これこそ源氏の大将義経が弓よ**　(5)Ⅰ．**命にかえられる**　Ⅱ．**源氏の大将がこんなに弱々しい弓をもっているぞと敵にばかにされる**

2 (1)**ウ**　(2)**エ**　(3)**鴨長明が、静縁法師の和歌をうわべだけの浅い表現になっていると非難したこと。**　(4)**鴨長明から指摘された欠点に納得できずにいた静縁法師が、大夫公からも同じ指摘を受け、自分の受け取り方が悪かったと鴨長明に謝ったのが、潔いということ。**

解説

1(2)　「～ばこそ」の後に「あらめ」が省略されていると考えられ、反語的な意味で‘～はずがない’と解釈する。ここでは、「弓が惜しくてとるはずがあろうか（＝**弓を惜しんで取ったのではない**）」の意。以降で義経が理由を説明していることからも判断できる。

(3)　傍線部③を含む会話文「弓の惜しさにとらばこそ～命にかへてとるぞかし」と言った人物。

(4)　義経が「弱々しい弓を敵（＝平家側）が取って持っていき、『これが源氏の大将義経の弓だ』と言ってばかにするようなことになると」と言っている。

(5)　【古文の内容】を参照。

【古文の内容】

「残念なことでございますな。たとえ大金とお換えになることができるほどのご立派な弓であっても、どうしてお命にかえることができましょうか（お命にはかえられません）」と申し上げると、判官（＝義経）は「弓が惜しくてとるはずがあろうか（＝弓を惜しんで取ったのではない）。義経の弓と言えば、（強い弓を持っていたことで有名な）叔父の為朝《ためとも》の弓のような良い弓であるならば、わざと落としてでも敵に取らせよう。弱々しい弓を敵が取って持っていき、『これが源氏の大将義経の弓だ』と言って、ばかにするようなことになると情けないので、命にかえても拾ったのだよ」とおっしゃると、その場にいた人はみな感動した。

2(1)　傍線部①の直前で「そのことば（＝「泣かれぬる」）をこそ、この歌の主眼となるところと存じておりましたのに」と言っている。歌をよんだ静縁《じょうえん》自身は、**「泣かれぬる」こそがこの歌の重要なところだと思っていたので、鴨長明《かものちょうめい》がその部分について「あまりにうわべだけの浅い表現」になっていると苦言を呈したのが意外だった**ということ。

(2)　傍線部②の直前に「私が間違っているのか、あなたが的はずれに非難なさっているのか」とあるので、**どちらが適切なのか決着をつけようと思っている**ことがわかる。

(3)　【文章Ａ】で、長明が静縁の歌の「泣かれぬる」を非難したことを指している。

(4)　‘清し’には、（風景などが）きれいだ、（容姿などが）美しいという意味のほかに、（人の心について）潔い、邪念がない、などの意味もある。静縁は、長明の非難に納得できず、大夫公（＝長明の先生）にも聞きに行った。すると同じ箇所を非難され、やはり自分の歌がまずかったのだとわかった。静縁にとってはばつが悪いことだが、ごまかしたり隠したりせず、長明のところに出向いて**正直にいきさつを話し、‘私が間違っていました’と謝った**。この静縁の潔さについて、なかなかできないことだと長明が感心している。

【古文（文章Ｂ）の内容】

（静縁法師は）「先日の（私の）歌を（あなた＝鴨長明が）非難なさったことについて、正直に申しますと、納得できませんで、不審に思いましたので、そうは言うものの、大夫公のところへ行って、私が間違っているのか、あなたが的はずれに非難なさっているのか、決着をつけようと思って、行って話しましたところ、（大夫公から）『どうしてあなたはこのような内容の浅い歌をよむのですか。「泣かれぬる」とは何事ですか。良くない心がけです』と、たしなめられました。ですから、（あなたは）的確な非難をしてくださったのです。（それなのに）私は（的はずれな非難だと）悪く受け取ってしまったのだと（反省し）、おわびを申し上げに参上したのです」と言って帰ったのでございます。（このように）潔い心構えはめったにないことです。

Point! 7 漢文

基本問題 P.29

解答例

1 (1)**施しを受けては**　(2)**人之短**〔別解〕**人の短**
(3)b．**自分の長所**　c．**忘れない**　(4)**エ**

解説

1(1) レ点なので、下の漢字「施」から、すぐ上の漢字「受」に返って読む。漢字の右下にある送り仮名は、ひらがなで書く。

(2) 【解説文】の「他人の欠点を言わないこと。(自分の長所)を口にしないこと。他人に恩恵を与えた時は、決して心に留めておかないこと。他人から恩恵を受けた時は、くれぐれも感謝の気持ちを(忘れない)こと」という4つの戒めは、そのままの順で【漢文】に対応している。よって、1つ目の「他人の欠点を言わないこと」は、「無道**人之短**」(**人の短**を道《い》ふこと無かれ)。

(3) [b]は「己之長」(己の長)、[c]は「勿 忘」(忘るること勿《な》かれ)にあたる部分が入る。

(4) 傍線部①は「他人に恩恵を与えた時は、決して心に留めておかないこと」の意(【解説文】を参照)。他人に恩恵を与えたことをいつまでも心に留めておくと、‘自分がしてあげたのだ’という傲慢さが出てしまうということ。4つの戒めはいずれも、おごり高ぶってはいけない、ということを説いている。

応用問題 P.30

解答例

1 (1)**こたえていわく**　(2)**b**　(3)**ウ**
(4)**任座**〔別解〕**座**　(5)**君は賢 ～ るなり**
(6)**エ**　(7)Ⅰ．**任座**　Ⅱ．**直なり**　Ⅲ．**階**

解説

1(1) 歴史的仮名遣いで、言葉の先頭にない「はひふへほ」は、「わいうえお」に直す。

(2) 「翟黄《てきこう》が行ってそこ(＝門のところ)を見ると」より、bは翟黄。a・c・dは文侯《ぶんこう》。

(3) 「君」の次は「令」。「令」の次に「以」を読むには、二字へだてて返るので、「令」に一点、「以」に二点がつく。「之を召す」は、下の一字からすぐ上の一字に返るので、「召」にレ点がつく。

(4) 「任座《にんざ》が中に入ると、文侯は(玉座の)階段を下りてきてこの者(＝任座)を迎えた」とある。

(5) 「**曰《い》はく、『～』と**」の形になっている。本文最初の、翟黄が文侯に言った言葉。途中の引用「其《そ》の主《しゅ》賢なる者は、其の臣の言《げん》直なり」の後の「と」ではないので注意。

(6) [e]の直前「上《かみ》、主の心に順《したが》ひて以て賢者を顕《あら》せる(＝表面では、主人の考えに従いながら(任座という本当の)賢者を明らかにした)」人物のこと。翟黄は、文侯を賢明な君主として尊重しながら、優秀な人物である任座を呼び戻すことに成功した。

(7) 【書き下し文の内容】を参照。

【書き下し文の内容】

翟黄が言うことには、「あなたは賢明な君主です。私は、主人が賢明な者は、臣下の発言が率直であると聞いています。ただいまの任座の発言は率直でした。そのことによってあなたが賢明であることがわかりました」と。文侯が喜んで言うことには、「(任座を)呼び戻すことができるだろうか」と。翟黄が答えて言うことには、「どうしてできないことがありましょう。私は、忠義を尽くす臣下はその忠義を尽くして、決して死を恐れないと聞いています。任座はおそらくまだ門のところにいるでしょう」と。翟黄が行ってそこ(＝門のところ)を見ると、任座は門のところにいた。君主の命令でこの者(＝任座)をお呼びになった。任座が中に入ると、文侯は(玉座の)階段を下りてきてこの者(＝任座)を迎えた。そして最終的には任座を特別な高い地位につかせた。文侯に翟黄という臣下がいなかったなら、あやうく(任座という)忠義を尽くす臣下を失ってしまうところだった。表面では、主人の考えに従いながら(任座という本当の)賢者を明らかにしたのは、他でもなく翟黄ではないか。

Point!
8 詩

基本問題 P.31

解答例

1 (1)**エ**　(2)**ウ**

解説

1(1)　詩の６行目に「日に焦げた小さい蜂《はち》よ」と対象に呼びかける表現があり、**飛び込む「あなた」を「蜂」にたとえている**ことがわかる。３行目の「縞《しま》」、５行目の「筋肉の翅《はね》」も、それぞれ蜂の体にたとえたもの。「縞」は、水面に反射した光が飛び込もうとしている人の身体に当たって蜂の縞模様のようになっている様子を、「筋肉の翅」は、飛び込む際に上げる両手が蜂の翅のようだということを表現している。

(2)　詩の３行目までは、これから飛び込もうとしている「あなた」が飛び込み台に立っている様子。雲の切れ間から夏の強い日ざしがふりそそぎ、これから飛び込む「あなた」にライトを当てているかのような、晴れやかさを演出している。４行目で「遂《つい》に飛びだし」、５～８行目には、水にもぐりこむまでの様子が躍動感たっぷりに描かれている。９～12行目は、水から浮かび上がってくる「あなた」の様子。この詩全体は、**飛び込み競技を行う「あなた」の一連の様子**を描くことに主眼が置かれている。よって、ウが適切。アに「プールの横に咲く花」とあるが、詩の中に出てくる「花」はいずれもたとえであるので、不適。「花に向《むか》って落ち」「あちらの花のかげから」の「花」は水面、あるいは水面に映った雲のこと。また、「あなた」は花を見つめているわけではない。イに「大きく響きわたる飛び込みの音」とあるが、音に関する表現は詩の中にないので、不適。エに「照れた笑顔」とあるが、飛び込んだ人の表情に関する表現は詩の中にないので、不適。

応用問題 P.32

解答例

1　(1)a．**カリリッ**　b．**てのひら**　c．**海の香り**
(2)**ヒマラヤは海の底であった**　(3)**貝は**

解説

1(1)a．[a]の直後に「という音」とあることから、**擬声語（擬音語）**である「カリリッ」が入る。音を表現した言葉は、詩の中に１か所のみ。

b．[b]の直後に「に載っている」とあることから、「てのひら」が入る。詩の最後に「てのひらのアンモナイト」とあることから、詩の作者が**アンモナイトの化石をてのひらに載せた状態で、太古の世界に思いをはせている**ことがわかる。

c．[c]の直後に「漂っているように」とあることから、揺れ動いたり満ちたりするものが入ると考えられる。また、[c]の直前に「太古の深い海の底で」とあるのも参照。これらから、「（太古の）**海の香り**」であると判断できる。

(2)　アンモナイトの化石を耳に当て、「海の底をはう砂の音」を聞いている。化石を買ったのはヒマラヤ山脈の斜面に位置する国で、そこが太古は海だったことに思いをはせている。**ヒマラヤと海の底の高低差**から、作者が思いをはせているイメージの壮大さが伝わってくる。

(3)「自分と向き合っている」とあるので、作者がアンモナイトの化石を見つめているだけでなく、**化石のほうも作者を見ているような気がする**ということ。よって、「貝はぼくをみているようだ」。

Point!

9 短歌・俳句

基本問題 P.33

解答例

1 (1)A季語…**白き息**　A季節…**冬**　B季語…**白牡丹**　B季節…**夏**　(2)**D，E**　(3)**ウ**

解説

1(1)A．寒さで、吐く息が白い様子。

B．牡丹《ぼたん》は、初夏に、白・紅・紫・黄色などの花が咲く。

(2)「切れ字」は、俳句や連歌の句中や句末に用いられ、そこで言い切りの形になることを示す語。D「吹く日**かな**」の「かな」と、E「尋《たず》ね**けり**」の「けり」が切れ字にあたる。

(3) 俳句は、通常「五・七・五」の17音の形式だが、このCの俳句のように、**定型にとらわれずに自由な韻律で表現したもの**を「自由律俳句」という。荻原《おぎわら》井泉水《せいせんすい》、河東碧梧桐《かわひがしへきごとう》らが提唱した。

応用問題 P.34

解答例

1 (1)a．**下句**　b．**上句**　(2)**エ**　(3)**イ**

解説

1(1) それぞれ前後の内容に着目する。[a]は「イメージが鮮明で、景そのものが抒情《じょじょう》の力を含みもっている」句、[b]は「詠嘆の心」がよまれている句。【鑑賞文】の3行目に「**上句のごく一般的な春の詠嘆の声が、**（下句の）**個性的な斬新《ざんしん》な場面へと展開され**」とあることからも読みとれる。

(2)【短歌】の最後が「たんぽぽの花」と名詞（体言）で終わっている。体言止めは、余韻や余情を持たせるための技法。

(3) アは、【鑑賞文】の1行目に「『なりにけり』という詠嘆深い言葉で」とあるので、適切。イは、【鑑賞文】の2段落目に「イメージと心、物事と心を対応させて短い定型の中で豊饒《ほうじょう》感を増幅しようとする方法は、万葉以来行われてきた普遍的な方法」とあるが、これは「たんぽぽの可憐《かれん》さをうたう」ことについて言ったものではないので、不適。ウは、【鑑賞文】の最後から2〜3行目に「まんなかの三句で切るという方法は、いわば二つのことがほぼ等分の力で言えることなので」とあり、この三句切れも「豊饒感を増幅しようとする方法」のひとつなので、適切。エは、【鑑賞文】の2段落目で述べていることをまとめているので、適切。

Point!
10 作文

基本問題　P.35 ～ 36

解答例

1 （例文）

私がいつまでも変わらないでほしいと思うものは年賀状を送る習慣だ。なぜなら、年賀状のおかげで、なかなか会えない人とも一年に一度は連絡をとることができるからだ。また、年始に届くように年末に準備して発送するという時間差も、奥ゆかしくて良いと思うからだ。今はメールやＳＮＳで済ませる人も増えているが、手書きの文字が添えられたはがきを受け取るほうが、私は嬉しい。一年の初めにはがきを送り合う習慣が、これからも続いてほしいと思う。

2 （例文）

私は、バリアフリー地図を作ることを提案します。車いす用トイレ、段差の有無などの情報が地図になっていれば、障害者や高齢者も安心して外出できると思うからです。駅や公共施設でバリアフリー化が進んでいるのは知られています。しかし、身近な場所の詳しい情報はあまり知られていません。さらに、飲食店や商店などでは、まだバリアフリーになっていない所もあります。地図を作ることで、バリアフリーに対する理解を広める効果もあると思います。

超高齢社会になり、身近な場所の使い勝手の良さが求められていると思います。必要な情報をまとめた地図作りを要望します。

解説

1 「現代はさまざまな面で変化の著しい時代だといわれています」という前置きがあるので、変化によって今後なくなってしまうかもしれない、あるいは、なくなりつつあるような物事に着目しよう。自分の経験から感じたこと、身近な出来事などを取り上げて、具体的に理由を説明するとよい。

2 「より暮らしやすい町」にするためにはどうすればよいか、何があればよいかを考えよう。現在困っていることや足りないことを見つけ、会議で聞いた人が納得するように、筋道を立てて理由を説明しよう。

応用問題　P.37 ～ 38

解答例

1 （例文）

私は、意味の違いを意識して言葉を使うことを、表現が豊かになるので良いことだと思う。たとえば日常会話の中で、「もうすぐ夏休みだ。」とは言うが、「もうすぐ夏季休業だ。」とは言わない。「夏休み」には、夏ならではの遊びや楽しい行事のイメージが含まれていると思う。一方、学校で配られる予定表の「夏季休業」のように、個人的な感情を含まない、改まった名称も必要だと思う。

状況に応じた使い分けをすることで、その言葉を取り巻く雰囲気や話し手の思いが伝わる。適切な使い分けができる語彙力を身につけたい。

2 (1)あいさつに消極的な人の割合が、小学校六年生は約十パーセント、中学校三年生は約十六パーセントで、中学校三年生の方が高い。

(2)（例文）

なんだか恥ずかしくてあいさつができないという気持ちは、私もよく分かる。なぜ恥ずかしいのか自分でもよく分からないが、少しの勇気で恥ずかしさは克服できると考える。

以前近所の人とすれ違った時に、ためらう気持ちもあったが、思い切ってあいさつをした。すると相手も気持ちの良い返事をしてくれた。それ以降、自然に声を出せるようになった。だから、少しの勇気があれば、照れずにあいさつができるようになると考えた。

解説

1 取り上げた言葉について、それぞれどのような場面で使われるのか、使われないのかを、具体的な文例で示すとわかりやすい。また、なぜそのような使い分けをすると思うのかを入れてまとめるとよい。

2 (1) 中３は、小６よりも「あいさつしていない」「どちらかといえばあいさつしていない」が多い。

(2) 身近なテーマであり、自分の実感も伴うだろう。どうすれば恥ずかしがらずにあいさつができると思うか、体験や見聞きしたことなどをもとに、これから心がけたいことなどを書こう。

参考　過去の公立高校入試に出題された作文テーマ　20選

●「他者からの学び」について、体験をとおして感じたことや考えたことを書く。(160〜200字)

●「創《はじ》めることは未来に花を咲かせることだ」(日野原《ひのはら》重明《しげあき》)という言葉を読んで、思ったことや考えたことを書く。(200〜250字)

●鉄道車両の優先席を増設するという内容の新聞記事と、それをもとに行ったクラスでの話し合いの内容を読み、優先席増設に対する意見文を書く。(160〜200字)

●全校生徒に読書のすばらしさを伝えるための図書委員会の標語を、「本は友だちだ」「本は遊園地だ」「本は宝箱だ」「本は先生だ」「本はタイムマシンだ」「本は世界地図だ」のうちから1つ選び、選んだ理由を含めて、その標語の比喩表現について説明する。(240〜300字)

●高校生になったらどんな種類の本を読んでみたいか、自分の経験に基づいて考えを書く。(120 〜 160 字)

●「小さい子どもの遊び相手になる保育活動」「美しいまちをつくるための美化活動」「お年寄りや困っている人を助ける福祉活動」というボランティア活動の中から参加しようと考える活動を１つ選び、選んだ理由を自分の体験をふまえて書く。(195〜225字)

●漢字について調査した結果のグラフを読みとり、それをふまえて、「手書きで漢字を書くことと、情報機器(パソコン、携帯電話等)で漢字を使うこと」について、漢字の例をあげ、その漢字についての自分の体験にふれながら、考えを書く。(200字以内)

●公園のゴミ箱が撤去されたことについての会話を参考にして、「公園にゴミ箱を置かないこと」に対する考えや意見を書く。(160〜200字)

●「かけがえのないもの」と思うものを１つ考え、選んだ理由をあわせて書く。(300字以内)

●歯の健康に対する意識を高めるために、全校生徒に呼びかける標語を「自分の歯　未来へ続く　たからもの」「かみしめる　生きる喜び　歯とともに」「は・は・は　えがおすてきな　きれいな　は」「歯みがきを　さぼると『ニヤリ』　むしば菌」の中から１つ選び、選んだ標語の表現や内容を取りあげ、どのように効果的なのかを書く。(120〜150字)

●自分にとっての「春の季節感を表現するのに最もふさわしい言葉」を取り上げ、その言葉がふさわしいといえる理由を、一般的なイメージを明らかにしたり体験と結びつけたりしながら書く。(150字以内)

●学校が中学生と地域の人たちとを結ぶ交流の場として開放されるにあたり、その交流の方法や内容について要望や意見を提案し、そう考える理由を書く。(150〜250字程度)

●「古典は、現代人にとって智恵の源になる」「古典に触れていると、昔の人と心を通わせることができる」という意見に対する考えを、これまでの古典とのかかわりを通して感じたことや考えたことを交えて書く。(300〜400字)

●手書きされた文字と活字で印刷された文字についての考えを述べた文章を読み、身の回りにある手書き文字が使われているものを１つ取り上げて、文章で述べている手書き文字のよさにふれながら、手書きの文字についての考えを書く。(150〜175字)

●「案ずるより産むが易《やす》し」から感じたことや考えたことを、自分の体験や見聞を含めて書く。(160〜200字)

●「支える」「導く」「触れる」の３つの言葉から１つを選び、それを題にして、身近な人とのかかわりの中で感じていることや考えていることを、自分の経験に基づいて書く。(120〜160字)

●「世界の人々と共に考えたいこと」について、具体的に１つ取り上げて、取り上げた理由がわかるように考えや意見を書く。(160〜200字)

●「宇宙」という言葉からどのようなことを思い浮かべるか、「宇宙」に対してもつイメージを表す言葉を1つ考えて、その言葉を選んだ理由を書く。(300字以内)

●生徒会でクラス対抗スポーツ大会を計画するにあたり、どのような種目がよいか調査することになった。「アンケート用紙を生徒に配って記入してもらう」「生徒会の委員が校内で生徒にインタビューをして直接聞き取る」のどちらかを選び、その方法の利点について、もう一方の方法と比較しながら書く。(100〜140字)

●「外国人に伝えたい日本の魅力」について、伝えたいと思う理由を交えて、考えを書く。(200〜250字)

キリトリOK！

国語付録１

おぼえておきたい古典の文学史

分類 / 時代	随筆	物語	和歌	説話	その他
奈良時代			**万葉集《まんようしゅう》** 現存最古の和歌集		**古事記《こじき》** 現存最古の歴史書
平安時代	**枕草子《まくらのそうし》** 作者は**清少納言《せいしょうなごん》** あるテーマについて考えを書いたものや、日記的なものなどから構成されている	**竹取物語《たけとりものがたり》** 現存最古の物語 **伊勢《いせ》物語《ものがたり》** 歌物語 短文と和歌で構成されている **源氏《げんじ》物語《ものがたり》** 作者は**紫式部《むらさきしきぶ》** 光源氏を主人公に貴族の恋愛や人間関係が描かれている **堤中納言《つつみちゅうなごん》物語《ものがたり》** 短編物語集	**古今和歌集《こきんわかしゅう》** 最初の勅撰《ちょくせん》和歌集 「勅撰」とは、天皇の命令（勅命）によって編纂《へんさん》されたということ	**今昔物語集《こんじゃくものがたりしゅう》** 仏法説話の他に、世の中の不思議な話などが収録されている	**土佐日記《とさにっき》** 作者は**紀貫之《きのつらゆき》** 仮名文で書かれた日記 赴任《ふにん》先の土佐の国から京に帰るときのできごとを日記の形で記している **蜻蛉日記《かげろうにっき》** 作者は藤原道綱母《ふじわらのみちつなのはは》 **和泉式部日記《いずみしきぶにっき》** **更級日記《さらしなにっき》** **大鏡《おおかがみ》** 歴史物語
鎌倉時代	**方丈記《ほうじょうき》** 作者は**鴨長明《かものちょうめい》** 出家した作者が、質素な生活を送りながら、世の中の無常やはかなさを描いている **徒然草《つれづれぐさ》** 作者は**兼好法師《けんこうほうし》** 内容は幅広く、鋭い批評や日記、回想などがふくまれている	**平家《へいけ》物語《ものがたり》** 軍記物 平家一門の盛衰と滅亡が描かれている 琵琶法師《びわほうし》と呼ばれる人々によって、琵琶の演奏に乗せて語られた	**新古今和歌集《しんこきんわかしゅう》** 勅撰和歌集 藤原定家《ふじわらのていか》らによって編纂された	**宇治拾遺《うじしゅうい》物語《ものがたり》** 題材が幅広く、ユーモラスな話も数多く収録されている **十訓抄《じっきんしょう》** 十個の徳目をあげ、それぞれに説話がついている **沙石集《しゃせきしゅう》** 笑い話も数多く収録されている	
室町時代		**御伽草子《おとぎぞうし》** 浦島太郎や一寸法師といった話が収録されている			**義経記《ぎけいき》** 軍記物 **風姿花伝《ふうしかでん》** 作者は世阿弥《ぜあみ》 能の理論書
江戸時代		**東海道中膝栗毛《とうかいどうちゅうひざくりげ》** 作者は十返舎一九《じっぺんしゃいっく》 東海道を旅する二人の男の様子をおもしろおかしく描いている **南総里見八犬伝《なんそうさとみはっけんでん》** 作者は滝沢馬琴《たきざわばきん》 長編物語			**おくのほそ道《みち》** 作者は**松尾芭蕉《まつおばしょう》** 作者が東北、北陸などを旅した際の紀行文 「夏草やつはものどもが夢の跡」などの句が収録されている **曾根崎心中《そねざきしんじゅう》** 作者は近松門左衛門《ちかまつもんざえもん》 浄瑠璃《じょうるり》の脚本

おぼえておきたい古典文学の冒頭

竹取物語《たけとりものがたり》

今は昔、竹取の翁《おきな》といふ者ありけり。野山にまじりて竹を取りつつ、よろづのことに使ひけり。名をば、さぬきの造《みやつこ》となむいひける。

枕草子《まくらのそうし》

春はあけぼの。やうやう白くなりゆく山ぎは、少しあかりて、紫《むらさき》だちたる雲の細くたなびきたる。

夏は夜。月のころはさらなり、闇《やみ》もなほ、蛍《ほたる》の多く飛びちがひたる。また、ただ一つ二つなど、ほのかにうち光りて行くもをかし。雨など降るもをかし。

秋は夕暮れ。夕日のさして山の端《は》いと近うなりたるに、からすの寝所《ねどころ》へ行くとて、三つ四つ、二つ三つなど飛び急ぐさへあはれなり。まいてかりなどの連ねたるが、いと小さく見ゆるは、いとをかし。日入り果てて、風の音、虫の音《ね》など、はた言ふべきにあらず。

冬はつとめて。雪の降りたるは言ふべきにもあらず、霜《しも》のいと白きも、またさらでもいと寒きに、火など急ぎおこして、炭持て渡《わた》るも、いとつきづきし。昼になりて、ぬるくゆるびもていけば、火をけの火も、白き灰がちになりてわろし。

土佐日記《とさにっき》

男もすなる日記《にき》といふものを、女もしてみむとてするなり。

それの年の師走《しはす》の二十日《はつか》あまり一日《ひとひ》の日の、戌《いぬ》の時に門出《かどで》す。そのよし、いささかにものに書きつく。

源氏物語《げんじものがたり》

いづれの御時《おほむとき》にか、女御《にようご》、更衣《かうい》あまたさぶらひたまひける中に、いとやむごとなき際《きは》にはあらぬが、すぐれて時めきたまふありけり。はじめより我《われ》はと思ひあがりたまへる御方々《おほむかたがた》、めざましきものにおとしめそねみたまふ。

平家物語《へいけものがたり》

祇園精舎《ぎをんしやうじや》の鐘《かね》の声、諸行無常《しよぎやうむじやう》の響《ひび》きあり。娑羅双樹《しやらさうじゆ》の花の色、盛者必衰《じやうしやひつすい》のことわりをあらはす。おごれる人も久しからず、ただ春の夜《よ》の夢のごとし。たけき者もつひには滅《ほろ》びぬ、ひとへに風の前の塵《ちり》に同じ。

方丈記《ほうじょうき》

ゆく河《かは》の流れは絶えずして、しかももとの水にあらず。よどみに浮《う》かぶうたかたは、かつ消え、かつ結びて、久しくとどまりたるためしなし。世の中にある人と栖《すみか》と、またかくのごとし。

徒然草《つれづれぐさ》

つれづれなるままに、日暮らし硯《すずり》に向かひて、心にうつりゆくよしなしごとを、そこはかとなく書きつくれば、あやしうこそものぐるほしけれ。

おくのほそ道《みち》

月日《つきひ》は百代《はくたい》の過客《くわかく》にして、行き交《か》ふ年もまた旅人なり。舟《ふね》の上に生涯《しやうがい》を浮《う》かべ、馬の口とらへて老いを迎《むか》ふる者は、日々旅にして旅をすみかとす。古人も多く旅に死せるあり。

おぼえておきたい古典の知識

いろは歌

〔ひらがな〕

いろはにほへと　ちりぬるを
わかよたれそ　つねならむ
うゐのおくやま　けふこえて
あさきゆめみし　ゑひもせす

〔カタカナ〕

イロハニホヘト　チリヌルヲ
ワカヨタレソ　ツネナラム
ウヰノオクヤマ　ケフコエテ
アサキユメミシ　ヱヒモセス

〔漢字かな交じり（濁点つき）〕

色《いろ》は匂《にほ》へど　散《ち》りぬるを
我《わ》が世《よ》誰《たれ》ぞ　常《つね》ならむ
有為《うゐ》の奥山《おくやま》　今日《けふ》越《こ》えて
浅《あさ》き夢《ゆめ》見《み》じ　酔《ゑ》ひもせず

十二支と方位

十二支と時刻

月の異名

一月	二月	三月	四月	五月	六月	七月	八月	九月	十月	十一月	十二月
睦月《むつき》	如月《きさらぎ》	弥生《やよひ》	卯月《うづき》	皐月《さつき》	水無月《みなづき》	文月《ふづき》《ふみづき》	葉月《はづき》	長月《ながつき》	神無月《かんなづき》《かみなづき》	霜月《しもつき》	師走《しはす》

キリトリOK！
国語付録4

おぼえておきたい品詞の分類・用言の活用

●品詞分類表

- 単語
  - 自立語（単独で文節を作ることができる）
    - 活用がある ── 述語になる〔用言〕
      - 言い切りがウ段……動詞
      - 言い切りが「い」……形容詞
      - 言い切りが「だ」……形容動詞
    - 活用がない
      - 主語になる〔体言〕……名詞
      - 修飾語になる
        - おもに用言を修飾する……副詞
        - 体言を修飾する……連体詞
      - 接続語になる……接続詞
      - 独立語になる……感動詞
  - 付属語（単独で文節を作ることができない）
    - 活用がある……助動詞
    - 活用がない……助詞

●用言の活用表

動詞　五段活用

行	語	語幹	未然形	連用形	終止形	連体形	仮定形	命令形
カ行	書く	か	—か —こ	—き —い	—く	—く	—け	—け
タ行	待つ	ま	—た —と	—ち —っ	—つ	—つ	—て	—て
バ行	飛ぶ	と	—ば —ぼ	—び —ん	—ぶ	—ぶ	—べ	—べ

動詞　上一段活用

行	語	語幹	未然形	連用形	終止形	連体形	仮定形	命令形
カ行	起きる	お	—き	—き	—きる	—きる	—きれ	—きろ （—きよ）
マ行	見る	（み）	み	み	みる	みる	みれ	みろ （みよ）

動詞　下一段活用

行	語	語幹	未然形	連用形	終止形	連体形	仮定形	命令形
ア行	答える	こた	—え	—え	—える	—える	—えれ	—えろ （—えよ）
ダ行	出る	（で）	で	で	でる	でる	でれ	でろ （でよ）

動詞　変格活用

行	語	語幹	未然形	連用形	終止形	連体形	仮定形	命令形
カ行	来る	○	こ	き	くる	くる	くれ	こい
サ行	する	○	せ さ し	し	する	する	すれ	しろ （せよ）

形容詞

語	語幹	未然形	連用形	終止形	連体形	仮定形	命令形
美しい	うつくし	—かろ	—かっ —く —う	—い	—い	—けれ	○

形容動詞

語	語幹	未然形	連用形	終止形	連体形	仮定形	命令形
静かだ	しずか	—だろ	—だっ —で —に	—だ	—な	—なら	○

キリトリOK！

国語付録5

おぼえておきたい類義語・対義語

〔類義語　50選〕

意外《いがい》≒案外《あんがい》	傾向《けいこう》≒風潮《ふうちょう》	終生《しゅうせい》≒一生《いっしょう》	大意《たいい》≒概要《がいよう》	便利《べんり》≒重宝《ちょうほう》
異論《いろん》≒異議《いぎ》	激励《げきれい》≒鼓舞《こぶ》	手段《しゅだん》≒方法《ほうほう》	対等《たいとう》≒互角《ごかく》	無口《むくち》≒寡黙《かもく》
沿革《えんかく》≒変遷《へんせん》	向上《こうじょう》≒進歩《しんぽ》	準備《じゅんび》≒用意《ようい》	短所《たんしょ》≒欠点《けってん》	模範《もはん》≒手本《てほん》
解雇《かいこ》≒免職《めんしょく》	策略《さくりゃく》≒計略《けいりゃく》	処理《しょり》≒処置《しょち》	着実《ちゃくじつ》≒堅実《けんじつ》	有名《ゆうめい》≒著名《ちょめい》
肝心《かんじん》≒肝要《かんよう》	賛成《さんせい》≒同意《どうい》	推測《すいそく》≒推量《すいりょう》	手紙《てがみ》≒書簡《しょかん》	由来《ゆらい》≒由緒《ゆいしょ》
企画《きかく》≒計画《けいかく》	残念《ざんねん》≒遺憾《いかん》	誠意《せいい》≒真心《まごころ》	的中《てきちゅう》≒命中《めいちゅう》	来年《らいねん》≒明年《みょうねん》
帰省《きせい》≒帰郷《ききょう》	時間《じかん》≒時刻《じこく》	性質《せいしつ》≒性格《せいかく》	得意《とくい》≒得手《えて》	理解《りかい》≒了解《りょうかい》
寄与《きよ》≒貢献《こうけん》	死去《しきょ》≒他界《たかい》	精密《せいみつ》≒綿密《めんみつ》	突然《とつぜん》≒突如《とつじょ》	利害《りがい》≒損得《そんとく》
去年《きょねん》≒昨年《さくねん》	自然《しぜん》≒天然《てんねん》	節約《せつやく》≒倹約《けんやく》	任意《にんい》≒随意《ずいい》	力量《りきりょう》≒手腕《しゅわん》
緊迫《きんぱく》≒切迫《せっぱく》	借金《しゃっきん》≒負債《ふさい》	専念《せんねん》≒専心《せんしん》	品位《ひんい》≒品格《ひんかく》	理由《りゆう》≒事情《じじょう》

〔対義語　90選〕

安全《あんぜん》⇔危険《きけん》	具体《ぐたい》⇔抽象《ちゅうしょう》	集合《しゅうごう》⇔解散《かいさん》	善意《ぜんい》⇔悪意《あくい》	不評《ふひょう》⇔好評《こうひょう》
異質《いしつ》⇔同質《どうしつ》	軽傷《けいしょう》⇔重傷《じゅうしょう》	収入《しゅうにゅう》⇔支出《ししゅつ》	前進《ぜんしん》⇔後退《こうたい》	分析《ぶんせき》⇔総合《そうごう》
以前《いぜん》⇔以後《いご》	軽度《けいど》⇔重度《じゅうど》	主観《しゅかん》⇔客観《きゃっかん》	前任《ぜんにん》⇔後任《こうにん》	平凡《へいぼん》⇔非凡《ひぼん》
一般《いっぱん》⇔特殊《とくしゅ》	原因《げんいん》⇔結果《けっか》	受賞《じゅしょう》⇔授賞《じゅしょう》	増加《ぞうか》⇔減少《げんしょう》	暴騰《ぼうとう》⇔暴落《ぼうらく》
延長《えんちょう》⇔短縮《たんしゅく》	現実《げんじつ》⇔理想《りそう》	出勤《しゅっきん》⇔退勤《たいきん》	単純《たんじゅん》⇔複雑《ふくざつ》	保守《ほしゅ》⇔革新《かくしん》
横断《おうだん》⇔縦断《じゅうだん》	権利《けんり》⇔義務《ぎむ》	受動《じゅどう》⇔能動《のうどう》	淡泊《たんぱく》⇔濃厚《のうこう》	未刊《みかん》⇔既刊《きかん》
往路《おうろ》⇔復路《ふくろ》	故意《こい》⇔過失《かしつ》	需要《じゅよう》⇔供給《きょうきゅう》	地上《ちじょう》⇔地下《ちか》	未知《みち》⇔既知《きち》
温暖《おんだん》⇔寒冷《かんれい》	広義《こうぎ》⇔狭義《きょうぎ》	順境《じゅんきょう》⇔逆境《ぎゃっきょう》	直接《ちょくせつ》⇔間接《かんせつ》	未定《みてい》⇔既定《きてい》
開始《かいし》⇔終了《しゅうりょう》	厚遇《こうぐう》⇔冷遇《れいぐう》	順接《じゅんせつ》⇔逆接《ぎゃくせつ》	天然《てんねん》⇔人工《じんこう》	有効《ゆうこう》⇔無効《むこう》
開幕《かいまく》⇔閉幕《へいまく》	攻撃《こうげき》⇔守備《しゅび》	上昇《じょうしょう》⇔下降《かこう》	当選《とうせん》⇔落選《らくせん》	優勢《ゆうせい》⇔劣勢《れっせい》
拡大《かくだい》⇔縮小《しゅくしょう》	向上《こうじょう》⇔低下《ていか》	上品《じょうひん》⇔下品《げひん》	登山《とざん》⇔下山《げざん》	有名《ゆうめい》⇔無名《むめい》
過激《かげき》⇔穏健《おんけん》	肯定《こうてい》⇔否定《ひてい》	勝利《しょうり》⇔敗北《はいぼく》	入院《にゅういん》⇔退院《たいいん》	有利《ゆうり》⇔不利《ふり》
可決《かけつ》⇔否決《ひけつ》	困難《こんなん》⇔容易《ようい》	進化《しんか》⇔退化《たいか》	派手《はで》⇔地味《じみ》	輸入《ゆにゅう》⇔輸出《ゆしゅつ》
過疎《かそ》⇔過密《かみつ》	最高《さいこう》⇔最低《さいてい》	真実《しんじつ》⇔虚偽《きょぎ》	被害《ひがい》⇔加害《かがい》	陽気《ようき》⇔陰気《いんき》
喜劇《きげき》⇔悲劇《ひげき》	賛成《さんせい》⇔反対《はんたい》	慎重《しんちょう》⇔軽率《けいそつ》	被告《ひこく》⇔原告《げんこく》	陽性《ようせい》⇔陰性《いんせい》
起点《きてん》⇔終点《しゅうてん》	失意《しつい》⇔得意《とくい》	清潔《せいけつ》⇔不潔《ふけつ》	否認《ひにん》⇔是認《ぜにん》	予習《よしゅう》⇔復習《ふくしゅう》
急性《きゅうせい》⇔慢性《まんせい》	実像《じつぞう》⇔虚像《きょぞう》	正常《せいじょう》⇔異常《いじょう》	敏感《びんかん》⇔鈍感《どんかん》	楽観《らっかん》⇔悲観《ひかん》
偶然《ぐうぜん》⇔必然《ひつぜん》	私費《しひ》⇔公費《こうひ》	積極《せっきょく》⇔消極《しょうきょく》	不況《ふきょう》⇔好況《こうきょう》	利益《りえき》⇔損失《そんしつ》

おぼえておきたい慣用句・ことわざ　40選

・**青菜《あおな》に塩《しお》**

力なくしょげる様子。

・**足《あし》が出《で》る**

出費が予算をこえて、赤字になる。

・**足元《あしもと》を見《み》る**

弱みにつけこむ。

・**頭《あたま》が下《さ》がる**

敬服する。感心する。

・**案《あん》ずるより産《う》むが易《やす》し**

心配するよりも、やってみると案外たやすい。

・**息《いき》を呑《の》む**

はっと驚いて息をとめる。

・**腕《うで》が立《た》つ**

腕前や技量がすぐれている。

・**馬《うま》が合《あ》う**

気が合う。

・**海老《えび》で鯛《たい》を釣《つ》る**

少しの元手で多くの利益を得る。

・**顔《かお》が広《ひろ》い**

知り合いが多い。交際範囲が広い。

・**顔《かお》から火《ひ》が出《で》る**

はずかしくて顔が真っ赤になる。

・**肩《かた》を持《も》つ**

一方の味方になる。ひいきする。

・**借《か》りてきた猫《ねこ》**

いつもと違って非常におとなしい様子。

・**肝《きも》をつぶす**

非常に驚く。

・**口車《くちぐるま》に乗《の》る**

たくみな言い回しにだまされる。

・**口《くち》を割《わ》る**

隠していたことを白状する。

・**弘法《こうぼう》にも筆《ふで》の誤《あやま》り**

その道の名人でも、時には失敗することがある。

・**紺屋《こうや》の白袴《しろばかま》**

他人のことに忙しく、自分のことをする暇がない。

・**腰《こし》を据《す》える**

落ちついて物事に取り組む。

・**舌《した》を巻《ま》く**

非常に感心し、驚く。

・**朱《しゅ》に交《まじ》われば赤《あか》くなる**

人は交わる相手によって善悪いずれにも感化される。

・**立《た》て板に水《みず》**

すらすらとよどみなく話す様子。

・**鶴《つる》の一声《ひとこえ》**

多くの人を否応なしに従わせる、権力者の一言。

・**出《で》る杭《くい》は打《う》たれる**

すぐれて抜きんでている者は、憎まれやすい。

・**手《て》をこまぬく**

何もしないで、ただそばで見ている。

・**情《なさ》けは人《ひと》のためならず**

人に親切にすれば、自分によい報いがもどってくる。

・**のれんに腕《うで》押《お》し**

手ごたえや張り合いがないさま。ぬかにくぎ。

・**歯《は》が立《た》たない**

相手が強すぎて、立ち向かうことができない。

・**拍車《はくしゃ》をかける**

一段と力を加えて物事の進行を速める。

・**鼻《はな》にかける**

得意になる。自慢する。

・**歯《は》に衣《きぬ》着《き》せぬ**

思ったままをずけずけ言う。

・**腹《はら》を割《わ》る**

本心を包み隠さず話す。

・**身《み》から出《で》たさび**

自分の悪行の結果、自分が苦しむこと。自業自得。

・**耳《みみ》が痛《いた》い**

弱点をつかれて、聞くのがつらい。

・**虫《むし》がいい**

自分の都合だけ考えて、身勝手である。

・**目《め》が高い**

良いものを見分ける能力がすぐれている。

・**目《め》から鼻《はな》へ抜《ぬ》ける**

頭の働きがとても良い。抜け目なくすばしこい。

・**焼《や》け石《いし》に水《みず》**

努力や援助がわずかで、効き目がない。

・**藪《やぶ》をつついて蛇《へび》を出《だ》す**

不必要なことをしたために、かえって災いを受ける。

・**弱《よわ》り目《め》にたたり目《め》**

不運が重なること。泣き面《つら》に蜂。